丝路百城传

丝路百城传

"丝路百城传"丛书编委会和编辑部

编委会

主　任：杜占元

常务副主任：陆彩荣

副主任：刘传铭

委　员：（按姓氏笔画排序）

丁　方　万俊人　马汝军　王卫民　王子今

王邦维　王守常　吕章申　邬书林　刘文飞

齐东方　李敬泽　连　辑　邱运华　辛　峰

张　帆　张　炜　陈德海　胡开敏　徐天进

徐贵祥　诺罗夫（乌）　黄　卫　龚鹏程

阎晓宏　彭明哲　葛剑雄　谢　刚

编辑部

主　任：马汝军　胡开敏

副主任：邹懿男　文　芳

委　员：简以宁　蔡莉莉　陈丝纶

TIANJIN
THE BIOGRAPHY

海晏河清看津门

天津传

徐凤文 —— 著

出版说明

2013年，中国国家主席习近平向世界提出共建"一带一路"的倡议。自提出以来，"一带一路"倡议深刻影响世界，逐渐从理念转化为行动，从愿景转变为现实，建设成果丰硕，得到国际社会热烈响应。

古丝绸之路打开了各国各民族交往的窗口，书写了人类文明进步的历史篇章。新时代共建"一带一路"的实践，为沿线国家和地区相向而行、互学互鉴提供了平台，促进了不同国家和地区、不同民族、不同文化、不同文明的深入交流。

城市是人类文明的结晶。"一带一路"沿线的城市中，蕴藏着人类千年的历史、多元的文化和无尽的动人故事。我们希望通过出版"丝路百城传"，展现每座城市独一无二的历史和性格，汇聚出丰富多彩、生动可感的"一带一路"大格局，增进文化交流和文明互鉴。

这是一次前所未有的出版探索，我们虽竭尽全力，也深知有诸多不足。期待这套丛书能够得到读者的喜欢，也期待更多的读者、作者、专家、学者等各界朋友们对我们的出版工作给予指正。

"丝路百城传"丛书编辑部

第一章　他们如何来到天津

"到直沽里上船过海" / 6

"外国人怎么能够未经陛下许可就进入皇城呢？" / 9

"这个地方被认为是中国最著名的沿海城市" / 13

"当我们靠近天津的时候" / 16

第二章　天津的历史序曲

元蒙口的运粮船 / 25

酸枣林的暴风雪 / 28

直沽口的康里军 / 31

蒙古国的海盗船 / 34

海河边的盐坨地 / 37

第三章　天津卫基础底色

明代天津的沉寂 / 45

诗书第一的天津梅家 / 48

天津何以连升三级 / 51

"四城穿心大鼓楼，繁华热闹地窄人稠" / 54

老城繁华的浮沉 / 57

第四章　潮汐起落的地方

渤海湾的潮汐 / 67

水汽缭绕的开洼地 / 71

十里村矗玉粒香 / 74

咸味儿的河水 / 78

第五章　贸易打开的口岸
转卫，一夕潮来集万船 / 87
随船，官家货少私货多 / 90
大沽海口的铁锁链打开了 / 93
南方的红头船来了 / 97

第六章　东西方的竞技场
1860年，天津开埠第一年 / 105
1870年，河楼的火焰 / 109
1888年，天津的划时代 / 112
有一件大事在酝酿着 / 116

第七章　多么奇特的城市
天津全球化的试验 / 123
天津为什么没有外滩 / 127
"紫竹林怎么样了" / 131
你站在桥上看风景 / 135

第八章　河北新区的回声
袁世凯开创的"天津新世界" / 143
"中国街道只有这一带比较有气派" / 147
丁丁当当的银元声 / 151
天津北站的匆匆过客 / 154

第九章　海河边的英伦格调

"他们骑着驴子在大道上疾驰而过" / 161

在近代的黄昏与子夜 / 164

看得见风景的公园 / 168

"都别踩了，再踩就塌了！" / 172

第十章　"五大道"的纸牌屋

"眼看着他的泪珠滚下来" / 179

"北洋派"已成了历史名词 / 182

"秋高马肥，正好作战消遣！" / 185

"再看千家万户和路上行人，就如同莎士比亚作品中的插图" / 188

第十一章　梨栈、花园和洋场

"大开洼变成聚宝盆儿" / 197

"胶皮靠边，汽车东去……" / 200

闪闪发亮的绿牌电车道 / 203

"我是生在上海的，两岁的时候搬到北方去" / 207

第十二章　花街、阴谋、日租界

踩在海河边倒立的长筒靴 / 215

曙街的欢乐场 / 218

"军马拴在烧毁后的树上，在碧空中嘶叫着" / 221

旭街上的摩天大楼 / 224

第十三章　枪炮、德国与小白楼

威廉街上的德意志 / 231

"这次走了，恐怕就回不来了" / 234

马歇尔与戈培尔的副官 / 238

小白楼里的俄国城 / 241

"拉起嗅觉的警报" / 244

第十四章　浮桥、粮店与奥租界

东浮桥的翟瞎子 / 251

大口边的猫部街 / 253

海河边的奥租界 / 256

最爱的"斗十胡" / 259

第十五章　隐居、广场与异托邦

意大利人的异托邦 / 267

中国"隐居者"的天堂 / 270

在马可·波罗广场 / 274

假装在意大利邂逅 / 278

第十六章　河东、仓库和工厂

俄国人新的"天津之门" / 285

"我必须渡河去俄罗斯" / 288

铁路与河边的烟囱 / 291

你知道比利时租界吗 / 294

第十七章　那个摩登、时尚的都市

1904 年，"来了一位梳头的爷们儿" / 301

1918 年，"首先我是一个人，跟你一样的人" / 304

1923 年，"我也要玩，我也要玩" / 307

1927 年，天津蔡公馆的爱情故事 / 309

1928 年，天津已和世界最先进的都市同步 / 311

1931 年，天津街的摩登男女 / 314

1936 年，徜徉于黄昏与子夜的陈白露 / 316

第十八章　天津老味岁时风物

"有一种春日迟迟的空气，像我们在天津的家" / 322

"姑奶奶来了院中坐，买桶冰搅凌当请客……" / 325

"刚过了中秋，鼻子里似乎有时忽然会飘来糖炒栗子的香味" / 328

"冬天一早起来，太阳照的眼睛发蓝" / 331

第十九章　天津城市精神肖像

"北京离这里还有多远，你又该怎样到达那里" / 340

"抬、卫、归、海"的历史周期 / 343

向海，再向海 / 346

天津的道路：横竖撇捺 / 350

"人们用一种齿音很重、味道特别的腔调说话" / 353

"这情景，这香气，都是只有天津才有的" / 356

后记 / 360

TIANJIN
THE BIOGRAPHY

天津 传

第一章 他们如何来到天津

天津三岔河口日落风光

天津的成长过程，绝大部分是你想象不到的，甚至是自以为很熟悉这座城市的人未曾了解过的。

　　你在天津，你熟悉现在这个城市的许多地方。你带着外地的朋友在摩天轮乘上海河的游船，却可能不知道100年前三岔河口是在今天狮子林桥的地方；你站在利顺德海河码头前，望着不宽的河道，也许难以想象在一个多世纪以前的人们是如何到达这里并带着怎样的期待；你知道李鸿章、袁世凯、大沽口炮台，却不太了解为什么近代中国的无数冲突与改变在这里发生；你漫步在秋日阳光明媚的五大道上，一定好奇为什么那个年代那么多人会选择住在这里；你带着外地的朋友吃着海鲜，不太能理解这个地方的人为何要将海鲜称为"海货"，这些物产又是曾经怎样影响过历史上天津人的生活。

　　天津这个位于九河下梢的滨海旧城，历史并不久远，居民五方杂处，即使一些人住在"洋范儿"的小洋楼里，大多数天津人却一直迷恋大城小民的平民生活：任凭风浪起、高楼立，潮流来去，海河边永远有些淡定从容的天津闲人搬个小马扎在河边钓鱼，鼓楼西的旧货市场上永远有些身份不明的俗世奇人看着旧物表情暧昧，张爱玲小时候玩耍过的法国花园到了周末一准就成了爸妈给孩子们找对象的婚市儿，五大道睦南花园里每到夜晚唱京剧的、玩萨克斯的、唱西洋曲的总是彼此相安无事，还有一些曾有故事的人总是在奋斗了一段时间之后喝着小酒吃着马砂说起这个城市的那些平凡与骄傲。多少年了，从老天津到新天津，很多人说起这里，总是想起这个适合厮混的地方浓浓的人情味，想起天津人的乐观、幽默、实诚，喜欢自嘲，就爱玩笑，不跟你争。

我曾经无数次把身子伏在昔日三岔河口边的桥栏杆上，看着河面上映射出的斑驳光影，试图从这些光影折射到两岸的历史轮廓找到一些历史事件隐藏的折叠影像。我曾经无数次在夜深人静的夜晚，面对一整面墙的天津书籍，试图找出这样一本书，告诉今天和未来的年轻人天津何以成为天津，又该用怎样的方式进入这个城市浮华、复杂的内心戏剧。

我曾经设想，在不同年代的时光里，跟着一个孤独的旅人、一支庞大的船队、一些历史没有记载过的人物，通过轮船、马匹、军舰、独轮车、铁路等不同交通工具到达这里，奉使踏行在历史的迷途之中。有的人留下了诗文，有的人留下了背影，有的人留下了种子，有的人留下了吟咏，仿佛木桨划动河面的水声，又仿佛纸面上传来的古老的钟表声，在时间的迷宫里舒缓地滑动。

我曾经站在大沽口灰蒙蒙的泥滩前遐想，在19世纪下半叶苏伊士运河开通之前，如果说好望角是横亘在通往东方之路上的必经之地，那么我所在的这个地方就是欧洲船队前来中国的目的地。虽然天津的战略地位无法与非洲的开普敦、印度的果阿、中国的香港相比，虽然天津在1860年开埠之前相当长一段时间内只是一个小的地方性城市，却是一个外国远洋航船可以到达的距离首都最近的城市，这里的贸易前景总是让来到这里的人们心驰神往。

在欧洲人到来之前，这里已经是一处四海为家的人聚集的地方。在天津，每一条蜿蜒的街道，每一个河流边的村庄，每一扇老院子里关闭的窗户，都有自己的历史。在漫长的历史进程中，许多事情已经被今天所遗忘。大多数人了解的过去，只是些模糊的轮廓，人们却忘掉了构成这些轮廓所容纳的许多关键性细节，以及这些历史图景构成的全部内容与我们今天之间的紧密关系。

在相当长一段历史时期内，这里靠海不看海，靠水不吃水，这里既是像上海一样的沿海，也是疑似内地一样的内地。天津曾经成为中国的一块大磁石，把天南海北、世界各地的人吸引到这块土地上。那个年代的天津是上海之外中国最繁华的大都市，是中国北方的"经济首都"和近代中国的沸腾中心。但是，这里的发展犹如梁启超所说"其进步又非为一直线，或尺进而寸退，或大涨而小落"，总是遇到各种命运的转机，又总是在一阵阵的喧哗与骚动之后，回归到日常的平静。

  天津不只是一个地方，也是一种生活方式。这个城市好比一个无穷大的巧克力盒子，你不打开她，她就什么也不是；而如果你主动打开她，你会发现那么多风味的巧克力，品之不尽，尝之不绝。在这座拥有河流和海港的地方，或许是见识过太多的云烟过往，或许是混合了南方和北方、中国和世界、东洋与西洋各种的故事与表情，在华洋杂处的历史风景中，这里始终充填着一种世俗而喧嚣、自嘲与快活的纷纭底色，让你向往，让你沉浸，让你痴迷，让你探寻。

"到直沽里上船过海"

> 两条通航的河在此汇流,一条河通北京附近,一条河通远方省份,这样的地理条件使天津自从中国建成为大一统帝国以来就成为一个交通要地。……假如深入到天津,那么当时天津各河的流域一定比现在更广大得多。在13世纪马哥孛罗到中国的时候,天津已被称为"天府之城"了。
>
> ——(英)斯当东《英使谒见乾隆纪实》

1389年7月19日,朝鲜使臣权近从北平城来到一条河流汇入另一条河流的这个地方——直沽里。一天前的傍晚,他从通州登上一艘官船,沿着北运河来到这里,即将沿着运河南下南京。

这一年,为洪武二十二年,大明王朝已基本完成统一大业。过去一周时间里,这个来自高丽朝的使者三次拜访燕王府。这时,距离燕王发动靖难之役还有10年,距离天津设卫还有15年。

作为元大都的外港,直沽这个南北二河合流入海处吸引了越来越多的人前来,他们或从事贸易,或转运漕粮,或仅仅是在南来北往的旅途中过路的。虽然那个年代的外交使节非常罕见,但每年来自朝鲜的使节都会奉使出行。

从义州到北京的3000多里陆路，需要4个月的漫长时间。明清制度，朝贡使者在北京停留时间限于40天。明朝初年，如果从北平前往南京，大多跟这位朝鲜使臣一样，会走运河水道。

这是一段有些漫长的旅程。根据《奉使录》的记载，权近前往南京朝贡所行路线，由平壤至辽东，再至北平，然后在通州沿运河由水路南下，经直沽、沧州、德州、济宁、徐州、宿迁、淮安、扬州至南京；返回时，亦由南京水路经淮安，再改陆路，由沭阳、宿迁等地进入山东境内，在蓬莱乘船至旅顺口，再走陆路，渡鸭绿江，返回高丽。

在权近的记录中，这个"北河顺流而下，南河逆流而上"的地方被称为"直沽里"。"直沽里"，元代诗文中多称"直沽口"或"直沽洋"。北河，当时也称潞河，即今北运河；南河，也称卫河，即今南运河。

古代天津第一幕"直接东南送客还"[1]的海洋剧即将上演。此前，宋朝从事海外贸易及使节往来的海港在泉州和庆元（今宁波），元代增加了太仓和直沽两处。太仓和直沽正是元代海运的起始点，而直沽也是长江以北唯一的海港。元朝在直沽并没有设立跟广州、泉州一样的市舶司，专事海外贸易，但还是有些高丽人将直沽作为运输货物的出发地。

元末，朝鲜学习汉语的教科书《老乞大》里，记载了一段高丽商人从大都往返高丽从事贸易的商道："你自来到京里卖了货物，却买锦绢到王京卖了，前后住了多少时？""我从年时正月里，将马和布子到京都卖了，五月里到高唐，收起锦绢，到直沽里上船过海，十月里到王京。投到年终，货物都卖了，又买了这些马并毛施布来了。"这里提到高丽商人的行程，年初先从高丽王京贩运马、人参等前往大都贩卖，随后在大都收购锦绢、书籍等日用杂货，再从直沽泛海回到高丽王京销售，待货物售完，又在高丽收购马、人参和苎麻布到大都销售。

1392年，权近第一次出使中国后3年，历经400多年统治的高丽朝覆灭，朝鲜半岛的历史由高丽朝进入连绵5个世纪的李氏朝鲜阶段。同年，日本南北

---

[1] （元）瞿佑《次直沽》："长川波浪去漫漫，直接东南送客还。"

朝时代结束，足利义满统一日本；同样在 1392 年，明太祖有鉴于琉球来华使节海上航行的困难，令善于造船航海的闽人三十六姓移居琉球。1405 年，原计划征服东方的帖木儿去世，帖木儿帝国不再有余力觊觎东亚。席卷欧亚大陆百余年的蒙古帝国在亚洲东部的强大统治力逐渐衰退，大明王朝正着手于恢复原来以中国为中心的东亚秩序。这个环绕着东部亚洲海域的新秩序，形成了一个连通东海、南海的贸易圈，这个历史格局一直延续到西方通过坚船利炮对东亚发生冲击的 19 世纪中叶。

权近的第二次中国使行在 1396 年 6 月，渡过鸭绿江与辽河后由陆路经蓟州到达北平。这一次，权近是否从直沽里乘海船返回朝鲜，没有明确记载。四年后，燕王朱棣沿着这个河海交汇之处过直沽，兵下沧州，并为这个两河交汇的地方留下了"天津"这个地名。

"外国人怎么能够未经陛下许可就进入皇城呢？"

>据说，有一天皇帝自动地突然想起了早先呈送给他的一份奏疏，就说："那座钟在哪里？我说，那座自鸣钟在哪里？就是他们在上疏里所说的外国人带给我的那个钟。"皇帝随身的太监答道："陛下还没有给太监马堂的信回话，外国人怎么能够未经陛下许可就进入皇城呢？"
>
>——（意）利玛窦《利玛窦中国札记》

正是北方盛夏的早晨，胭脂色的朝霞，像一片片火绒似的升起在河流的东方。在这个叫做天津的地方，距离高高耸立的炮台不远的码头边停泊着几艘装有贡品的官船，十几个军卫正光着膀子将一块块粘裹着苇草的冰块小心翼翼地抬到船上，为这些来自遥远南方的贡品提供保鲜。这些来自南方的贡鲜已经在路途上行走两个月了，全靠运河沿岸这些冰块"续命"。

另一艘装着贡物的船头搭起了一块架在岸堤边的木板，两个太监正站在岸边指挥船上的人将一些货物卸运下来，腾出一些空舱，让一些早已在河岸边焦急等候的旅人带着行装踏上船板。这些人给小太监使了银子，不用在卫城等候太久，以便搭乘官船尽快进京。太监们自然是也在官船上使了手脚，一些空出来的船舱搭载客商。一趟差事跑下来，大家都不白辛苦。

岸边的柳树上鸣蝉发出噪声。有几个客商在谈论沿途的传奇经历和逸闻趣事，时不时擦拭涔涔落下的汗水。不远处的柳树下，还有些赤着上身的纤夫躺在树荫下休憩。不远处，数百只飞鸟在三岔河口的上空掠过，顺着层层叠叠的云片向着帝都的方向飞去。这一切，都跟他的故乡的风物景象有些奇妙的相似，他在心里默默祷告着，嘴里情不自禁地冒出一个字："主"。

这个地方，有些像他经过的印度果阿，南方和北方的各种货物源源不断地通过运河涌入这座城市。这里时而成为一个军事争端的危机中心，一个南北往来的商贸中心，或许在运河畔隐秘的街巷里也有各种寻欢作乐的场所。除了盐、芦苇和各种鱼货，这里并不出产多少生产和生活物资。只有在这里，才能为他们提供适合贸易的土壤。

果阿最传奇的历史，是以1498年第一个欧洲人瓦斯科·达·伽马初临果阿为起点的。巧合的是，整整100年后，1598年的夏天，在天津河岸边看到的情景让他感到十分神奇，他看见了挤塞在河中由数百艘船只组成的庞大漕运船队在这里转驳交卸。那些军卫浩浩荡荡地排列在河边的官道上，披盔戴甲，手中的旌旗猎猎有声，手持火绳枪的士兵们威严地站在前排，目睹着从拥挤的河道上缓缓驶来的一艘艘漕船驶入这个两河交汇的河口。

那时候，他还想不到今后会有多少像他这样"长着猫一样的眼睛，胡子卷曲，像黑色的纱布"的西洋人站在这块河流交汇之地，梦想着跟达·伽马、马可·波罗和他一样开辟崭新的东方事业。

自东印度航路开辟以来，西方传教士就纷至沓来，耶稣会自然也加入了向东方传教的浪潮，向中国、日本等地派出了大批传教士。1582年4月，意大利人马泰奥·里奇自果阿启程，同年8月抵达澳门。作为耶稣会的传教士，他希望将自己的"上帝"带入庞大神秘的大明帝国。为了能减少与中国人的沟通障碍，他学习汉语、儒学，身穿中国人的衣服，模仿中国人的生活习惯，甚至对天主教的传说进行改编，加入中国传统儒学理念。他还给自己起了一个中文名字——利玛窦。

熟悉中国的利玛窦当然知道，当一个人陷入一种绝境后，往往会陷入新的绝境之中。过去的18年间，他不知经历过多少这样的绝境。虽然每次都会满怀信心地以为找到了直达北京的钥匙，但他还是没有想到狡猾的马堂满口答应带他去见皇帝后，又在临近北京的天津把他给扔下了。

明清时期，北方运河的封冻时间基本在每年农历十一月至次年一月底，长达三个月左右。入冬以后，运河即将封冻，天津河御用少监马堂带着其他人回了临清，让利玛窦这些人带着随身的行李住进了海河边的一处寺庙，并安排天津兵备道的四名士兵每日在寺庙内外巡逻监视。照例，官方为这些外国人提供了包括馒头、米饭、肉、盐、蔬菜、酒及烧火用的木柴等足以维持生计的物品。他们在天津滞留了半年之久，直到一个下雪的下午，来自北京的使节当着利玛窦的面，展示了这样的圣旨："万历二十八年十二月甲戌，天津税监马堂奏远夷利玛窦所贡方物暨随身行李，译审已明，封记题知，上令方物解进，利玛窦伴送入京，仍下部译审。"[1]这道圣旨改变了利玛窦的命运，也让天津这个地方最终没有成为利玛窦的终身流放之地。

1601年1月24日，在天津滞留半年之后，利玛窦和庞迪我穿着厚厚的儒服，跟着天津官府派出的30名马夫、8匹马经陆路进入北京。利玛窦等人从南京出发时所带的各种新奇物品以及金币曾被马堂抢掠一空，好在利玛窦等人从天津出发前，马堂奉旨发还了利玛窦的行李和贡物。

从抵达中国那天起，利玛窦就将进入北京看作是"自己最大的努力目标"。他曾幻想，只要他到达北京，争取到皇帝的支持便能让一切变得可能，"否则，会遭受中国人的猜疑，给人以机会在我们获得稳定留居的官方保证前就把我们赶出中国去"。据说，在天津期间，利玛窦曾经写过许多小纸条，记录着他在通往北京的道路上探寻的各种问题。

在利玛窦离开天津之后，利玛窦的天津奇遇记依然在继续：民国初年，上海、天津的一些钟表店里供奉的保护神就是利玛窦；整整300年后，1901年开辟的天津意大利租界，民族路与民生路之间的光明道，旧称利玛窦路；20世纪30年代蜚声国际的天津北疆博物院，桑志华、德日进等耶稣会传教士将利玛窦的画像挂在醒目的墙上。而在利玛窦离开天津十几年之后，一个与利玛窦亲密合作的上海人选择了来天津进行他的农事试验。

---

[1]《明实录·神宗实录》，卷三五四。

没有直接的证据证明当时"羁押"利玛窦的寺庙就是在这里。后来，这里成了望海寺，成了康熙皇帝和乾隆皇帝南下时的海河楼行宫，海河楼里有利玛窦的传人汤若望等人为中国皇帝进献的自鸣钟等西洋物品。再后来，每一位试图叩开帝国大门的西方使者经过这个通往北京的河口时都会凝望这里。或许，他们在临时借宿天津的某一个夜晚，也会与利玛窦疑惑和探寻的那些纸条和问题相遇。

"这个地方被认为是中国最著名的沿海城市"

这个地方到处是庙宇，人烟稠密，交易频繁，繁荣的商业景象实为中国其他各地所罕见。这是因为，从中国各地驶往北京的船只必须通过此地，这促进了漕运非同寻常的发展，一艘又一艘的船只接连不断地驶过这个城市。这里也成为各种商品的集散地，因为是自由港，无论进口或出口的货物都不必纳税。

——（荷兰）约翰·纽霍夫《荷兰联邦东印度公司使节哥页和开泽阁下在北京紫禁城晋谒大鞑靼可汗（顺治）》

1655 年 7 月 19 日，荷兰东印度公司董事会派遣哥页与开泽率领随员一行，从雅加达巴达维亚外港乘两艘快艇扬帆启程。荷兰使团配备了一名秘书和一名素描画家，以便把旅行中所看到的各种奇事异物画下来，这也让天津的历史画面第一次被外国人记录下来。

1655 年，为顺治十二年。这一年的 5 月，英国舰队在牙买加击败了西班牙人；6 月，为阻止俄国人进入波罗的海，瑞典对波兰宣战；这一年，象征海神保护的荷兰皇宫在阿姆斯特丹落成。17 世纪初，荷兰人来到中国沿海，在攻占澳门和澎湖未果且求贡未准的情况下，以台湾热兰遮城为据点展开贸易，但贸易活动时断时续，并不稳固。

荷兰使团对即将面临的"天朝体制"一无所知。他们还幻想着通过此行打开通往天朝的贸易大门，结果在广州苦苦等待了半年多的层层审批后，直到转年的3月17日，荷兰使节的庞大船队才在广州府官员的陪同下开始了北上的航行。使团的进京路线是广州通北京的传统贡道，这是一条长达2400公里的传统朝觐贡道。大概行程是，先从广州乘船，然后骑马翻过大庾岭，由当地官府征集夫役把礼物背过大庾岭。进入江西后再乘拖船，沿水路到达南京，在南京换乘皇帝派来的专门船只，沿运河一路北上直达天津。

荷兰使团沿途均有地方官照应，为他们征集船只、拖船夫等，并准备各种食品。经过4个月的长途跋涉，荷兰使团一行于7月5日抵达天津。对于天津这座城市，荷兰使节做出了这样的判断："我们到达了天津卫的港口，这个地方被认为是中国最著名的沿海城市。……该地区的三条河流在天津汇合，那里耸立着坚固的要塞，周围的村庄除了沼泽地以外就是低洼地。"[1]

北京，礼部，荷兰使节尼霍夫记下了在礼部"演礼"的细节：我们在那里必须下跪三次，并低头在地上叩头三次。当使臣阁下来到院子当中时，司仪就用很大的声音喊"叩见"，表示皇帝来了。然后再喊"跪"，即"弯下膝盖"，"叩头"，即"低头朝地"，"起"，即"站起来"。就这样重复了三次。最后他喊"归"，即"回到两旁"。尽管荷兰使节并不知道这种仪式是为谁举行的，但为了能顺利达到他们的目的，他们一一顺从地照做了。他们听说，此前莫斯科使臣巴库夫早在当年3月就到了北京，但由于拒绝行三跪九叩之礼而未能觐见皇上，最后一无所获回国了。

16世纪大航海时代开始后，自西徂东的欧洲人中，以传教士、商人和殖民者三种人最为重要。这三种角色的欧洲人，是当时"西力东渐"的先行者。此次荷兰使团初访中国，虽然受到清廷的隆重接待，但唯一的结果是被允许"每八年贸易一次，每次不过百人"，这同他们所希望的自由通商的愿望相差甚远，在荷兰人看来"这几乎同强加给他们的勒令相差无几"。起初，荷兰人还以为这是北京的耶稣会传教士暗中破坏的结果。他们没想到，在延续多年的天

---

[1] 约翰·纽霍夫：《荷兰联邦东印度公司使节哥页和开泽阁下在北京紫禁城晋谒大鞑靼可汗（顺治）》，1669。

荷兰人绘制的三岔河口炮台图

朝朝贡体系中，这样的故事还会持续不断地上演，而关于中国礼仪之争也在随后多少年来一直持续不断，引发了越来越多的冲突与争议。

荷兰使团的画笔记录了三条河流汇合的样貌。在这个通往北京的必经之地，高高的城墙上有瞭望塔和坚固的炮台，城里的人烟稠密，贸易频繁。路过天津的那个夏天的夜晚，这些荷兰使节整夜都躺在靠近城墙的船上，准备继续完成通往北京的航程。这一趟北京之行，让荷兰成为第一个被清朝列为朝贡国的西方国家，但它却没有像葡萄牙那样拥有澳门作为自己的贸易基地；同时它又没有像后来的英国人那样对这个东方帝国的朝贡制度发起挑战，导致马戛尔尼使华的中英礼仪冲突，并最终用武力撞开了中国的大门。

"当我们靠近天津的时候"

> 只要你安全到达天津,你就会立即问北京离这里还有多远,你又该怎样到达那里。这时就会有人告诉你,如果你走陆路,则需要走80英里;而如果你走水路,则是120英里。你可以有三种方式去北京:坐马车、骑马或者坐船。
>
> ——(英)吉伯特·威尔士,(英)亨利·诺曼《龙旗下的臣民》

1793年7月25日凌晨,天津大沽口,潮汐带来的水汽弥漫四周。经过10个月的海上航行,一支800人的英国船队,载着591件贺礼,当船底迎来渤海湾东方鱼群的时候,来到了距离北京最近的海口。

在230年前的那个盛夏,英王特使马戛尔尼勋爵站在甲板上通过望远镜看到了岸边的一座东方神庙。这座大清皇帝敕建的皇家庙宇,成为了直隶总督迎接外国使团的驿站。来自天津负责接待的官员从来没有见过像"狮子"号这样又高又大的船只,也从来没有与当时世界上最强大的殖民帝国打过交道。在进行了简单的寒暄与谈判之后,两位中国官员第一次品尝了英国的刺柏子酒、朗姆酒和樱桃白兰地酒。在热情的接待以后,马戛尔尼不得不告别他的庞大的舰队,看着身体强健的中国苦力一天天地将一箱箱礼物从英国船搬运到中国的驳船之上。

正当法国大革命之际，英国派遣了一个庞大的使团前往中国。在1793年英国使团沿着白河（海河）溯流而上到达天津时，他们对于这个北方海运与河运的交叉点所在的城市印象深刻，在官方喧闹、豪华的欢迎排场中，人群像潮水一样涌来，"英国人眼里的天津好像是广阔的市郊：犹如泰晤士河流经的莱姆豪斯，而不是威斯敏斯特；塞纳河流经的雅韦尔市，而不是巴黎圣母院"。

在随行的斯当东眼中，天津这个城市显得缺乏生气，封闭与落后使得人们对外来事物充满着强烈的好奇心，"大船小船、宅院墙头、河岸、屋顶都挤满了观众"，甚至几乎挤到了河中央。斯当东观察到民众虽然围观外国使团，但是"每个人都相当有礼貌，秩序井然，没有一个吵架的"。虽然人口众多，但天津人欢乐友善、互相礼让，"脸上有一种天真朴实，似乎反映了一种幸福美满的心境"，而当地的官员也大多热情好客，彬彬有礼，"大都活泼率真，长于言语，工于应酬，而又沉静有毅力"。在与天津官员接触后，斯当东把他们的性格同欧洲人做了比较，天津的军政人员就像革命以前的法国帝制政府高级官吏，"态度温和文雅，对人一见如故，谈话大方爽快"[1]。

据1793年随马戛尔尼使团的天文学家观察，天津的"河流蜿蜒曲折有时绕成一个完整的圆圈；由于水运非常繁忙，船只给人以漂在陆地上并通向四面八方的奇特印象"。与世界上任何一座身份复杂的大城市一样，天津的命运与联通城市两端的河口和海口的格局息息相关。从三岔河口汇流到大沽口入海的海河河道宛如一座迂回曲折的迷宫，这座城市的纷纭历史悉数与此有关。

20多年后的1816年，随同阿美士德爵士出使大清帝国的斯当东爵士忠实地记录下了自己再访天津的所见："我们来到了这座大城市，就发现它增添了许多花园——偶尔也能看到葡萄——以及一排排秀美、高大的柳树和其他一些树木交杂在一起。我们也发现一些穿着华丽的本地人在河岸策马而行。这儿的房屋看上去比广州附近的房屋较为美观、宽敞……河岸上，人群熙熙攘攘，他们大都穿着很好，举止文雅——比我们在海边上看到的人要整洁、好看得多——他们也确实比广州人高傲。他们不说下流话，也没有任何不满的表

---

[1]（英）斯当东著：《英使谒见乾隆纪实》，上海书店出版社，1997，第256页。

1858年5月26日，英法军舰兵临天津城下。

示。"[1]

对于不断经由天津到来的西洋人，清朝皇帝并非没有任何警觉。康熙晚年告诫："海外如西洋等国，千百年后，中国恐受其累。"雍正也曾告诫："苟万千战艘来我海岸则祸患大矣。"天津作为"京师东面嗓喉之地"，越来越引起朝廷的重视。康熙帝南巡时分别于康熙八年（1669）、二十四年（1685）、三十三年（1694）、三十八年（1699）、四十五年（1706）路过天津，其中第三次来津曾巡视海疆，第四次来津时还曾参加了在演武场的阅兵仪式。

19世纪以来，这里越来越成为西方列强"打进"中国的一个"理想据点"和守卫帝都安全的海防前线。1730年，俄国使臣萨瓦在给沙皇的秘密报告中称："看来有一条海道可以进入中国著名的海港天津。从天津到北京只有七十俄里，通过此路难免发生战争，因此需要一支坚强的舰队。"这条海道即是指

---

[1] （英）雷穆森：《天津租界史》（插图本），天津人民出版社，2009，第12-13页。

大沽口到三岔口的海河。大约100年后的1831年，当普鲁士传教士郭施拉来到天津的时候，看到了海河两岸如此繁荣的景象：

> 当我们靠近天津的时候，情景是那样生机勃勃。无数的小船和帆船几乎塞满河道，岸上人群熙熙攘攘，一切都表明这是一个贸易繁荣的地方……天津的贸易额非常大。每年有500多条货船抵达天津，这些货船来自中国南部、越南、泰国……在中国的任何其他地方都不如在天津的生意有利可图。

1835年9月20日，英国怡和洋行一艘名为嘉定号的商船第一次驶入珠江口时，官方认定这个冒着黑烟的怪船是一种威胁，严令禁止其在中国航行。10年之后，当上海外滩第一次出现冒着"妖气"的大火轮时，阴阳先生则断言说这些"大火轮"会破坏上海的地脉。而从19世纪60年代开始，天津人也开始带着好奇和惊异的目光注视着从小火轮、大火轮上登岸的一个个"洋鬼子"。

1835年，英国商人林赛写信向英国外相建议："天津距北京不足五十英里，我们在天津所造成的惊恐，大可逼迫'满清'政府早日结束战争。"因为拥有距离北京最近的出海口，天津的地理位置及其发展前景一直被外国人看好。在马戛尔尼爵士和阿美士德爵士率领的外交使团无功而返后，在荷兰使团试图开辟从遥远的东印度到天津的海上贸易将近200年以后，在利玛窦在天津被"羁押"了260年以后的1860年，英国和法国联合派出的一支远征军第一次将他们的军舰驶入三岔河口繁华的河道，这个河海交汇城市的命运从此被纳入全球化的历史进程和庞大的远程贸易体系之中。一个1860年乘着军舰驶入三岔河口的英国军官对天津的作用已看得很清楚了："天津——位于运粮河和白河的交叉点的大商业城市。……聚集在那里的漕船的火焰，如果需要的话，再加上该城的火焰，就会唤醒皇帝的恐惧感，而我们自己的条件就可以达到。"

半个多世纪之后，海河裁弯取直，天津三水汇合之处向北推移，昔日河川变成了通衢大道和狮子林桥。大口河沿玉皇阁小学的孩子们，放学后就在河边玩耍，弹球、踢毽、放风筝。虽然三岔河口依然是船来船往、帆樯林立的景象，但是这个城市已经成了铁路与电车高度发达的城市，一个"要发财，到北洋"的近代大都市。黄昏时，那些停靠在岸边的船户人家一如既往地升起了袅袅炊烟，"姐在房中杏眼撒，小叉杆子走进来又把风门拉……"劳累了一天的脚行伙友嗲声嗲气地哼着天津的靠山调，而从隔河对岸的望海楼教堂，间或传出晚祷时的暮色钟声，久久地回荡在昔日三岔河口的河流两岸。

TIANJIN
THE BIOGRAPHY

天津 传

天津的历史序曲

第二章

天津古文化街

现在说起天津，多说天津拥有600多年的历史，很少有人关注天津设卫以前的历史序曲。如果深入了解设卫以前天津的历史基脉，会发现那些决定了这个城市发展方向的文化地理因素和基因密码，早在明代永乐年间天津设卫筑城之前，就已经存在了。

今日的滨海新区，在宋代以前还是一片汪洋大海。宋仁宗庆历八年（1048）六月，黄河改道北流，下游合御河（今南运河）、界河（今海河）至今天津东南泥沽海口入海。这次北宋黄河改道北流，堪称天津历史上的大事件，对天津历史地理的格局产生了深远的影响。

天津这种区位环境形成于1万余年前全新世海侵时期。黄河未北流前，海口长期停留在今日天津中心城区至滨海新区之间的军粮城附近（泥沽海口）。北宋黄河流经天津的62年间，大量黄河泥沙的沉积作用，极大地改变了天津海岸线的位置，滨海平原至少向海推进了30公里。今日海河两岸的七里海、北大港等泻湖湿地即形成于北宋时期，而天津的泥质海滩只有1%的坡度，退潮时是长达数千米的泥滩，海水含沙量高、浑浊，人们常说的"临海不见海"也像九河下梢不能"靠水吃水"一样，都是天津特有的地理现象。

作为成陆较晚的海退之地，天津滨海平原大小河流密集纵横，泻湖洼淀星罗棋布，造成土壤排水不畅、土地盐碱。密集的河道虽然便利航运，但盐碱土地明显不适于人类生存。近海地区广有鱼盐之利，远离滨海的河流两岸则适合商业贸易的生成。从河港到海港，从河运、海运到河海联运，从三岔河口到大沽口，从紫竹林码头到天津港，随着船舶运载能力的提升，天津运河、海河的航运逐渐向河口海港东移，这也是世界上许多河海之城历史演变的规律。

从宋代以来 1000 多年历史地理的视角观察，天津长期以来处于游牧部落与农耕部落的冲突结合部。自有宋一代起，随着中原王朝的势衰和契丹、女真、蒙古等北方民族的崛起，天津地区成了两种文化冲突、角逐的国防前沿，使其地域文化融入了大量北方民族的基础特质，并对天津自宋以来的基础生产、生活及聚落空间的区域演化产生了深远至今的影响。

元蒙口的运粮船

> 自边吴淀东至泥沽海口（今天津一带），绵亘七州军，屈曲九百里，深不可行舟，浅不可徒涉。虽有劲兵，不能度也。
>
> ——《宋史·河渠志》

1978年5月，天津市静海县元蒙口村的村民李水昭背着竹筐去村外捡柴火。在村外一处坑洼地内，发现一根裸露在外的木头，李水昭以为是埋在土里的枯树根，就用铲子去刨，谁知刨了几下，树根纹丝不动。他继续刨了大约一个小时，又挖了2米多深，木头的体积越来越大，一个船头裸露出来。

元蒙口东距南运河八华里，西距黑龙港河三华里。据当地老人介绍，古船出土处原为一条俗称为"运粮河"的古河道，相传是萧仁宗的运粮河，现已不易辨认。考古报告认为，此船应为内河货运船，排水量约为38吨，净载重应该不会少于28吨。

今日的海河以南，在相当长一段历史时期，均属静海县管辖。因为影视剧而出名的霍元甲为静海小南河人，现在的行政区域为西青区精武镇小南河。小南河始建于北宋初年设砦屯兵限辽时。

公元10世纪以后，中国历史进入了少数民族与多数民族以北南为轴心的争战时期。东北的辽、金向中原南渐，造成北宋内缩与南迁。宋辽以海河为界，形成海河南北两种文化对峙的格局。

今日天津市区通往大沽口之间有一条颇为气派的天津大道。行车在这条大道上的人可能想不到，这条道曾是天津历史上最早一条通往滨海的通衢大道，官方名称叫"海河叠道"，也叫"海叠道"，天津人俗称"海大道"。这条海河以南的大道，形成于北宋为抵御辽人入侵的军事防线之上。"澶渊之盟"后，宋辽两国议定以白沟河为界，又称界河。界河以北，属辽国；界河以南，属大宋。这条界河，自雄州以下，经霸州、信安，直至今天津地区的泥沽海口，统称为界河，今日海河是其中一部分。北宋利用界河、淀泊构成"深不可舟行，浅不可步涉，虽有劲兵，不能度也"的塘泊防线。宋辽对峙期间，禁止居民在界河捕捞，两岸居民不得随意往来。

元代漕运图

当时天津一带归属清州乾宁军管辖，沿着古黄河尾闾南岸设置独流砦、当成砦、钓台砦、沙窝砦、百万窝砦、小南河砦、苇场港砦、三女砦、双港砦、泥沽砦。这些砦铺名称大多还在，泥沽、双港、三女、当成、钓台、小南河等寨垣遗址至今犹存。宋军在今静海境内设了三处军寨，其中钓台寨所在地称古城洼。传说整个洼地都是杨延昭军的大营，其辕门就设在古城洼北部。后来这里建村，取名"辕门口"，元朝时改为元蒙口。天津很多地名，都带"口"字，如西青区"稍直口"、津南区"北闸口"、武清区"崔黄口"、宝坻区"林亭口"等。值得注意的是，北宋时期天津的几个地名都与河口、海口有关。独流口、泥沽海口和三叉口等名称均出现在这一时期。

这些河口，多为河流汇合或河海汇合之处。天津的入海口在唐代为三会海口，宋辽时期为泥沽海口，金元时期称直沽口，明清至今则称大沽口。这些河口、海口的附近，并不是我们今天看到的滨海田园、乡村、工业区以及住宅小区的当代景象。那个时候的天津，还是洼淀密布、人烟稀少的海滨斥卤之地。

清代康熙年间修订的《天津卫志》里，提到天津七十二沽形胜，仅列出在城北七里地的丁字沽和城东南六十里的咸水沽两处沽。今日津南之咸水沽、双港一带，在《资治通鉴》里还有一个很高古的地名，谓"豆子䴚"。据生于咸水沽的周汝昌先生考证，今日大港的"港"，即由"豆子䴚"衍生而来。这一地带，既是杂草丛生的盐碱沼泽，也是地形深阻的水乡泽国，历史上曾是群盗藏匿之所。

霍元甲的祖上传说为汉代大将霍去病后人，明代永乐年间从山西洪洞大槐树迁至静海小南河。虽然小南河早在宋代已是军事砦铺了，但这里的乾宁军并没有留下什么遗迹。随着战事的演变和历史的更迭，这里只留下了村东的老庄子台，曾经发现过一些宋代的铜钱，村西还有一处大庙台。霍家来到这里之前，这里的居民是明代永乐年间从南京应天府迁徙而来，占产立庄，逐渐繁衍。

现在天津大多数村庄的村史大多说随"燕王扫北"北来。至今，天津郊区还有些村落有一些七八百年的古树，只是昔日的土坯房子不多见了。想当年，每个村口的古树下该有多少云烟往事，也没有多少人能够说古了。偶尔，还能看到村口的一些女孩子在五月麦收时节蹲在地上玩"抓子儿"游戏，一边抓子儿，一边唱着不知哪个年代传下来的儿歌："割麦子儿，割麦子儿，割了麦子儿割谷子儿……"那口音，有些郊区的方言，腔调里还有一些已经不太好辨认的古音。

酸枣林的暴风雪

> 完颜佐本姓梁氏,初为武清县巡检。完颜䩾住本姓李氏,为柳口镇巡检。久之,以佐为都统,䩾住副之,戍直沽寨。
>
> ——《金史·完颜䩾住传》

公元1198年,金承安三年冬,金章宗带着一骠侍卫出燕京,在张窝附近的皇家猎场酸枣林打猎,忽遇暴风雪,冻死者500余人。这一年,金朝最后一位皇帝完颜守绪出生,此人即36年后率500皇室投水自尽的金哀宗。

酸枣林的地点就在西青区张家窝社会山的疙瘩庙附近。疙瘩庙前后,各有一棵古枣树,殿后的一棵树干已空,长出千枝百结的枝杈。这两棵古枣树差不多算是金代酸枣林一带皇家猎场所剩无多的痕迹了。

北方的女真人趁着寒冷的气候,把宋人逼到淮河以南,结束了宋辽两朝100多年隔河对峙的局面。黄河也由界河入海改为从淮河入海,界河从两国界河变成通海要道。如果说宋代黄河北流奠定了天津历史地理的基础格局,天津城市的起源时期则奠定于金朝由运河改道等一系列改变,并由此确定了天津城市漕运枢纽的基础历史定位。

1153年,海陵王完颜亮迁都燕京(今北京),并改燕京为中都。燕京成为金朝京都后,一切给养均由漕运供给。隋唐时期的永济渠并不经过今日天津,而是经由静海的独流附近西折,越冀中洼地入桑干河到达涿郡。进入13世纪的1205年,随着黄河南迁,金章宗开凿更便捷的北运通漕,永济渠由静海独流口北移至柳口(今杨柳青),再东折至三岔河口转潞水抵京。这条人字形的大运河蜿蜒4000多里,第一次将长江、黄河与海河水系沟通串联起来,也从此开启了南粮北运的国内长距离贸易的漕运之路。

现在可以追溯的天津市区最早的聚落,是金代的直沽寨,与宋代的砦铺、元代的海津镇和明代的天津卫一样,同样是为了保护漕运和震慑地方的军事据点。天津地区的行政设置也源于此一时期,金时在海河以南设靖海县,海河以北置宝坻县。在今天的杨柳青设置柳口镇,归靖海县管辖;在今天的三岔河口一带设直沽寨,调武清、柳口两地巡检为正、副都统统兵戍守。

直沽寨为天津城区最早的历史地名,今日天津城市的原始聚落即由此而来,时间为公元1123年。直沽寨以河取名,直沽河即今之海河,靠近上游三岔河口附近为"小直沽",下游河道较宽处为"大直沽",潞河、卫河两河合成海河处名"直沽口"。只是金设直沽寨不久,即为元所灭。元代袁桷《直沽口》诗句"长堤连古戍,归棹起轻鸥"所记的"古戍""长堤"意象,应该就是对当年直沽河畔戍垒的依稀描述。

当时的柳口和直沽寨均属靖海县管辖。明洪武初年,靖海改为静海,属河间府管辖,当时的天津三卫只是军事建制,行政区划则属静海。虽然静海是海河以南最早的行政区县,但静海的发展因受地理所限,发展迟缓。直到清光绪年间,大洼地带仍是一片荒芜景象,光绪《畿辅通志·治河》载:"先是津、静之交,荒旷百余里,积潦纵横,水不可舟,陆不可涉,行旅趑趄,视为畏途。"本地乡民除了从事耕作外,兼有"鱼蟹荻苇之利",但因为十年九涝,生计艰辛,"年丰则谷贱,岁歉则乏食",因此静海一直以穷著称。1934年的《静海县志》上只用16个字就对这里的村落分布规律作出了准确的描述:"沿河而居,缘洼建村,条河村密,大洼人稀。"静海县的村镇大多数分布在沿河、沿洼两侧。其中屯田移民主要落脚在县城南部南运河两岸,垦荒移民多聚居在大洼边缘即县境北部南运河,西部子牙、黑龙港河两侧。而在积水易涝的洼地底部,分散居住往往成为一条定律。后来名噪一时的大邱庄禹作敏即为老东乡土著，最早挣钱的营生，也是靠着收割大洼里的芦苇所得。

金代还是皇家猎场的酸枣林一带，到了元末成了直沽海口的屯营之地。天津土地多斥卤，酸枣林一带为黄河决溢之地，又有南河由此经过，土壤条件较周边肥沃，正是理想的屯田之所。1973年，天津考古队曾在小甸子元代屯营遗址发现犁铧等大批铁制农具，即为元至大三年（1310）由国家"市耕牛农具，给直沽酸枣林屯田军"的军屯遗迹。

酸枣林包括的范围应该不止小甸子一处，从今天的河北沧州到天津静海黄河故道沿线，有大量的屯田村落名，静海有唐官屯、陈官屯、后小屯、刘官屯等，均为金朝猛安谋克和元朝屯营留下的历史遗迹。今日蓟州翠屏湖畔，有以"头百户""三百户""千百户"等地名编号命名的一些村庄，为元朝大农兵司屯田遗迹。除了这些金元时期的军屯地名，今天的天津西青、大港直到河北的黄骅一带盛产冬枣，一直到沧州地区盛产的金丝小枣，要追溯历史渊源，也源于金元时期屯田军的厚植。元朝大兴屯田，直沽沿海屯田达10万顷，是天津历史上第一次大规模的屯田期，但直沽的十万屯田事业在当时也只是昙花一现。直到明朝，这里还是"尽为污莱，询之土人，咸言斥卤之地不可耕"的荒芜状况。不用说供给大都，就是本地人的食粮也要靠南方运来的漕粮补缺。

金朝的历史虽然极其短暂而模糊，但对未来天津的发展却做出了开创性的贡献：今日天津中心城区第一个聚落名称，即金朝之直沽寨；"天津"一名多说源自燕王在直沽济渡沧州时之天子津渡，但不能忽略金朝时的北运河就叫"天津河"，按照今日"先有大直沽，后有天津卫""先有杨柳青，后有天津卫""先有天后宫，后有天津卫"的造句方式，说"先有天津河，后有天津卫"想来也可以成立。论金朝对未来天津最大的贡献，还是1205年金章宗时将运河的方向从独流西折改为北向，让三岔河口这个地方从众多的河口中脱颖而出，由此逐渐奠定了大运河和海河在天津的地理地标。

直沽口的康里军

（至大二年）(1309) 夏四月，……摘汉军五千，给田十万顷，于直沽沿海口屯种，又益以康里军二千，立镇守海口屯储亲军都指挥使司。

——《元史·武宗本纪》

1，2，3，4，这样一组递进的数字像是一个往复时间中的循环密码。

1234年，这个容易记住的年份为蒙古太宗元年。这一年的正月十日，金朝第九位皇帝金哀宗与上至元帅、下至卫兵等五百余人在汝水投水身亡，历时120年的金王朝在蒙古、宋联军的夹击下亡国。

这是蒙古铁骑横扫欧亚世界的时代。金哀宗至死也有些愤愤不平：自己作为人君十年，与历来荒淫暴乱的亡国之君不同，并无大过恶，国家社稷却到我而绝，元朝的国信使郝经因此有"天兴不是亡国君"之评。

1234年，为宋理宗端平元年。对于偏安临安的小朝廷来说是一个梦魇的结束，也是另一个梦魇的开始。这一年，以胜利者自居的宋人还在幻想着收复北国失地，未曾料蒙古人转手就把兵锋指向江南，虽然长江天险让不习水性和船战的北骑暂时却步，但在风景旖旎的临安，"江南若破，百雁来过"的流言让熟知历史循环的士人越来越忧虑。

1234年，当成吉思汗的铁骑横扫欧陆的时候，蒙古尚未"建国"，后来让马可·波罗称羡不已的元大都尚未进入刘秉忠大元帝国中轴线规划的视野。这一年的夏天,在三汊沽发现盐卤自地面涌出,经官府确认后,派"旧户"高松、谢实等18人在此负责盐业生产。此时,距直沽寨设置不过20年。18名"旧户"应该就是直沽寨的土著,这是天津城区最早进入历史文献的土著居民名称。

这些盐户,并不用今日滨海所见滩晒之法,而是采取垒灶煮海:在河畔挖出通海河的河道,筑好坝堰,候海潮以蓄海水。每当五、六、七、八月份,有潮汐时利用潮汐将海水引入盐田,如果潮不抵岸,则利用水车逐级将海水车入盐田。这些盐户,例由官府按"团""灶"统一管理,并统一安排在河畔以"铁"拼排成灶盘,立团列灶,日夜煎熬。烧火用的柴薪,取自政府分拨的周边芦苇地。为了令灶户能"自春至冬,照依三则火伏煎烧,晨夕不住"地轮流煎煮,在灶盘之上起盖灶舍。

三汊沽发现盐源后30年,这里已是"人得安业,盐窝山积"的局面,虽然没有当时天津灶户人口的明确统计,数量估计应在百千之众。这些最早的天津土著,选择临河地带的高地三汊沽(小直沽)和大直沽等地区,形成了"万灶沿河而居"的聚落格局。《续天津县志》记载清朝乾隆年间有个举人李怀芳,曾自署门贴云:"天津卫八十三龄铁汉子,侯家后五百余载旧人家。"按李怀芳生存的年代追溯500年,正是元代中叶万灶沿河而居的年代。

1275年7月22日夜,一艘从今日天津出发南下的小舟南下途中,默罕默德十六世裔孙普哈丁一边听着夏夜哗哗的水声,一边遥望西方天房的故乡,默默祷念着,永远地闭上了眼睛。黎明时分,船户呼之不见应答。进舱看时,已见真主去了。普哈丁身上留有遗书,嘱广陵郡守葬其于扬州古运河东岸土岗之上。

这一年,正是南宋德裕元年、元至元十二年的冬天,蒙元大军分三路进军大都,被马可·波罗誉为"世界最名贵的富丽之城"毁于一旦。

三年之前(1272),元王朝改金中都为大都,定为京城。这一年,改顺天路为保定路。一年之后的1276年,蒙古人在各大路、府、州、县进行人口普查时,要求每家每户在门户上贴上一张人口清单。按照历史学家的推测,当时元大都人口约为百万，仅佛教寺院、基督教徒即有8万之众，是当时世界上仅有的超级大城市。但当时的天津人口数量有限，清代《天津县志》说"天津向只七姓"，志作者之一汪沆作诗："海津作镇剧苍凉，七姓残元始启疆。"虽然略有夸张，但海津镇一带尚未形成足够的城镇规模，系是实情。

普哈丁过世10年之后，元至元二十二年（1285），元朝派遣蒙古军3000人，在今日海河以南沧州、青县、靖海一带屯田。《元史·武宗纪》载，1309年，元武宗海山曾"拨汉军五千，给田十万顷，于直沽沿海口屯种；又益以康里军两千，立镇守海口屯储亲军都指挥使司"。这八千汉军和康里军驻屯直沽海口附近，统归"镇守海口屯储亲军都指挥使司"管辖。其中，汉军是金朝降军和元政府用北方人组成的军队，是镇戍军；康里人，便是来自咸海之北花剌子模的穆斯林，以能征善战著名，蒙古人称其为"回回户"。康里军到直沽后，后来去向如何，文献记载不详，但肯定有一部分构成了天津早期居民的一部分。现在天津回民中，姓沙、哈、米、海、丁、马、穆、白、龙、闪者甚多，显然是元代回回姓氏的特征。《天津县志》卷四载，葛沽巡检所辖村庄中，有"羊回庄"村名。元人伯颜察儿就以羊为姓，后才改姓杨。后来葛沽、咸水沽一带的海下人多从事船运事业，不知是否与当年的康里军有些渊源。

蒙古国的海盗船

> 拍河健橹比长驱,百尺飞帆下直沽。浩浩碧天秋气肃,堂堂明月夜窗虚。旌旗两岸芦花影,鼙鼓三更海浪趋。转首狂歌望西北,淡烟荒草是幽都。
>
> ——(元)王冕《下直沽》

1283年(至元二十年)初春,直沽河上第一次涌进了60艘海船。岸边,是从大都派来监督大元帝国首次海运试航的1000名"镇遏军"。站在船首的,是来自上海崇明岛的两个海户。试航之前,曾派朱清、张瑄等人沿着海岸线及长江口、直沽口进行了反复勘测。此次北上的60艘海船,船上装载了46000余石粮食。今天的人绝对想象不到,这些蒙古国第一代的"海军",几年之前还是纵横东海海域的江洋海盗。

"蒙古国"的"海军船队"源起两个长期出没于东海附近的崇明岛海盗。值忽必烈大军南下,朱清和张瑄力排众议率东海众盗叛变宋朝投靠北元。1273年,北元丞相伯颜前来接受朱张二人的海盗船队时,发现船况良好,遂将其改良加固并添置武器,忽必烈命朱张二人率领部下截断南宋水军的海上退路迫使南宋谢太后投降大元,朱张二人因此立下赫赫战功。朱清年轻时曾在上海做过富户家的仆人,因杀人亡命而逃入海岛,和他的徒弟张瑄时常驾船航行于海上，结为海盗，并出没海上贩卖私盐。他们长期往来海面，熟悉海中礁石和积淤江沙的情况，能建造宜于在这种海面上行驶的平底船，有着丰富的航海经验。

至元十九年海运伊始，从事海运的主要是张瑄、朱清、罗璧等属下的军队及政府临时召雇的梢旋水手，所用船只则是江淮行省临时修造的平底海船。这样一艘海船，按照分工不同，各有不同的称谓，船队的负责人称为"千户火长"，"大工"是海船的柁手，"旋手"是负责抛碇、起碇的水手，"亚班"则负责在船上挂帆等。一艘海漕船上大致有多少人，当时有人写了一首《坏舵歌》，描写海运途中某海船船舵损坏时的情况说"须臾有声如裂帛，三百余人同失色"。三百人或许有所夸张，但大致也是大差不差。

忽必烈花费25年时间修建了大都汗八里。大都周围环绕着35公里的土城墙，据说，在鼎盛时期，大都的人口达100万。蒙古帝国把大都定位为世界的中心，大都正门的南面是干燥地带的草原之路和中国地区的大道路网的起点，把亚欧大陆的其他部分和中国连在一起，元朝因此成为中国历史上第一个将草原丝绸之路和海上丝绸之路联系在一起的朝代。

大都的东面，直沽就是这个庞大帝国最北方的海港。元代政府一改过去建都长安、洛阳或开封的做法，于1264年建都大都（今北京），改变了东西向的漕运路线，形成南北漕运路线的新格局。伯颜建议实施海运，在至元十三年（1276），伯颜曾命朱清、张瑄等人由崇明州经海路运到直沽。此后海运逐渐兴盛，形成海运为主、河运为辅的格局。通过海运，忽必烈第一次将东方和西方、南方与北方联系在了一起，让长期沉寂落后的中国海岸线突然活跃起来。

元代著名画家王冕曾北游大都，返回江南时应是从直沽走的海路。元代实行海运，一般投入海运的粮船在一千三四百艘以上、二千艘以下。至正三年（1343），甚至发海船三千余艘。虽然得到了蒙古大帅的赏识，张瑄后来官至江南行省参知政事，朱清做到了大司农，但他们始终还保持着海盗习气，他俩督运的海漕总有一些无法送达直沽，每年报损少则十几万石，多则二十四万石之多。至于这些在海上运输过程中"漂没"的粮食到底是沉入了海底呢，还是被他们中饱私囊了呢，没有人知道。

元代首创行省制，直沽位于大都周边，隶属中书省（腹里）的管辖，海河以北属大都路，海河以南属河间路。依次设置负责在杨村、直沽等处采捞蛤珠的"管领珠子民匠官"，负责军事事务的"海津镇抚司"和"枢密分院"，负责漕运事务的"都漕运使司"和"临清运粮万户府"，并在沿河地区设立了直沽广通仓、仓上、南仓、北仓等仓储基地。

今日海河东路沿线刘庄浮桥靠东一侧，有一处临河牌坊，上书"古直沽渡"；再往下，快速路东半环横跨海河的桥梁名为"海津大桥"。"海津"这个名称，寻常还以为是"海河"与"天津"的一种缩写，很少有人知道元代时的天津有一个"海津镇"。1316年（延祐三年），元朝在今日大直沽设置独立管理直沽地区的军事机构——"海津镇"。如同金朝的直沽寨，海津镇也在天津的历史上倏忽而过，但河海漕运、兵民杂居的局面由此生成，"转粟春秋入，行舟日夜过。兵民杂居久，一半解吴歌"和"晓日三岔口，连樯集万艘"这些元人诗歌中的直沽意象，则沿着海河边的日夜春秋，塑造了此后明清时期天津城市的河海动向。

海河边的盐坨地

  清晨,我们已到了天津近郊,由于我们是从东边来的,第一眼看到的景象是非常令人惊异的:大约两三百座巨大的盐坨在城的下游大约几百码长的河岸上排列着;这些盐坨长度不一,从二百英尺到六百英尺不等,宽度平均大约一百英尺;这些盐坨有二三十英尺高,形状像货车隆起的圆顶,上面盖着席子或者铺上秋秸,盐则装在袋子里。

——(英)奥利芬特《额尔金伯爵出使中国和日本纪实》

  如果要为天津历史寻找一个延续千年的主角,恐怕没有比盐更适合的了。天津的历史地理基础肇始于宋金时期,但宋金时期直沽聚落尚未成型,在这片滨海斥卤之地上,最多的人类活动就是煮海为盐的灶户。五代后唐同光三年(925),幽州节度使在芦台卤地开始设置盐场。宋辽对峙时期,宋朝对界河以南实行防御政策,在界河沿线修建塘泺防线,推行的屯田未见实效,沿边社会一直处于衰萎状态,造成今日所见宋代文化遗存有限;界河以北则是另一番景象,契丹以幽蓟地区为基地,人烟兴旺,在今天宝坻城关新仓设榷盐院,允许盐业通商贸易,使"浮阳际海,多鬻盐之利"。今日蓟州的独乐寺、宝坻的广济寺(已拆)、武清的大良塔均为辽金时期繁荣发展的历史见证。

  马可·波罗在游记中记载在汗八里(元大都)附近"城市和海岸的中间

地带，有许多盐场，生产大量的盐"。马可·波罗所说，正是海河以南的长芦盐场。元代仰仗盐业财政，国家财政盐利占十之七八，海盐收入又占整个盐利十之七八。三汊沽发现盐场之后不到两年，正式在三汊沽、大直沽等处置司，设熬煎办。从此，天津地区成了供应京师及黄河以北一些省份食用盐的生产基地。

海河东路沿线，直到100多年前租界开辟以前，沿岸依然堆积着大量的盐坨。如果你走过市区的中环线，不免会经过北宁公园附近一个叫盐坨桥的地方。"盐坨"这个地名在天津开埠以前的诗文里经常出现，而在清代乾隆年间的《潞河督运图》里，在靠近今日河东、河北的一侧海河边，画着满坨满坨的盐仓，蔚为壮观。如果你去大沽口炮台博物馆参观，从市区沿着海河大道或者津滨高速前往滨海新区，经过开发区那一带地方，依然很难想象，1984年天津经济技术开发区开发之前这里曾经属于塘沽盐场三分场的地界。而现在，你要想看到天津盐场的古老景象，最好的去处就是海河以北的汉沽盐场了。

昔日天津海河边的盐坨

100多年前，英国人的舰队也曾对此感到惊讶。1858年，英国侵略者额尔金率海军攻陷了大沽口，顺海河西上，向北京进发。当他们快要到达天津城东门时，忽然看到了奇怪的景象：在海河东岸上，整齐地码放着一排排奇怪的堆垛，这些堆垛高二三十英尺，宽100英尺，长200到600英尺，形似货车隆起的圆顶，上面覆盖着席子和秫秸，看不到里面是什么内容。一番打探，他们才了解到，这些高大的堆垛里竟然全部是白花花的盐。额尔金所看到的，就是曾在天津存在了200余年的河东盐坨地。

这样的盐业地理景观一直延续到20世纪初。河东盐坨"盐包累累如山，呼曰盐码，地占数里，一望无际"，《津门百咏》则描绘："堆积如山傍海河，河东数里尽盐坨。"可见这些盐坨规模之大，无怪乎额尔金等人感到惊异。据说，这些盐坨可供长芦盐区两年使用。长期以来，这些盐坨的管理极是严格，每年春季三月和秋季八月之前，盐商们都要到长芦盐运使司办理登记手续，缴纳所需的费用，再申请起运。1900年，河东盐坨多被俄、法两国军队抢占，盐商花了190余万两才将盐斤赎回，所费超过了这些盐斤3年应纳税银的总额。1902年，河东盐坨地被奥、意、俄等国占为租界，盐坨遂被迁移至挂甲寺和曾用来存放贡盐的皇盐场，海河东岸的盐坨历史景观由此消逝。据说，当年河东盐坨地有一个最大的盐坨，从不许动用，称之为"盐祖"。没有人知道，这次盐坨"搬迁"时"盐祖"到底是如何处置的。

如果说运河和港口是天津发展的载体，盐则是天津城市之母。进入明清时期，长芦盐的产量始终居于全国产量的前两位。康熙十六年（1677）长芦盐运使司更是改驻天津，天津一跃成为长芦盐的管理中心，更为天津带来了丰富的财源。从金元时期一直到近代，从滨海斥卤之地到近代中国的北方经济中心，盐为这个城市带来的不仅是可供交易的芦盐，更对天津的政治经济发展乃至社会生活方式、城市性格产生了深刻持久的影响。

天津因商而兴，盐商则居津商之首，天津商人在长芦盐商的引领下成为本地的主导阶层。明清以来朝廷实行"盐引"专卖制度，盐商以重金获取"盐引"的销售特权，指定"行盐区"即"引岸"，得以垄断对该地区的销售，从而获取丰厚的利润。天津"八大家"中的振德黄家、长源杨家、益照临张家、益德裕高家、李善人家、益德王家，虽然祖籍并非天津，却以经营盐业而发家。在清代，为了保持这种"特权"，盐商通过"捐输"等各种手段维护其引盐特权及家族财富，还捐资修建了行宫、御舟、皇船坞和驳船等讨好皇上，仅乾隆朝和嘉庆朝就报效了400多万银两，乾隆六次下江南有四次住在了盐商修建的水西庄，体现了长芦盐商这一依托政治特权群体的依附属性。

TIANJIN
THE BIOGRAPHY

天津 传

第三章 天津卫基础底色

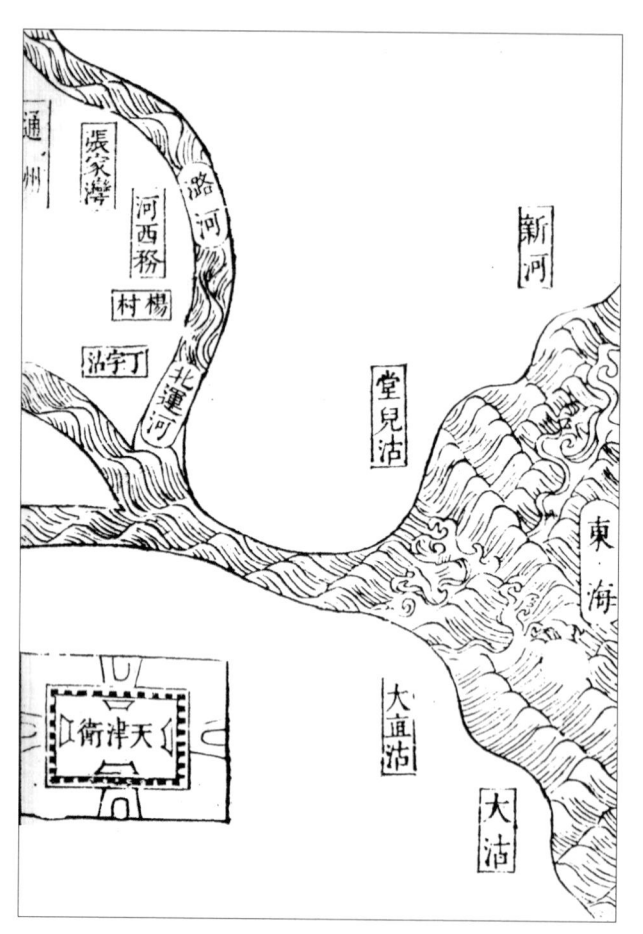

清康熙年间《天津卫志》中的天津卫城图

明清以来，北方人常爱说"上京""下卫"。"上京"好理解，是指到北京去。"下卫"一般人不清楚，是说到天津来。那时候，御河（南运河）以上的乡镇百姓来天津，夏季乘船、冬季坐冰床子，沿河顺流而下，称之"下卫"。至今仍然流传的一段俗语说："京油子，卫嘴子，保定府的狗腿子。"时至今日，仍有人习惯把"天津卫"挂在嘴边，一些本地人为表示自己的豪爽奔放，也会一拍胸脯说出"天津卫河东水西，你拿耳朵摸摸，我含糊过谁"这样唬人的大话来。由此可见，虽然天津卫作为一个军事卫所早已消失，但天津卫这个称呼，却在此后的几百年间一直流传至今，深入人心，就像人们说起北京城、上海滩一样朗朗上口、蜚声全国。

1905年，7岁的张伯驹由老家河南过继给在天津的伯父张镇芳。张伯驹的父亲时任长芦盐运使，使署即在鼓楼之东，长芦盐纲公所在张伯驹家住的南斜街上，南斜街在东门外水阁大街南侧，与东马路及河边的河沿路平行。张伯驹曾在天津生活多年，对天津的感情及对童年的怀缅，大多记录在他77岁时所撰《红毹纪梦诗注》中。书中有这样一段精彩的自述：

余七岁，随先君居天津南斜街，值端阳无雨，乘东洋车（后称人力车，铁轮，座为椅，前两木把，人于中挽之。）遮油布，不能外视，车把上插黄蓝野花，以示过节。直驶下天仙茶园观戏，大轴为杨小楼《金钱豹》，亮相扔叉，威风凛凛。大喊一声："你且闪开了！"观众欲为夺魂。后大街小巷齐学"闪开了"不绝。此余生平观乱弹戏之首次。至今已七十年，其印象犹似在目前也。

张伯驹来天津的时候，城墙刚刚拆除，有轨电车正在铺设，东马路上多了许多东西洋风格的新式建筑。要是由我来写一段清末民初天津传奇的电影剧本，第一个镜头就是这组大街小巷天津娃娃一起大喊"闪开了"的画面，犹如《贫民窟的百万富翁》开场那组长镜头，绝对天津，地道老味。

明代天津的沉寂

> 夫天津，小直沽之地，古斥卤之区也。我朝成祖文皇帝入靖内难，圣驾尝由此渡沧州，因赐名天津，筑城凿池，而三卫所由立焉。
>
> ——（明）《重修三官庙碑》

明正德十三年（1518），内阁首辅严嵩南下行潞河至天津卫，先后在河西务、杨村过夜。从杨村顺风而行，到了天津，却找不到纤夫拉船。事后，严嵩在《钤山堂集》中说："卫官匿，索夫不得。此地皆戎籍，无民差，顽犷素然。"所谓"戎籍"，说的就是天津本地均为军卫纤夫。严嵩对天津的评价，用了颇为严峻的"顽犷"两个字，说的是天津军卫的民风。

严嵩的抱怨并非个别，而与当时天津卫的管理体制有关。卫城处于运河之南，出了卫城归静海县管辖，东门外一河之隔为武清县管辖。卫城只是一个军事建制，并不对周边的两县行使行政管辖，"一有缓急，虽咫尺之民，呼应不灵"[1]。此外，天津三卫同处一城之内，官长互不相属，以致互相扯皮、勾心斗角之事时有发生。为此，弘治三年（1490）又在天津三卫的基础上设置了一个凌驾于府、卫之上的天津兵备道（简称"天津道"），兼管天津沿南运河至德州操练军马、修浚城池、民间诉讼乃至运河漕务等事，自此天津城市管理事权

---

[1] 《续天津县志》卷十六《文艺》。

归一，军卫分治，三卫大权旁落，成了同归于败之局。

过去天津人老爱说"老天津卫"，其实天津建卫的历史不过600多年。所谓"卫"，乃是明代军队的一种建制。明朝在京师和全国各冲要地方设立卫所，数府划为一个防区设卫，一府之地设所。曾在直沽率兵"自小直沽渡跸而南"的燕王朱棣深知直沽位置之重要，登基之后依旧延续元代海运路线，认为"直沽海运商舶往来之冲，宜设军卫"。

自12世纪金代设都燕京一直到清代康熙年间设立天津钞关的很长一段时间里，天津始终是天子脚下的一座军事城堡，金代称直沽寨，元代称海津镇，明代称天津卫。永乐皇帝定都北京后，建立了拱卫京师的军卫防御体系和河海漕运体系。永乐二年（1404）十一月设天津卫，20天后增设天津左卫，同时筑天津卫城，两年后又设天津右卫。与此同时，在天津小直沽及天津城北分别造粮仓208座和1400所。此时的天津卫，已成京都沿大运河通往南方的卫戍门户。

天津卫城位于卫河（即南运河）以南、潞河（即海河）以西的河畔高地之上，城垣两面临河，东面距海河220步，北面距卫河200步。城周长9里余，城高3丈5尺，宽2丈5尺，面积约1.64平方公里，平面呈矩形，东西宽，南北窄，状如算盘，因此民间也叫算盘城。天津卫城历时一年建成，初建时为黄土夯筑的土城，城墙基宽6米，城基距地表约4米，逐层用黄土夯实，土层间铺撒碎砖瓦和瓷片，类似后来的"干打垒"。笔者多年前曾参加旧城东门口下水道工程的调查，在夯土层里发现夹杂有一些碎的砖瓦和瓷片，这是明代常见的夯筑技法。

虽然卫并无行政职能，但拥有土地（城堡和屯田）、民众（军士和军属）及政事（军政和屯政）等职责。由于临近京师，戍守卫城、督护漕粮、保护仓廒是天津三卫的主要职责，是故民间称天津卫就是给首都看门的。虽然戏谑，却不无道理。明清两代天津地区的发展，几乎都与"近都"这一地缘政治相关。

天津卫并非县城一级的行政单位。明代到清代的天津卫除了所属的143个屯庄，并无自己的地盘。明代规定，卫指挥以下军官世袭其职，军士则父子相继，这样，不但最先到天津三卫的官、军二籍人口取得天津卫籍，其后裔也皆为天津卫籍。天津三卫人口在总体上虽呈下降的趋势，但其若干家族却在不断繁衍、发展。一般认为天津三卫总计有16800军事人口。其实，这是"额定"的卫所规模，常驻人口远没有这么多。不然也就无法理解何以有明一代天津的发展如此滞缓，难道这些"卫兵"整日在卫城里无所事事？守卫天津的卫所人员经常要到外地去"上班"，时常还要轮番到帝都从事宫室营建等劳役。"下班"以后，也不是都回到卫里，而是到附近的沧州、南皮等驻地屯田。

明代天津，城内地势低洼，人口稀少，除了城内的军政衙署外，屋瓦萧条，半为蒿草之地。按《明实录》记载，天津城内仅有763名戍卒。1488年，当时还是土城的天津卫城已是残垣景象。当后来担任内阁首辅的李东阳夜过天津时，发现这里土城颓圮，见到士兵可以轻松地跨过城堞，如履平地，惊讶莫名。到了明末三卫军士戍边远征之际，"城中几于虚无人焉"（毕自严《抚津疏草》）。明末天津巡抚李邦华上任之后，俨如"新妇入门，举目无亲"，发现"津门一镇，庙堂之上，颇似若有若无"，治下更是"兵无营房，凑集成市"。可见，明代天津的人口基数、城市发展规模十分有限，甚至无法与南方的一般城镇相比。唯城东、北两面，因地势稍高，富贵人家多住在临近河边的北门外和东门外，"素封巨室，率萃河干。一旦有急，趋避异所"。这一格局，虽然简陋不堪，但也是此后数百年间天津城里官衙、民居分布的基础格局。

诗书第一的天津梅家

> 此家谱起首,叙明初一将官名梅殷者,原籍武进,曾尚太祖之大公主,生二男。燕王至南京僭位,为殷夫妇所反对。一日,殷夫妇赴燕王宴,归途落水淹死。大公主哭闹不休,燕王始允携二子回北京善视之,皆封军职。此二子之名字及其后代如何迁到天津,则全不记得了。
>
> ——梅贻琦《家世简史》

以前,天津旧城西北、小伙巷东南有一个梅家胡同。这个姓,源自南方。《天津卫志》曾记载两个梅姓的"官籍",一为祖籍合肥的梅勇,一为祖籍江苏武进的梅满儿,为天津右卫指挥使,其名在天津卫最早的官籍 309 人之列。关于梅勇的家世,没有多少记载。《明史》记载,江苏武进人汝南侯梅思祖有个侄子叫梅殷,深得朱元璋赏识,赞其"精通经史,堪为儒宗",把二女儿宁国公主许配给梅殷。天津设卫建城后,梅殷的曾孙梅满儿到天津做右卫指挥使,一家人定居天津,成为天津卫的梅氏世家。

在明代历史周期内,天津因系武卫之区,三卫子弟不尚读书,"日以戈矛弓矢为事",卫里经常发生斗殴之事。当时天津尚属承平,世袭的指挥使官阶在身,衣食住行不愁,这些人"既不读书,争相骄侈为高。日则事游猎,从歌舞,俱在绮襦纨绔之间。……造酒出于沽酿家;养鹰取于屠毙家;设席陈绣帷、列椶屏,夏以湘簟,冬以绒氈毹,取于贾家。夜则游宴,列炬之外,随以灯笼"。这样安逸骄纵的社会习气,竟让一些卫籍武官"终身在家死守一事,而不愿他出为将,他出复返,返而复在家死守一事"[1]。有明一代天津中甲科进士者不过11人,中武举者38人。16世纪初出任天津户部分司主事的汪必东曾在其衙署之内建立了一个浣俗亭,其用意是要匡正天津卫旧习。

关于天津梅家在有明一代的世系,可叙之事无多。天津梅家,入清以后弃武习文,改换门风,成为清贫的读书世家。梅成栋、梅小树(宝璐)父子,民国时期曾任清华大学校长的梅贻琦,梅宝璐的曾孙梅熹(导演)及其堂兄弟梅阡(演员),均为梅家后人中的佼佼者。但老天津卫重商轻文,读书人并不受待见。旧时天津有句俗语称"寒梅瘦解",说的是梅家寒酸,解家没落。梅家最有名的诗人梅成栋(1776—1844)直到60岁时,还挤在少年堆中第十三次赶考,却依然不中,不仅仕途蹭蹬,生活也过得清苦。要在江南,梅家该是多少人家羡慕敬仰的文化世家了。但在天津,大名鼎鼎的梅家人却只落了一个"穷念书的"外号,街面上甚至还有"梅先生拔烟袋"这样的市井笑话。

清朝康熙年间,天津"本卫土著之民凋零殆尽,其比闾而居者多流寓之人"。据《津门保甲图说》统计,清代道光年间全城共有土著(土住)746户,主要集中在城里(257户)、西门外(197户)和东门外(113户)这三个明代即有的小区。进入清代,天津居民构成趋于多元并大量增加,流动人口出现了空前增长,其中有的定居天津。据地方志中所录清初迁徙到天津的人口统计表明,迁徙地主要包括福建、广东、浙江、安徽、山西等十余个省区,尤以来自江南的移民为主,约占半数以上。城东北有一处浙江乡祠,是浙江籍人所建;另有一处福德祠,是客居天津的广东人所建。

乡祠卞家跟天津梅家一样祖籍江苏武进,康熙年间来津,因卞家旧宅在浙江乡祠以南得名。前三代多在衙门做事,自第四代起经营隆顺号起家,名列清代天津八大家。卞家大院占地十六亩,内有十二个大四合院。家里有戏楼,看戏不用上戏园子,穿衣一天三开箱,早晨女眷的衣服上别着花骨朵。

---

[1] 康熙《天津卫志》卷四,《艺文》中。

1889年12月29日,梅贻琦出生时,家境尚可,"非甚宽裕"。据比梅贻琦小11岁的五弟梅贻宝回忆,"诸兄弟每人都有一个奶妈"。庚子年,11岁的梅贻琦随父母至保定避乱。秋季返津后,父亲失业,家中已被洗劫一空,最窘迫时梅家"吃玉米面还须定量"。到梅贻宝出生时,因母亲乳水不足,则佐以糕干,"成分大都是米面粉略放些糖而已"。这时候,"抱着婴孩贻宝喂糕干"成了梅贻琦"家庭作业之一项"。

诗书世家的梅家虽已落魄,但对子女的教育一点也不含糊,依然秉持以诗书为第一要求的家风。梅贻琦说:"家境非甚宽裕,但对于吾兄弟五人之教育必尽力成全,琦姊妹亦五人,最小者亦能毕业于师范及南开大学。"梅贻宝说:"家境虽然清苦,人口虽然众多,父亲却咬定牙,叫每个儿子受教育。后来天津开办了女子学校,他叫两个未出嫁的女儿亦上学校。"1904年,15岁的梅贻琦进入严氏家塾(后改为南开学堂)读书,从此开始走上一代大师的"斯文"之路。

天津何以连升三级

> 地当九河要津，路通七省舟车。九州万国贡赋之艘，仕官出入，商旅往来之帆樯，莫不栖泊于其境。江淮赋税由此达，燕赵渔盐由此给，当河海之冲，为畿辅之门户，俨然一大都会也。
>
> ——（清）光绪《畿辅通志》

进入清代，顺治九年（1652）将天津三卫合为一卫，统称天津卫。这是天津建卫以来实行了近250年卫所制度的第一次大调整。天津"卫"的名称和形式虽然保留了下来，但因满清实行八旗和绿营制，内容却发生了很大变化。天津卫裁撤后，天津防卫由直隶绿营的天津镇负责，天津镇总兵为最高长官。

清朝康熙年间，是天津历史上一个重要时期。长芦盐区得名于明代，主要分布于今天河北省和天津市的渤海沿岸。康熙七年（1668）和十六年（1677），长芦巡盐御史署、长芦盐运司分别从北京、沧州移驻天津，天津由此成为长芦盐运中心，而后来天津府辖区南延，将长芦盐区纳入天津府的管辖范围。此前，还将河道总督由济宁迁往天津，这样漕、盐管理机构均已改置天津。

雍正年间，短短几年之内，天津"连升三级"，政治地位显著提升：雍正三年（1725），清廷将天津卫改为天津州，同年又改为直隶州，隶属于河间府。

由卫升州，意味着天津正式有了行政级别，由军事单位改为行政区划，正式纳入清帝国行政管理体系。但按清代体制，州无辖县，因此又将沧州、静海和青县三县划给直隶州管辖。随之，中央政府发现州县体制依然不适合地方及国家的发展需要，因此在6年后的雍正九年（1731），又将天津直隶州升为天津府，同时置天津县，下辖天津、静海、青县、南皮、盐山、庆云和沧州六县一州，由此奠定了天津城市区划的基本轮廓。从此，天津总算有了自己的"地盘"。一般说天津的历史多从天津建卫筑城说起，其实天津作为行政区划的地方历史，大约300多年。

从1404年天津设卫到1725年改为行政建制的天津州，经过了300多年。而由天津州升级为天津府，仅仅过了6年。天津城市之所以在六年之内连升三级，说明天津正在逐渐成为北方商业贸易中心。值得注意的是，当时天津府是往海河南系地区发展，20世纪70年代以后天津则是往海河北系地区扩展。天津府的管辖范围一直延续到清末民初。1973年，原天津府管辖范围的静海及海河北系原顺天府的蓟县、宝坻、武清、宁河划归天津市区管辖，由此奠定了现在天津的行政区划格局。

如果说康熙朝将北大关迁至天津，让天津的税收有了保障，雍正朝的"连升三级"让天津的行政地位大幅提升，真正让天津大发展的，还是乾隆年间实行的"开放"国策。乾隆四年（1739），清廷发布上谕称："嗣后，奉天海洋运米赴天津等处之商船，听其流通，不必禁止。"同年，来自华南的潮州红头船即来津贸易，并建立了闽粤会馆。为便于河海贸易，这一年还修建了北门外的叠道和海河叠道。

康雍乾三朝，为了适应天津城市地位的提升，天津城屡次大修：康熙十一年（1672）大修时四门匾额改为"东连沧海""南达江淮""西引太行""北拱神京"，这样宏大的措辞已经显示出天津新的国家使命；雍正三年（1725）洪水后又历时一年，大修城垣；乾隆在位期间，国力增强，地位提升，乾隆皇帝曾九次下旨修建天津城，奠定了此后天津城的基本形态。

海河距东面城墙只有一箭之遥，运河则环绕北门外的市区蜿蜒而过，天津城南和城西多为芦苇摇荡的开洼地。1665年（康熙四年），将河西务钞关移至北门外南运河，所有船只皆须停泊附近验关纳税，称之为"北大关"，逐渐形成了传统时期天津商业的中心，本地人称"关上关下"。这样的地理格局，注定了天津旧城区的发展势必要被限制在城外东门外和北门外的滨河高地上，后来的各国租界也只能沿着海河两岸进行布局。

天津城市的形成与发展，从城市地理学的角度观察，与其位控河海交通的枢纽位置是分不开的。《津门保甲图说》上称天津"地无崇山巨险，而襟河枕海，拱卫京畿，且当南北往来之冲，实为切近肩钥"。早在元代，直沽就已成为天子脚下"兵民杂居久，一半解吴歌"的繁华世界。明清两代，天津为京师门户，"当河海咽喉，为神州牖户"，在军事上占有重要地位，加之水陆交通便利，为南漕北运必由之路，兼得鱼盐之利，"江淮赋税由此达，燕赵渔盐由此给"，到清初已发展成为通都大邑。康熙年间开放"海禁"，处于水路要冲、河海通津位置的天津迎来了城市发展的一次历史机遇。从此，天津出现了万商辐辏、百货云集的繁盛局面，南北物资，洋广杂货，四方特产，或从海上，或经运河，源源不断地运往津门，天津因此成为北方重要的贸易港口与商业中心城市。乾隆年间，天津诗人杨一昆写过一篇《天津论》，开头即说："天津卫，好地方，繁华热闹胜两江，河路码头买卖广。"这句话若是用大家熟知的天津方言念白，应该更有一番独特的天津老味。

天津西接京师，"当河海之要冲，为畿辅之门户"，负有拱卫京师之责。明代因抗倭援朝海战需要，设立天津海防巡抚。雍正四年（1726），在大沽口设置满洲水师营，后在海口南北设置炮台，并多次增添构筑了大沽口海上防御体系。昔日，天津老城鼓楼东悬"声闻天下"匾额，即是传统时期天朝使命的象征。从明清时期一直到近代以来，天津城市的发展大多与国家发展的趋势和周期相吻合。随着清代康熙、雍正、乾隆年间天津行政、军事、经济职能及建制的一系列重大调整，天津漕运、盐业、海运、商业渐趋繁荣，天津由单一功能的军事卫城一跃而为华北区域的经济中心城市和天子脚下的畿辅首邑。

"四城穿心大鼓楼，繁华热闹地窄人稠"

> 天津卫，赛扬州，四城穿心大鼓楼，繁华热闹地窄人稠，横口胡同仓门口，铃铛阁，盐道楼，泰山庵不及侯家后。……鼓楼北出酱肉，双立园包子白透油，南糖喜果荤素菜头，映月斋点心正可口。
>
> ——（清）杨一昆《天津论》

说天津老城，指的是东、西、南、北四条马路合围的界内，这个范围以内即是600多年前建的天津卫所在，俗称老城里。正如东、西、南、北四条马路名称所指，老城里是天津唯一辨别东西南北方向的城区。至今，天津人指路依然不习惯说东西南北，而说左边右边前边后边，历史上则习惯说"上边""下边"。

天津旧城中心有四面穿心的大鼓楼，以鼓楼为中心有直通东、西、南、北四门的十字马路，规划井然。上世纪90年代初第一次进入老城，只觉得街巷狭窄，房屋破旧，那些充满数百年记忆符号的街巷路牌大多还是上世纪50年代带拼音的蓝白色路牌，显得古朴异样。记得在鼓楼南大街吃了一顿早点，排队的人多，屋内亦十分局促，比在其他地方紧迫得多。在城里考察，发现在靠近北门及北马路、东门及东马路一带多深宅大院，虽然有的院子早已破败不堪，但昔日的富贵还是一目了然。而当年老天津留下的"北门富，东门贵，南门贫,西门贱"这句话,基本反映了天津建卫以来数百年间天津旧城居住的历史格局。

城内以四门穿心的鼓楼为中心设东、西、南、北四条街,分别称东门内大街、西门内大街、南门内大街和北门内大街。周围辟东、西、南、北四门,以面向河阳的北门为正门。明代天津卫城布局以鼓楼为中心,鼓楼以西为天津右卫(即中营附近)衙署;鼓楼以东是储存粮食的大运、大盈、广备三仓,至今鼓楼前还有仓门口基督教堂,即明代粮仓遗迹;北门内有户部分司,后来的户部街即由此得名;东门内有天津左卫衙署、文庙、明伦堂;天津卫衙署则设在南门里西。玉皇阁和铃铛阁这两座楼阁建筑,分别位于卫城的东北角和西北角,城西还有军卫演武的小教场。直到明代天启年间,天津城内依然是一座营盘,城内地势低洼,鲜有居民居住。在清初天津卫城图上,仍然可以看到有5个大水坑。

明代天津城里主要是兵营及官署,百姓多住在北门外、东门外的沿河地带,包括海河边的宫南、宫北大街,运河边的马头东街,西大弯子的梁家嘴、南头窑一带及河东陈家沟子等地。清代以后,天津城区北部逐步成为政治功能区,政府官衙全集中在城内,包括道署、盐运使署、镇署、府署等衙门都设在旧城贯通中西的中轴线以北,在面积不大的旧城区北部,形成"三步一官署,五步一衙门"的局面。到道光年间,天津城的基本布局不变,但城市面貌发生了较大的变化。根据《津门保甲图说》载,"镇、道、府、县及长芦运使皆驻城内,余文武大小公所十有四,庙三十有一,大街四,小街四,街巷一百有六"。从此书图中看,城市布局整齐,大小街道胡同秩序井然,北城依然繁华,被许多官署衙门占据。城市经济活动主要集中在城北门外、东门外的沿河地区,沿河一带逐步成为新的商业中心区,形成了天津市区沿河发展的特点。

天津钞关公署位于城内户部街,前后六进院落,房屋八十余间。天津筑城设卫后,官衙集中于北门里,官绅富豪也多居于此,北门外则成为天津的商业中心。因此,北门里成为当时天津的政治中心和富贵人家的集中居住区。直通城里鼓楼的北门里大街多是为城内富户服务的金店、银楼、首饰楼和当铺等高级商业店铺。

昔日天津城厢庙宇之多,远超后人想象。据1846年《津门保甲图说》统计,天津城内及四郊庙宇多达523座,其中以东南角最为密集,占26.7%;城西最少,只有4座,占0.8%。从道光年间刊印的《津门保甲图说》中寺庙的分布也能看出当时人口聚集的疏密度:东门外37座,北门外33座,城内有30座,西门外20座,东北城角18座,西北城角13座,南门外6座。当时天津城厢有庙宇172座,除城内外,主要集中在城北、东、西三面,这也吻合当时人口聚集情况。

老城繁华的浮沉

> 天津城的北边以及西边和南边的一部分都是广阔的郊区。城市的东南角则是城里唯一一个私人建筑依然得到保护的区域。……当我们到来时，城中道路人头攒动，比巴黎人口最多的街区还要拥挤。
>
> ——（法）瓦兰·保罗《远征中国》

天津城里四个角各有一个水坑，卫里老人迷信的说法是：东南角是一坑官帽，所以天津府县的衙门基本在东南角，府学、县学、贡院也都集中在此；东北角是一坑银子，所以买卖家多在东北角，后来袁世凯建的官银号也在此地。剩下两个角的说辞不好听，"西南角是一坑水，西北角是一坑鬼"。

老城里以东北角和东南角最为发达，多商贾富户、官绅大户，建筑多为磨砖对缝的宅门，其次是西北角。这三处均有东西向贯穿的道路，东北角为户部街，东南角为二道街，西北角为府署街。天津最富的盐商大多把宅院安置在这三个区域，普通平民则多住在南城。据《津门保甲图说》记载，在天津的391家长芦盐商中，有159家住在城里，东门外和北门外有162家，另有34家住在西北角一带。这些盐商，大多比邻而居，互通联姻，构成了一个庞大细密的人事关系网。

二道街，东起东马路，西至南门内大街，是城里比较长的一条街，与二

1864年,德国画家绘制的东门里铜版画。

道街连着的22条南北向的胡同也很长。邻近二道街的东门里一带因有文庙、贡院、书院及县署,成为文人学子书香门第的聚居地。东头冰窖胡同住着李善人家,西头有晋益恒杨家,中间有宸章店王家、裕源店刘家、景州店刘家等与盐运署和芦纲公所驻地毗邻。这些宅院大多是高台阶、宽门楼的富贵人家。小说家刘云若、名票王君直、甲骨学者王襄、乾隆年间举人杨无怪乃至北洋大总统徐世昌都出自二道街。话剧演员于是之祖籍天津,在《天津可爱是今朝》一文中,于是之说:"我不记得我家那时在天津的住处。不是二道街子,就是刘家胡同,又记得好像是在一座什么庙的附近。"

东门内大街仓门口教堂斜对面,原来是杨家大院。杨家从八世祖明万历年间从盐山迁居天津后逐渐致富,清初时杨家衰落,到十三世杨一昆时虽然中了举人,但家境贫寒。从十四世开始,先开设估衣店,又建晋益恒盐店,拥有17个引岸逐渐致富,到1870年杨家在二道街东老宅的基础上扩建成25个院落的大宅,老幼人丁百余人及男女仆人总计二百余人居住于此。除了在各地开办的五个盐店,杨家在近代还开设有钱庄、面铺、古玩店,并在北京投资建设

58

面粉厂、酱菜厂等近代工厂。据杨家后人杨力介绍，1934年曾高祖杨宪曾过八十大寿时，大厅和鸳鸯厅月台上，各摆着四个一米多高的红色气死风灯。大厅里摆六桌酒席，鸳鸯厅可摆十桌，杨家自备六百多个锡锌合金餐具，大厨房可供二百多人同时进餐。到了饭点儿，管事的敲钟，各院仆人穿梭送菜，钟鸣鼎食，蔚为壮观。

道光二十六年（1846）年刊刻的《津门保甲图说》将天津人口分为绅衿、盐商、铺户、烟户、土住、应役、佣作、负贩、船户、医卜、乞丐、僧道等12大类，天津县总人口442万余人，其中城内人口将近20万人，而城内经商之户更是达一半之多。其中，提供粮食和生活用品的商铺大多集中在北门外和东门外河岸地带。其中，"烟户"应为平民，"土住"多集中在城内、西门外、东门外三个明代延续下来的区域。

20世纪90年代，在城里靠近北门处还能看见几处昔日金店首饰楼的老建筑，它们大多建于清末民初时。那时，城内没有什么大买卖、大店铺，主要是为住家富户服务的首饰金店、古玩玉器、学馆书局等商铺，最多的是当铺。当时，城内有饭馆四家，戏园子、棉布庄及棺材铺各一处，当铺则有十家之多，分布在城内富户人家比较集中的东门、北门一带。其中，日升当在仓门口，源昌当在津道西，万通当在经司胡同，中孚当在鼓楼西，四美当和中昌当在鼓楼南，元和当在西门，中泰当在北门内，义丰当在大宜门口，星盛当在户部街，益和当在府署东。除了这些商铺，剩下的都是小摊小贩了。这些小店，大多冠以"小"字头：卖杂货的就叫"小铺儿"，米面铺叫"小面铺子"，药房就叫"小药房"。此外就是剃头挑子、开水铺、浆子铺、杠房这类的居民服务店铺。另外，还有鱼市三处，花市一处，鸽子集两处。

南门贫，西门贱，不仅体现在这里比较荒凉，也体现在这些地方坟地多、住户少。明末清初时，西门外有三处义冢，一在西门外一里许，一在西门外小稍直口路南，一在西门外炮台南。从《天津卫志》所附《天津卫城图》来看，直到康熙年间城内南部只有零星的寺庙，人烟比较稀少，与北城和城外北部及东北部的繁华景象形成鲜明的对照。西南角为地势低洼地区，无贯穿东西向的道路，后来的住户也多以小门小户的简易平房和简易房为主。

59

出了北门，就是老天津最热闹的北大关。开埠之前，当时税卡是由河上的几条船排成的浮桥拦着，每天"开桥"两次。交完税，就可以在"开桥"时通过；如果没钱交税的呢，天津卫老百姓也留下了一句话："有钱过关，没钱打底下钻。"

100多年前，丁伯玉在天津卫是一个响当当的人物。那时候还没有狗不理的包子和耳朵眼的炸糕，只要谁一提城里丁大少爷的大糖堆儿，老天津卫没几个不竖大拇哥的。丁大少爷家住在东门内经司胡同，自打康熙年间丁家在天津钞关的税房当了差事，四代世系下来，丁家也算经司胡同里的"阔人"了。当年的丁伯玉就在天津钞关上班，家里有钱，差事清闲，好玩儿的丁大少爷就"抖"起来了，跑侯家后班子听小曲儿时，丁大少爷骑着那年月城里还没几个人见过的自行车"抖"上了。当时自行车由日商三井洋行最早进口，日本人称为"自转车"，丁大少被誉为天津最早在马路上骑自行车的人。闲着没事儿，丁大少爷还跟着在御膳房当过差的师傅学了一门蘸糖堆儿的手艺。到了1900年庚子以后，天津钞关被裁撤了，丁伯玉丢了差事儿，一时落魄，只好在城里的二道街走街串巷卖糖堆儿，一时传为本卫"佳话"。

明代的世系武卫之家和清代的买卖富户是明清两代天津的社会上层，尚武斗狠的军卫与俗尚奢靡的富户由此构成了天津文化的基础历史底色。天津俗谚曰："河水向东流，天津不住楼，富贵无三辈，清官不到头。"这也是天津历史上多富豪、少富贵的根本原因，因此本地还有"庄稼钱，万万年；买卖家，四十年"的民间说辞。许多富户人家没过上几十年的时间，就分崩离析、迅速衰落了。因此过去天津城里买卖铺少、当铺多，即与此有关。

现在的鼓楼坐落于老城拆除后的鼓楼商业街上。这座2001年复建的鼓楼看上去体量比原来的鼓楼大出了许多；旁边还有三处可看的古建，一是广东会馆，一是徐家大院，一是仓门口教堂，往东门的方向走，则是天津市区最大的古建筑群文庙。

1870年，天津开埠第十年，晋益恒杨家少壮派杨希曾夜观天象，预测未来法租界梨栈大街劝业场一带必有发展，以极低的价钱买了一块地皮，但遭到老一代的坚决反对，说是那个地方没有学校，影响孩子们读书。20世纪初，传统的行政中心由老城转移至河对岸的河北新区；20世纪20年代后，北大关商业中心逐渐转移到法租界劝业场一带，老城往日的繁荣不再，"房屋狭小，柴草狼藉，儿啼号呼，大有乡中风味"[1]。

---

[1] 古蒨孙：《天津指南》，天津文明书局，1922。

TIANJIN
THE BIOGRAPHY

天津 传

潮汐起落的地方

第四章

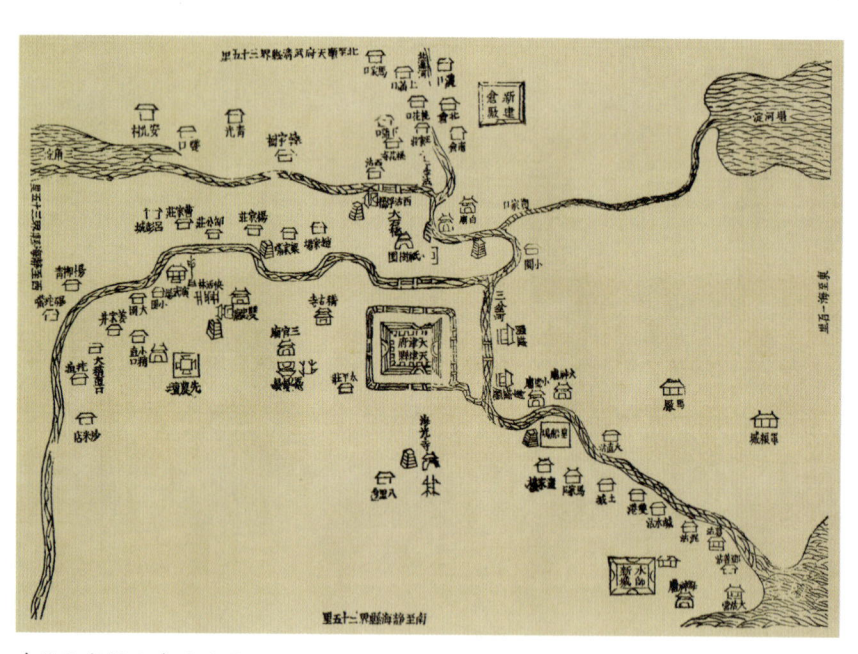

清乾隆年间天津县境图

故老相传，刘伯温曾经预言天津"无有刀兵之苦，只透水火之灾。"

刘伯温的这句话，在19世纪之前基本应验。除了1644年、1900年、1912年的战火与兵变，天津还经常周期性地发生火灾。天津地处九河下梢，夏季洪水多次水漫卫城。从1595年至1949年三个半世纪的长时段历史里，天津发生局部和全局性水灾约有111次，平均三四年发生一次周期性的水灾，仅20世纪就有1917年、1939年和1963年三次大水。老天津人印象最深的莫过于1939年闹大水。这一年的冬天，租界地那些建筑半人多高的墙上，还留着一道又平又直的水印，水印以下结满白花花的冰花，至今在一些地方还可以看到。

如果打开天津地图，你会发现海河的水从西、南、北三个方向注入天津，构成了由北运河、永定河、大清河、子牙河、南运河五大支流组成的现代海河水系。全新世以来，这些河流多次迁徙，是京津平原历史地理环境的主要塑造动力。位于华北平原东北边缘的天津平原为退海之地，海拔只有3—5米，与海涨潮时的水位相当，加之地势平缓，让这个九河下梢的地方长期承受着渤海湾潮汐的日夜冲袭以及雨季洪水的巨大威胁。

海河之名，始于明朝万历年间，近代欧洲人多称之为"白河"，直到1966年才首次使用"海河干流"之名。如果从卫星地图上鸟瞰整个海河流域，可能会改变许多人对这条河流的印象。海河流域面积广达30万平方公里，西至太行群山，北接内蒙草原，南至中原腹地，在全国仅列长江、黄河、珠江之后，名列第四。整个海河平原仿佛一个西北高东南低倾斜的超巨簸箕，吸引着华北平原难以计数的河流涌入低洼的天津滨海平原，汇入全长仅73公里的海河干流,流入渤海内湾。裁弯取直前的海河,不过100多公里,承接海河流域水量最为集中的海河,成为海河水系的领衔之河。其水系之宽泛、主干之短促、河川之窄浅、变迁之繁复以及逆潮之影响,在世界上众多大河中也绝不多见。这种特殊的河海地理,不仅造就了天津卫九河下梢、海陆通衢的历史地理优势,构筑了天津在传统的水陆运输时代河海联运的水路优势,更让这条河流两岸的居民长期以来承受着汪洋泽国的历史命运。

渤海湾的潮汐

潮流起于高潮后一小时至二小时，而在低潮后大约四十五分钟至二时十五分停止。潮流的方向，涨潮时沿陆岸北行，落潮时向南行。流速在北炮台的对面最大，为二海里至三海里。通过沙滩之间狭窄水路的船舶，被潮流推移到侧面方向而行。

——《天津志》，1909 年

出生在上世纪四五十年代的人还记得，夜里伴随着连绵的蛙鸣声和起伏的潮汐声，经常发现螃蟹顺着河岸边窗前的灯光三三两两地爬进来。直到现在，在海河边的小区或者村庄，当地的老人还会跟你说起赶上饥荒日子，到院子里抓几个螃蟹充饥的河畔往事。

一个世纪之前，天津平原还是一望无际的洼淀荒田，在滨海平原上经常可见蚌壳满地的贝壳堤。天津东临渤海，北枕燕山，古黄河曾经三次从天津地区一带入海，雍奴成薮，地势低洼，华北平原上众多的河流汇集于此，"千淀归墟，百川赴壑"，形成九河下梢的独特地理风貌。

宋代以后，黄河不再由渤海湾入海，天津的海岸线及河流基本稳定。作为典型的潮汐河流，海河一日潮起潮落各一次，在裁弯取直之前，湾流多，流速缓，利于舟航之便，两岸芦苇丛生。每当涨潮时，河水受海潮顶托形成"逆潮",水位升高数米,可沿着海河向内陆延伸数百里之远。海河潮流的范围,昔日俗称"潮不过三杨",即大沽口潮汐抵三岔河口170里,自三岔口南溯御河(南运河)40里至杨柳青,三岔口北溯北运河70里抵杨村止,又西溯60里至杨芬港止。元人诗中称"一夕潮来集万船",说的正是当时尚称直沽河的潮汐属性,也让海河成为一条可通航河海漕船的潮汐航道。

1939年日本人修建塘沽新港开辟新港航道之前,海河的入海口为大沽沙航道,著名的大沽口炮台即位于此处,数百年来一直屹立于渤海湾的风浪和潮汐之中。1860年进攻大沽口炮台的英国军事观察员发现,海口的周边到处是泥滩和盐碱地,他们试图在海河上造桥,后来发现土质松软、泥泞,河水随着潮汐涨落,不得不加大锚桩建设的投入,以致搭建浮桥的工期一再延误。等到浮桥建好后,又发现重型炮根本无法在这样的浮桥上通过。[1]

位于大沽口的海面上有一个类似大钟的潮汐信号标,上面的指针显示当时当地的潮水高度,进出港口的船只根据信号标所指示的潮水高度和本船的吃水深度,决定是否能够安全进出港。与伦敦、汉堡、上海等潮汐海港相比,天津港自然条件较差,海河航道狭、浅、淤、弯的特征长期影响港口的发展。很长一段时期里,天津港口的码头泊位设在市区及附近的海河两岸。大沽沙航道深受海洋潮汐与泥沙回淤的影响,航道时通时淤,水深不足1米,大船或吃水深的船舶只能在大沽口起驳作业。无潮之时,船只多半被困在大沽口海面上,等待涨潮时再乘小船转驳入港,市区三岔河口附近更是常年挤满了等待转驳的船只。经过20世纪初30多年的疏浚,将航道疏浚至−3米,基本满足了当时船舶进出港的需求。1924年有1502艘船到达天津口岸,其中1311艘溯海河潮汐到达市区租界码头;1939年后修建的塘沽新港航道,低潮时可出入3000吨级船舶,高潮时可容5000吨级船舶出入;1952年10月塘沽新港重新开港,将主航道浚深至−6.5米,万吨海轮乘潮驶入新港靠泊作业。

天津成陆较晚,地势平缓,深受这种周期性涨落的渤海湾潮汐影响。涨潮之时,全长153公里的临海泥滩全部为潮水淹没,海河两岸更是一片"赶

---

[1] (英)加内特·沃尔斯利(Garnet Wolseley):《1860年对华战争纪实》,中西书局,2013,第75页。

潮"景象：海下地区，当海河"逆溯"时，水位高出地面，开启闸门，即可用龙骨水车灌溉围田，灌溉海下地区以葛沽、小站为代表的车子地稻田；滨海长芦各处滩晒盐场设有纳潮沟水坝，涨潮时开坝放水，落潮时迅即将坝合拢，再以柳制的戽斗将海水注入汪子（今日天津人所吃的汪子虾，即指用海水养殖的海虾）；而那些来自江南可装载数千石（每石合今60公斤）粮食的大型漕船，由三岔河口北上，可借涨潮不费力地行至北仓尹儿湾一带。

天津地势平缓，使海河受潮汐的影响极大。海河分为春汛、伏汛和秋汛，春汛为每年三四月份冰凌融化后，是为桃汛；一为每年的七八月份，是为伏汛。海河的汛期正对应着元代海运的两个时段。除了潮汐，北方的航运主要指望春秋两季的汛期了。在1958年海河建防潮闸之前，和海湾相连的海河一日两次潮起潮落。夏季涨潮的时候，海河上的水势很大，从大光明渡口到大连码头一段宽阔的河面望过去，几乎水可及岸。河边的滩涂上，长满了一人多高的芦苇。涨潮时水漫滩涂，芦苇只露个头；退潮时人进入芦苇地，人只露个头，越向河边走，烂淤泥越深。赶上灌溉季节，人们必须日夜提水浇灌，种田的生产效率素来低下。随着河水日绌，导致本地人长期"喝咸水"。

潮汐对天津河海运输及乡村劳作、地方风物的影响，随着1958年海河建闸终止，从此"咸淡分家"，海水不易追溯，港口外的轮船再也不能驶进市区，海河两岸原来靠渔业为生的许多渔民很多改行种了庄稼。

每至夏秋汛发，南北诸水，汇聚天津。1963年一场凶险的洪水过后，毛泽东发出"一定要根治海河"的号召。自此以后20年间，我的父辈一代人大多要在秋汛收尾时"出河工"。在红旗招展中，数十万乃至上百万劳力使用锹、镐、推车之类，筑堤挖河。天寒地冻中，劳累了一天的河工们吃着炊事班送来的大白馒头和粉条白菜（有时也会有大块的炖肉），晚饭后则在搭建的工棚里观看"铁姑娘队"的慰问演唱。

"河海会流，三汊深邃。"渤海湾的潮汐，深刻地影响了天津历史的周期，奠定了元代以来天津作为河海转运枢纽、皇粮屯储重地及商品集散中心的文化地理基础。天津地理环境具有先天不足的缺点，城市的物质来源和经济活动主要依靠外部世界的供给。正是靠了河海潮汐的地理优势，从一踏入历史的视野开始,这个地方就与远程贸易息息相关,而不是大多数北方地方农业生产和传统的乡村经济活动。在依托河运与海运的漫长历史周期里,天津人的灵活、机敏、随时待命和不抱成见成为这个地方的人应对外部变化的主要特质。

水汽缭绕的开洼地

> 狭窄的小河纵横交错,将海河和大运河与沿海的沼泽地连在一起,在那里居住着流动的船民。这个地区薄雾笼罩,海盗和不法之徒也经常出没其间。每逢水旱灾害发生,这些海盗和不法之徒便会袭扰天津,劫掠那里的粮仓。
>
> ——(英)布莱恩·鲍尔《租界生活:一个英国人在天津的童年》

天津旧城昔日设有四个水门。1900 年之前,曾有住在城里的小孩夜里去后来叫"三不管"的芦庄子一带逮蛐蛐,回来晚了赶上城门已关,可以从东南角写着"引汲受福"的水门下钻进去。

水门,天津人俗称"葫芦罐"。明代天津设卫后,以鼓楼为中心建设了东西南北四条大街,将城里分成了东北、西北、西南、东南四个方块,又按照四个方块依北高南低的地势规划了排水系统,在四个城角建了四个水门。水门的雨污水流向护城河,排放到海河和南乡一带。闸口街、官沟街、大水沟、二道沟这些地名,均为当年引海河潮水入城及排泄雨污水的水道遗迹。

南门外的洼地广达四五十里,"南开"地名,最早说的是南门外这片开洼地,明代时为一片水泊,清代后曾辟为稻田。当年天津城外四乡的开洼地,以南开和西开最为著名。今日的南开区即以严修创办的南开系列学校命名;西开则是因1900年后法国天主教会在法租界拓展地修建的西开教堂相沿至今；北开指的是北门外一片开阔地带，前些年还有渡口；东开则少有人知。"广开"说的是今天西马路掩骨会一带，至今西广开、广开几马路这些地名还在老天津嘴边挂着。

1900年参加镇压义和团的美军司令达哥特曾如此描述海光寺到南门外这片开洼地："从西机器局到南门之间地带，从外表上看只是平坦的平原……实际有不少六英尺到八英尺深的大大小小池塘和水坑，遍地皆是沟渠和小河堤。"这样的乡村洼地景观持续了数百年。从今天南门外大悦城到水上公园往南，当年都是水气缭绕的开洼地。天津人熟悉的六里台、七里台、八里台这些台子，指的是洼地中的高处，多为较早形成的聚落。直到上世纪三四十年代，八里台的南开大学已经成立20年了，由西南角往南依然有许多大大小小的水坑，如李纯祠堂后的池塘、南开中学后身的蓄水池（现南开公园），再往南有三角坑（后改为南开中学游泳池），今日的万德庄、西湖村（最早叫徐胡圈）也有大片的水塘。直至现在，七里台天津大学内的青年湖、八里台南开大学内的马蹄湖这些湖面，都是当年南开洼留下的昔年余迹。

今日海光寺以北、大悦城以南已是繁荣的商圈，早年这片地儿叫炮台庄，因明代崇祯年间设立炮台而得名，直到20世纪初仍然是水乡泽国的地理风貌。随着1900年后引入机器吹填，大量的洼地、水塘改造成了新的城区，海河两岸急剧扩张。1915年，出生于辽宁大洼县的吉林督军鲍贵卿看上了天津旧城三里外炮台庄这片低洼地。鲍贵卿的仁记公司购买了长达40余华里的轻便铁道和100多部铁轱辘马，用低价买进今水上公园附近的600多亩荒地，挖坑取土，通过轻便铁道将土运至炮台庄，垫平仁义地产公司购下的洼地。仁记公司以百元一亩价购进的洼地，加上垫土费300元，每亩成本也不过400元，先以每亩2000元出售，后来竟涨到三四千元。因长期取土挖的那个大坑，时人称之为"解家大坑"，后来成了水上公园的一部分。

那时候的南京路还是墙子河，住在英租界的人春游消夏，经常从墙子河雇一艘小船，过墙子河、卫津河，划到今日的水上公园（当时叫青龙潭）。现在的水上公园是1951年开放的，复康路直到1955年才铺上柏油面。那时候去王顶堤，要顺着田埂经过大片的水塘。要去青龙潭，便捷的途径是从八里台坐船，经过现在复康路和南开大学南墙外的小河直达。那时候的吴家窑、王顶堤还是水乡，村民除务农外，多兼养船、捕鱼。直到上世纪80年代初体院北落成前，沿着八里台往南走，路旁还是大量的稻地、荷塘、苇塘和养鱼池，有些路段紧靠一望无际的洼淀，夜里听着阵阵的蛙鸣，一不小心很容易滑到泥塘里。

直到上世纪80年代中期，今日河东区万新村的北面还有大片的苇田，小时候跟家里大人去那里捉野鸭子，走在两三米高的芦苇荡里，密集苍青的芦苇叶沙沙响，满脑子想的是白洋淀雁翎游击队的故事。其实，早年间天津也有自己的"雁翎队"。李鸿章督直期间办"团练"，主要有"芦团"和"雁勇"两支"特种部队"。"芦团"主要由各盐场的盐丁组成，"雁勇"主要由北塘、宜兴埠等地的雁户组成，这两种职业与船户、渔民均为天津历史最悠久的职业。庚子年间，雁户军在阻击八国联军的南门保卫战中骁勇异常，决堤放水后在南门外的开洼地于芦苇丛中与联军多次周旋，让联军损失惨重。

天津为候鸟迁徙的重要停歇地，每年春秋两季都有数百万只候鸟过境，今日海河以北的七里海、海河以南的北大港，以及比现在水面大许多倍的开洼泻湖芦苇荡，为这些北上南下的候鸟提供了理想的栖息地。

天津的芦苇多分布在积水洼淀边缘和河道滩地之上。清晨，太阳在芦苇荡对面升起，傍晚又在芦苇荡中落下。天津平原的风景颇为平淡，数得上的要属芦苇摇动水中天的北国景象了。在相当长的历史时期，住在天津城外的乡人并不以耕地为生，大多以煮盐、织席、捕鱼等自然经济生活为生，对于精致的耕种却并不擅长。

低洼的地理环境和频繁的水患，让天津城墙几乎每过几十年就要翻修一次，明代的城墙修筑多由朝廷直接出资，清代更多由长芦盐商组织地方社会承担。在城墙之外遍布开洼地的乡村，农业的发展始终迟缓。即使有了河海漕运外来力量的刺激和带动，但毕竟有鱼盐苇田之利及河楫之便，让这里的农业种植效率普遍低下。那些逃荒来的乡民、定居下来的船户以及不同时期来到天津的人们，更愿意从事贩卖生意，或者在运河边的店铺里做个学徒，或者在码头上寻个苦力的营生，没有多少人愿意在这个斥卤之地上从事艰苦的田地劳作。

十里村爂玉粒香

> 其一在天津，荒田无数，至贵者不过六七分一亩，贱者不过二三厘，钱粮又轻。中有一半可作水田者，虽低而近大江，可作岸备涝，车水备旱者也。有一大半在内地，开河即可种稻，不然亦可种麦、种秫也，但亦要筑岸备水耳。其余尚有无主无粮的荒田，一望八九十里，无数，任人开种，任人牧牛羊也。
>
> ——《徐光启集》卷十一，《书牍·家书七》

徐光启从河岸边的这块田垄上走过去，一边擦着头上的汗珠，一边注意垄边刚锄过的这片苗地。这里距离大海虽然很近，沟渠边的芦苇长得打不起精神，零零星星地分布着一些不规则的水塘，却感受不到多少海滨的气息。这里的气候跟他的家乡相差很大，夏天异常炎热，冬季极度凛冽。特别是在不见雨雪的冬春月份，一旦北风呼啸，空气便异常干燥。只要刮起不大的一阵风，天空便尘沙飞扬；风速加剧时，四面不能见人，只见人影在风尘中起伏而已。

这是初夏时令，艳阳高照，附近四野无山，沟渠纵横，地势低洼，人烟稀少，田垄的左边是没开垦过的斥卤之地，因为地势低洼，碱气很大，到处覆盖着匀称的、煞白的碱霜。右边是刚开垦过的田地，苗开得匀，草铲得净，有些浅薄的土地被锄过之后，似乎整个田亩都酥了，潮乎乎的细砂粘土醒目地翻在外边，不深不浅，渗溢出一种带有碱味儿的泥土芳香。

大学士徐光启在天津从事自费水稻实验的年代，正是欧洲一批耶稣会士肩负罗马教廷向东方实行宗教殖民的使命联翩来华之时。利玛窦在北京过世3年之后，1613年10月11日（万历四十一年八月二十八日），任职翰林院的徐光启因与在朝的保守派不和，告病到天津屯垦。3年多的时间里，他用自己的钱在海河下游的荒地上进行南稻北植的农事实验。

徐光启用了很低的价钱在天津东南海河西岸买下20顷的荒地，还从上海、山东陆续请来了十几个老农跟他一起进行南农北种的拓荒，采取"东四佃六"的招佃分收办法，经营水旱农作物的种植。他在一封家信里说，这里的荒田，贵不过六七分一亩，贱不过二三厘，钱粮又轻，一半做水田，一半做旱田，徐光启用了如下的词汇描述荒田的情形："其余尚有无主无粮的荒田，一望八九十里，无数，任人开种，任人牧牛羊也。"[1]当时，即使在相对比较落后的北方乡下，一亩地总要一两银子，徐光启所费不过六七分乃至二三厘。这些土地，大多为有主却无人耕种的荒田，主家也就收些微薄的苇利而已。

天津最早的农业从稻作开始。北宋时期负责塘泺防线设计的何承矩向宋太宗提议将水上防御与边界屯田结合在一起，在砦下设"稻田务"，随着黄河迁至界河入海，所辟稻田逐渐荒废。

明代天津地方官员困扰最大的问题，莫过于如何开发滨海斥卤之地。据《明太宗实录》卷三六记载，永乐二年（1404）十一月己未，"设天津卫。上以直沽海运商舶往来之冲，宜设军卫，且海口田土膏腴，命调缘海诸卫军士屯守"。由此可见，天津设卫的一项重要功能就是开发天津海口一带的荒地供给京师，但天津卫的屯垦却是时断时续，始终收效不大。

《天津卫屯垦条例》里称"津东之民，乐于应兵，再以打仗为计，自己田地弃不力作"，应是天津军屯的实际报告。明中叶以后，朝中建言改革漕政、开发京畿水田者多有人在。万历二十年（1592）日本丰臣秀吉发兵朝鲜，大量难民水陆转徙出关，粮食问题一时成了威胁朝纲的首要问题，天津也一跃成为

---

[1]《徐光启集》卷十一，《书牍·家书七》，约1615年。

抗倭援朝海防重地，增设天津登莱巡抚，并首次派兵在大沽设防。为了解决援朝军粮之需，先后派遣天津海防巡抚汪应蛟、天启年间御史左光斗、太仆卿兼河南道御史董应举等人在山海关至天津一带开垦滨海荒田，只是这些自上而下的垦作，大多人去政息，屯田所取得的成效也如昙花一现，未能持久。

直到利玛窦来中国时，中国酿制葡萄酒的技术依然远远逊色于欧洲。本来葡萄的果皮上附有酵母，酿造时无须再加酒曲，但当时中国人酿制葡萄酒依然放曲，这就大大坏了酒的风味。来天津后，曾多次与利玛窦等人饮用葡萄酒的徐光启曾将北京的宣化马奶葡萄引种到天津，采取西法栽培葡萄，并进行酿制葡萄酒的试验，可惜这些试验跟他在海河边推广的水田一样，在他离开后大多荒废了。所幸的是，他从南方引种了番薯、桑树、鸡冠子花、凤仙花等植物花草，后来广泛种植，只是大多数人不知道罢了。

在徐光启离开天津40年后，清朝顺治十年阴历十一月十八日（1653），明末遗民谈迁路过天津，因运河结冰，只能乘行陆路赴京。清初正处于17世纪末的小冰川气候的全盛期，华北平原无霜期不足150天，致使海河下游无法种植水稻。至康熙四十五年（1706）以后，由于气候逐渐转暖，天津的稻作才逐步恢复。

明清以降，玉米、马铃薯等高寒作物在海河流域干支流河源区迅速传播，泥沙增多，河床淤积，每遇夏秋之际骤雨急涨，致使海河下游洪水经常泛滥横溢。为了确保漕运河道，不断增高的南、北运河大堤也人为地加剧了水患的威胁。康熙以后，随着气候的转暖、水患的频发和人口的增加，天津平原大量洼地开发及水患治理再次成为朝中热议不绝、屡兴屡废的畿辅要政：康熙年间，天津总兵蓝理率先从福建家乡招募200名农民在天津城南到贺家口一带开垦了"蓝田"；雍正年间，怡亲王允祥和大学士朱轼在当年汪应蛟、董应举、蓝理等人开垦过的土地上进行水利营田；乾隆年间，在白塘口、贺家口、咸水沽、八里台等处修建了大量的泄洪系统，排水之后的土地如何处置，让乾隆一时踌躇莫决；嘉庆年间，林则徐和左宗棠多次就兴建畿辅水利、推广种稻提出奏议；咸丰年间，又有僧格林沁亲王在咸水沽、葛沽一带引水种稻。

明清两代，天津官府主持开垦的围田都在海河边，利用海河潮汐的特点进行营田试验，涨潮时引水灌溉，退潮时排出尾水，循环往复，以降低土壤的盐碱成分。这种围田的最大缺点是对旱灾几乎毫无抵御能力，一旦水源不足，就很难保证收成。直到李鸿章任直隶总督时期大规模开展水利建设，困扰天津多少世纪的稻作大面积种植问题才得以缓解。在淮军将领周盛传主持下，历时6年时间，初步掌握了北方改良低洼盐碱地种稻的规律，将5.6万亩荒地变成了稻花飘香的稻田，培育出了以产量高、米质佳而驰名全国的"小站稻"。

  由于自然条件所限，天津农业发展始终受限，发展的动力主要还是源于国家推动的漕运经济。明代天津尚没有行政建制，卫城四周只有一些零星的屯垦聚落。清朝康熙以后，天津迎来了河海漕运的历史高峰，雍正年间天津设府置县，乾隆年间华北平原人口骤增，康雍乾三朝奠定了传统时期天津城市发展的基调，不少居民点也逐渐形成聚落，东南水乡"人烟稠密，村落纷如"，津邑西北"近河诸村，田园相望"，津邑南乡"地多洼下，村落错处"，到乾隆初年天津四乡辖村已有315处，大沽、葛沽、咸水沽、军粮城、土城、大直沽、西沽、丁字沽、宜兴埠等村镇户口稠密，逐渐有了后来的乡镇格局。

咸味儿的河水

> 天津有一个缺点，即所有的井水都是含盐的。
>
> ——法国驻北京领事密福特1865年致友人信

天刚透亮时，有人拎着铁壶来买水了。掌柜的抄起一把大舀子往热锅里舀水，再灌入铁壶之中。买水的人拎着满当当的铁壶走了，塞给掌柜的一个水牌。就这样，老城里水铺忙碌的一天开始了，还有些住在附近的熟客陆续走了进来，有的还带着鸡蛋，用开水冲了喝。早年间，天津人一般早晨起来不点炉子、不做水，想喝热水，或者泡茶招待客人，直接到水铺买开水，熟悉的小铺和邻居日常都备了水牌，不熟悉的给现钱也可。

那个年代，在天津的任何一条街上都能看到挑水或者推着水车的水夫。虽然毗邻大河，但城内却没有饮用水源，明代军卫开凿的几口井水到清代初年就已荒废。清朝顺治年间，卫城内依然不见水井，衙门里设水窖，居民饮水都得到城外的河里挑水，生活极为不便。其他北方地方水井打出来的水，清甜甘冽；天津虽然地势低洼，地下水位较高，但大多是卤涩的咸水，因此大多数井水日常盥洗尚可，偶尔遇到几口淡水异常宝贵，多被冠以"甜水"美名。位于三岔河口以下河段的海河水因受潮汐影响咸涩难喝，北运河泥沙含量过高，只有南运河的水源情况尚可，因此大多数水铺用水多取自御河之水。天津人习惯把南运河叫御河，御河水甜，海河水咸。上世纪80年代引滦入津前本地人谑称天津有"四大怪"，其中"自来水能腌咸菜"说的就是海河水质。与我同龄的许多天津娃娃，如果不是小时候喝着自来水长大的，长期会被"四环素牙"困扰，1982年进京上大学第一次打开水龙头发现北京的水清凉甘甜，心里着实大惊小怪了一番。

当海河退潮时，河水又将大量的冲积物倾泻入海，海河水呈现一种黄中带红的颜色，这使海河的水质泥沙混下、咸甜不分。从河边挑回来的海河水，不仅咸甜不分，倒到水缸里还是一大锅泥汤子。在没有使用明矾之前，大多数人家要等河水沉淀澄清了才可以饮用，讲究些的，要烧开水。过去无论是在城里，还是在周边的乡下，都有挑水为生的人家和供应开水的水铺。涨潮时无法挑水，有些靠近河边的地方，就在河岸附近挖一个土坑，涨潮时河水漫过水坑，落潮后河水自然就落在了蓄水坑中。天津虽然是九河下梢之地，却无法享受"靠水吃水"之利，饮用水历来是困扰官方和民间的老大难问题，过去天津人经常用"吃喝困难"来形容生活不易，就是这个意思。

与中国人相比，西方人更倾向于饮用冷水而不是烧开后的热水，并用这些冷水制造成各种西式的饮食。但在天津开埠初期，许多外国人却改变了他们的生活习惯，总要反复地提醒中国仆人"先把水煮开"，他们担心浑浊的生水容易滋生霍乱的细菌。

为了解决租界饮用水问题，工部局甚至论证过用刚开通的唐山到天津的铁路罐车运水的成本造价。1883年6月29日，当直隶总督李鸿章亲手打开上海自来水厂供水闸门，惊喜地看到浑浊的黄浦江河水在沉淀池里变得清澈，但回到天津之后，却发现同样是从潮汐河中取水，黄浦江涨潮之际取水可避免水源污染，但海河干流取水无论潮水多大也无法减少污染物。

在1898年英租界自来水公司铺设管道之前，那些住在租界里的外国人大多采用明矾过滤的方法解决日常吃水问题。先把有些浑浊的海河水倒进半人多高的陶土水缸里，用融化了的明矾在表面反复搅动，让水里的泥沙沉淀到缸底，再用一根顶端带有气孔的细竹管插到缸底，将这些泥沙吸附出来，再将水烧开或者过滤以供饮用。也有人尝试过开凿井水，但这些井水含硫太多偏于苦咸，并不适宜作为日常的饮用水源。

当《京津泰晤士报》持续不断地讨论如何解决天津供水问题之时，经过一年钻探尝试的法租界仍然没有发现任何深层地下水源。1895年的霍乱之后，也有人怀疑海河水作为自来水的水源是否合适，直到后来沿河的水塔、泵房、过滤池和沉淀池陆续建了起来，一些外国人才打消了对海河水源的顾虑。直到1899年1月1日新年来临之际，经过4年多筹备、论证和建设的天津自来水厂终于开闸放水，这是天津第一套现代工业化的供水系统，消防和街道公共清洁用水依然使用未经过滤的海河水。

在天津设卫筑城500年后，从1903年3月开始，一家由美国人、德国人、荷兰人和中国人合资成立的济安自来水公司开始向天津城区供应自来水。这家水厂建于乾隆年间名噪一时的水西庄旧址，周边为西北角回民聚居区，水厂的大部分中国员工为回民。当这些曾经以漕运、贩卖为生的回民拿起镐头在已经拆除的城墙马路上挖开地面时，他们可能还没意识到，这座始建于1404年的卫城从喝水问题开始了近代化的艰难历程。至1910年代，自来水公司的管网已经遍布老城中大多数主要街道和关上关下、宫南宫北等商业区，但除了少数的天津大宅，伸出地面的自来水龙头大多并不是在居民的家里，而是竖立在街角，只有买了水票才能在水龙头下接水。后来，自来水公司将分水和收取水票的工作交给水铺管理，但依然阻止不了挑水夫私下将自来水与河水混在一起的恶性竞争。无奈，自来水公司只能采取阶段性降低水价的价格战，但也只是有些局部效果。不仅是自来水，这样的冲突还在后来修电车、建商场等一系列新事物的引进过程中持续发生。

在相当长一段时期内，用水始终是天津的一个大问题。进入上世纪70年代，地处九河下梢的天津更是成了极度缺水的城市，不得不在海河水中掺入一部分海水以补充水源，造成海河里的盐分严重超标。那时天津民间甚至流传着"自来水腌咸菜"的说法。由于水质不好，让天津倚为支柱的纺织工业、造纸工业和电镀行业一度受到了很大影响。水里面含盐量较高，那个年代天津人洗头用的肥皂泡沫都少了，洗完的头发是黏的，做饭熬出的稀饭是苦咸味儿的，水烧开后，水壶和锅里头会有白碱。至于泡茶，甭管用的是多么好的茶叶，也泡不出正经的茶味，因此50岁往上的天津人最熟悉的就是大茶缸子泡花茶的那种"够酽"的味道。

1983年9月11日，引滦入津成功。时任天津市长李瑞环提议，给天津每家每户发一小包二两茶叶，天津人民终于喝上了甘甜的河水。又过了30年后，2014年12月12日，南水北调中线工程正式向天津输水，天津人又喝上了甘甜的丹江水，天津人喝水难的历史问题得以极大缓解。

TIANJIN
THE BIOGRAPHY

天津 传

贸易打开的口岸

第五章

航拍渤海湾

大沽一带的小孩是在河边和船上长大的。凭河看进船，离着老远就能认出这次来的哪个是本地的卫船，哪个是"南蛮子"的五桅大商船。这就跟打小在南市长大的熟悉曲艺园子和澡堂子，住关上关下的熟悉哪家的店铺是谁家的买卖，住大直沽的打小喜欢"踢球打弹"一样，是当地人祖传的一个乐儿。

现在说起天津这座城市，往往会提到大运河，提到明清时代漕运带给这座城市的发展动力。然而，天津绝不仅仅是一座"运河载来的城市"。即使"繁华热闹胜两江"，即使"路通七省舟车"，仅仅依靠朝廷规定的随船携带"土宜"的沿河商品交易量，绝无可能让天津大码头由过去的漕粮转运地实现向现代商埠的演变，更绝无可能造就今天南北兼容、华洋杂处的天津。

长距离运输所跨越的不只是不同的地区、不同的族群和社会，乃至不同的历史时期。天津这个地方从登上历史舞台那一天起，就始终与更先进的运输方式、更广阔的贸易网络有关。在近代轮船、铁路兴起之前，这个距离北京最近的河海交汇之地，一直是南方到北方的漕粮转运枢纽，是南方到北方海运的北方终点，但这样的优势依然不足以让天津成为今日的天津。

长期以来，关于清朝"闭关锁国"的说法流传甚久。明代实行政府垄断交易制度，禁止商人海外贸易，但是清代实行"海禁"的时间并不长久。清朝初年共颁布了不少于13项"海禁法令"。所有海禁法令都至迟于康熙二十三年（1684）废止，总的生效时间不过30年。至1684年，随着清政府收复台湾,以奉天海运为开端,海禁政策逐渐放开了。

在欧洲人前来天津试图敲开中国大门的时候,天津仍然是传统的朝贡体系下的"天子脚下"。康熙年间海禁的开放,比1282年海盗张瑄、朱清开通从江苏太仓刘家港到直沽的海上通道,甚至比1404年12月23日天津正式设卫筑城更显得重要。即使在"海禁"时代里,奉天承运的卫船仍然享有开往辽东运粮的特权。"海禁"一开,那些来自潮州的、福建的、宁波的商船陆续抵达北洋航线的终点,只是天津的海运贸易依然被严格限制在内贸市场,被排除在对外通商口岸之外。1860年天津的开埠肯定是一个无法忽视的事件,但开埠后的远途贸易并非由开埠开启,而是此前"开海"之后沿海贸易的历史延续。

转卫，一夕潮来集万船

连日大风而寒，波涛怒立，旅怆弥切。

——（明末清初）谈迁《北游录》

清康熙七年（1668）正月，朝鲜国王派遣特使途经天津进京。这一年的冬天有些寒冷，北京西山附近河流中还能够见到朱鹮。华北平原入冬以后，不仅田野萧条，大量的内河运输亦告停止，即使客运，也很艰难。清顺治十年（1653），终生不仕的谈迁北行过天津时遭遇风浪，尤感旅途悲苦："连日大风而寒，波涛怒立，旅怆弥切。"明清两朝，漕船在天津冻阻的情况时有发生，一般的处理方法是，就令驳船在天津接运漕粮进入通州仓。若来不及接运，就囤寄在天津，等冰消时再转运入京通仓。

明清两代对漕船的行程有严格的运程规定，漕船何时渡过淮河，何时转卫天津，何时抵达通州均有时限限定。官方规定的时限，并没有将漕运官军往往沿途私自停船买卖货物的时间计算在内。有些交易固然是在漕船阻滞的情况下进行，有些则是先完成交易，再沿着运河缓慢前行。如风大浪高或天旱水浅以及各种意外，漕船阻滞、舟行羁旅的状况则是时有发生。这些因素导致漕船北上往往迟滞，经常是北方河面快要结冰时，船队才堪堪到达天津。在这种情况下，如果让漕船驶过天津继续北上，极可能被冻阻河干，不能按时南返，从而耽误下一年的漕粮运输任务。明清时期，北运河水量不稳定，水浅或水涨情况随有发生，尤其是杨村以北这一段漕运路程水行艰难，夏秋则水涝，冬春则水涸，对漕船通过北运河直达京师造成极大影响，为此明清两代经常将迟滞漕船所运载的漕粮就近截卸在天津，从而使漕船尽早返回。

昔日的三岔河口，北为潞河，即北运河，南为卫河，即南运河，二水所汇之地即为海河，也叫直沽、白河。卫河、海河水深，潞河水浅，所用船只体量、吃水不同，京杭大运河一路而来的漕粮船队均需在三岔河口换驳："天津以北，水趋大海，故上流易淤，漕船有阻浅之患。为设红剥（驳）船以供转运，其来旧矣。"因此，从南方来的漕船，无论是走海运，还是走运河，运至天津后，均需大船倒小船，称为"转驳"，也叫"转卫"。元代起，海路至三岔河口将海运遮洋船换以河运所用的浅船北行潞河："（到直沽）因内河浅涩，就于直沽交卸。"明承元制，海运粮船抵河口，"以小船转运北京"。转驳用的小船，多为平底小船。当时为转驳配置的驳船数量为2500艘，600艘归天津，400艘归武清，其余归通州。这些驳船都是官方配置，称为红驳船。

即使是这种吃水较浅的平底驳船，也要依托自然的潮汐和大量的人力进行驳运。过了杨村，风停水静的时候，船只只能依靠划桨和拉纤向前行驶了。以1793年英国马戛尔尼使团乘坐的大型官船为例，每船有两只大桨，每只桨需几个人才能划动。如果遇上逆流、逆风，就要用到纤夫了。使团的船只平均每船用15个纤夫，总计500人之多，其人力之费可想而知。

早些年间，盛产"卫抹子"年画的杨柳青老人们还记得当年河工们沿着御河赶潮拉纤的情景。即使是在这样的盛夏时节，纤夫们也是穿着棉袄，将纤板斜挂在背上，将绳子搭到上边。天还没亮，领工拉纤的起了个头，船上撑船的、岸上拉纤的一起唱起悠扬的号子，跟着那些南方来的运粮的、白洋淀运芦席的、静海台头运西瓜的在水光潋滟中，朝着天津卫的方向顺潮而行。

北方没有江南水乡的自然条件，但在半个多世纪之前，内河通航的场景还是百姓出行的日常。清代嘉庆末年，仅杨柳青船户即有1015户，占全镇烟户人口约四分之一。直至上世纪五六十年代，杨柳青到市区的小火轮依然通航。然而，即使是在小火轮通航的年代，依然有大量的御河（南运河）船户，

漕船转卫图

拉上了地里摘的一些蔬菜瓜果，趁着天气尚早，划着一艘小船，赶往卫里做些营生。一路之上，河道弯弯曲曲，堤坡高高下下，高大的杨柳树掩映着排排的村舍，两岸边的人家炊烟袅袅，岸上的房屋，渐次稠密起来。

随船，官家货少私货多

> 竹竿巷，石头路。棉纱庄，杂货铺。正兴德，在中路，东头中和老烟铺。
>
> ——天津民谣

京杭大运河沿岸城市中，杭州、临清、济宁、天津等地都曾有过一个叫"竹竿巷"的地方。竹竿巷，顾名思义，是当年贩卖竹竿的地方，其实不只是竹竿，而是通过运河载来的竹、木、板片等木材原料。

当年通过运河南来北往的货物中，除了南来的粮食和北下的食盐这两宗物资，另一项大宗货物是竹木、板片之类的"竹竿"。无论在欧洲、印度乃至日本，政府都对木材的价格和交易采取控制手段，但中国对木材价格却很少干预，只要有水路运输之便的地方，民间木材交易市场始终活跃。天津本地不产木材，所需木材均由外运来。这些木材大多来自于南方的茂密山区。万历年间仅江西南昌、饶州二卫所漕船一次就夹带板木136.51万多斤。崇祯年间，户部尚书毕自严上疏言及运军违例多带木材等私货，"杉槁木板，满载淋漓"。

天津商业的起源，或发源于民间木材（竹竿）交易。如今的天津地图上，已经没有竹竿巷3个字了。竹竿巷如今留给天津的唯一印迹，是位于南运河畔"天子津渡"遗址公园的几十块青色石板。那些每块长2米、宽50厘米的青石板,曾铺列在那条名为竹竿巷的胡同里。早些年间路过竹竿巷时,经常在胡同口看到"小孩多,胡同窄,骑车同志请下来"这样充满了天津式幽默的标语。这样狭窄的胡同,极可能是天津御河畔最早的商街,可惜这条在天津商业历史上延续五六百年的街区,已经不在了。

竹竿巷堪称当年老天津卫的"银子窝",在这条长不过 300 米的狭窄胡同内,近代时期曾有棉纱庄、银号、杂货商、茶庄等各类商号 39 家,以风水互通、商帮汇集、商号私密而著称。其中一半是"八大家"的买卖,终日车水马龙,人来人往,日进斗金。潮州、福建、广东、山西等地区的商帮,大都居住在邻近竹竿巷的针市街附近的潮义栈、隆顺里、晋益栈、闽粤会馆等处,他们销售南方运来的食糖、西北运来的中药材以及新疆伊犁运来的毛皮等土特产,就近在竹竿巷进行交易。各地商帮收入的货款也就近在竹竿巷、针市街的各银号办理转账划账、付现、汇款等事宜,商务往来极为便利。

刺激运河沿岸诸多码头城市兴起、发展的动力,除了人员往来、船只停泊及衍生的一系列商业服务外,最关键的是明清两代官府允许漕船在运载粮食的同时,可以附带一部分"土宜"的国家奖励政策。这是传统历史时期天津以及运河沿岸所有新兴商业城市生成的主要背景。

明清漕运携带土宜补贴之规,始于元代海运时期。元代官府为鼓励海运船户,允许漕船返程时将北方的豆、谷及土特产品载运南方,作为海运差价补贴。元代虽有海津镇之设,一时也有"东吴转海输粳稻,一夕潮来集万船"盛名,并有庙宇、仓廒、屯军等建制,但更多是官运漕粮及物资的中转站,聚落规模有限,对城市商业贸易发展助力有限。

明清时期,为了鼓励漕运军卫民户尽心尽力,官府允许漕船北上南下时随船携带一定数量的土特产,名曰"土宜"。土宜的数量,明成化十年(1474)规定以 10 石为限,万历年间放宽到 60 石。清雍正年间又增加 40 石,嘉庆年间再增加 24 石。除以上随船土货,还准许船头、舵工、水手等携带若干。据统计每条漕船除载米 500 石外,累计搭载土宜最多可达 150 石左右。这些土宜,在河西务(后改为天津)钞关、张家湾钞关等处均免交课税,贩卖收入由船户分配。

这些"土宜"，来自南方的多为杉槁竹木、南糖南纸、铁锅瓷器之类。由于北方经济相对落后，所能提供的商品种类较少，因此商船或漕船回空南下时往往并不满载。清代从天津口岸出海南下的主要货物为天津附近乡村出产的豆货、高粱、梨枣、葡萄、核桃等初级农产品，最大宗的则是天津出产的长芦盐。这些漕船一般一年往返一次，获利多在三倍以上。随着土宜贸易数量的增多，刺激了众多客商奔波于运河两端。这些运河客商，根据黄仁宇对《三言》中明代客商的研究，多为个体经营，不仅需随身携带白银，并且无法携带家眷，大多一年往返，餐风宿水，最为劳苦。

虽然携带免税土宜的数额逐渐增加，但船户最大的利润还是来自于"回空"。回空漕船揽载商货，其实相当于商船，何况官府对回空的商船的免税额度也不断提高。清代漕船重运北上和回空南下所载土宜总量平均达四百万石以上。这还只是清政府允许的合法携带量，如果包括实际运行中违规夹带和违法揽载的商货，每年可达八九百万石之多。清代漕运规模远胜明朝，每年都要动用数千只漕船，役使数十万名漕运人员，舟楫往来于数千里运河之上，"鞔舟佣食及随漕逐末者极众"。除了依托漕运为生的庞大人群，沿线还有为漕粮运输者和过往商人群体提供生活所需物资以补贴日用的大量乡民，如清人文康在《儿女英雄传》中说："那运河沿河的风气，但是官船靠住，便有些村庄妇女赶到岸边，提个篮儿，装些零星东西来卖，如麻绳、棉线、零布、带子，以至鸡蛋、烧酒、豆腐干、小鱼子之类都有，也为图些微利。"类似的小本生意在运河沿线非常普遍，这也是今日运河沿线众多聚落、城镇乃至城市发展的基础背景。

无论任何时代，无论何种商业方式，任谁也阻止不了人们对金钱的追求。除了例行的数额，运河沿线一直盛行着庞大的走私夹带群体。明朝内阁大学士李东阳路过天津，观察到"官家货少私货多，南来载谷北载鹾"。不管是因为官方允准的土宜，还是私自夹带的私货，或是因为赶水路行程中途无暇发卖的货品，天津因其作为北方漕粮的重要集散地、河海联运转驳运输的枢纽及北大关（天津钞关）的国家制定口岸之便而尽享其利，各种南北物资荟萃于此，推动了天津商业的形成、兴盛。

大沽海口的铁锁链打开了

> 粮字号买卖最吉祥,年深也把船来养,一年四趟锦州、牛庄,荒年一载大沽光,一只可赚三只粮。钱来得涌,职捐得狂,蓝顶朝珠皆可想。
>
> ——(清)杨一昆《天津论》

如果你是一位年轻有为的天津船主,手头有些资金,跟官府有一定的关系,恰好还认识闽粤地带的船主,很想出去闯一闯。这时是1655年,没有任何现代化的通讯工具,要南下贸易,先要从天津官府获得出海的商单,按照商单上的规定采购货物,再按照规定的日期返航。

这一年是顺治十二年,朝廷突然颁布了一道禁令,寸板片帆不得出海,沿海居民一律内迁30里,渔民留下一片渔网即被视为谋反的证据。

禁令颁布之前,已经取得天津道出海商单的郭自立、陈思智两个天津船户出海前往山东贸易。等到返回天津时,已是顺治十三年(1656)四月十六日,沿海地区已经执行严格的海禁氛靖政策,"津门居神京肘腋,防御尤宜加慗",甚至在大沽海口附近加了铁缆关锁,以防帆船偷渡。200年以后,为了拦住入侵的外国军舰,又在海口附近设置拦江锁之类的海防工事,当地人俗称为"海里蹦"。

按当时出海规定,无论商渔盐船,皆令编立字号,人货对照。当时郭自立船上所载货物包括黄藤40担、烟120箱、胡椒50包，陈思智船上运载有黄藤15担、苏木20担、土粉10担、烟30担。船上随行的还有徽州、浙江、山西、河南、陕西的商人。更让官府怀疑的是，船上竟然装载了不少象牙。这两艘海船的人货自然引起了清政府的怀疑，船户自称中途遇到风暴，船在庙湾搁浅，但无论是耽搁的时间还是装载的货物，都不似船主所言只是在庙湾（今山东庙岛群岛）因为遭遇飓风耽搁了一段时间，何况象牙、黄藤、苏木等货物，均系广货及外洋所来。此案最终由直隶总督李荫祖以"海逆北贩"的"私贩外洋案"上报。虽然御批不详，但可以想见此案当年的影响力及对沿海船户的震慑作用了。

1655年，为顺治十二年。距离郑成功收复台湾的舰队出发还有几年，荷兰人派出了第一个试图与中国建立贸易关系的使团，经运河进入天津。前朝从洪武年间至嘉靖年间，实行了长达二百年的海禁政策。

海禁政策首先是从"奉天海运"开始突破的。康熙二十三年，塘沽船王、官纲户郑世泰请求康熙皇帝用"海舟贩运奉天米谷以济津民"，康熙允以官给龙票，"出入海口，照验放行"。但这次塘沽船户的"奉天海运"只是应对饥荒的一时之举，并非常态化政策。乾隆三年，天津镇总兵奏请暂时开通奉天与直隶之间的海运，以保证直隶地区的民食和社会稳定，奉天将军则奏请永远禁止海运，以保障在奉天的旗民生计，最终还是由乾隆皇帝平息了争议。乾隆四年（1739）发布上谕称："嗣后，奉天海洋运米赴天津等处之商船，听其流通，不必禁止。"此后，很多渔民弃渔从商，由从前的十数艘增为数百艘，专事天津至奉天之间的米谷贸易，由此催生了天津第一代大船户和大粮商。

奉天为清朝根本之地，有限放开针对直隶、山东的粮食贸易仅限渤海一途。陆路方面，清廷则严格以东、西两条柳条边为界线，严禁关内民人流入东北禁地。当时，由天津东大沽至辽东贩运米谷，若风潮顺利，半年即可往返五六次。直隶一带商船多由天津始发，由天津县衙将商船编号，查明船户乡贯、姓名等，到奉天后验明印票，报明所购粮食数目，再由奉天将军衙门给发回票，载明所载粮数，回程验收后即可自行买卖。

天津商船俗称"卫船"，船小桅细，相比起船体宏大的潮州红头船和宁波北头船自是相形见绌,但极适合直隶、奉天、山东等北洋内洋往来。"开海"以后,卫船不仅奔波于前往奉天的北洋航线,有的还买下了宁波的沙船,南下江浙等地,从事远海贩运。天津开埠之前,天津本土船户拥有海船总数达七百只上下。嘉庆、道光年间的漕运总督牟昌裕曾对天津港口运夫做了一番勾勒:"天津一县,向来以商贩东省粮石营生者每岁约船六百余只,每船往返各四五次或五六次不等。不但船户藉以养生,沿海贫民以搬运粮食生活者不下数万人。"

养船者彼时被称为海户,其营业字号称为海号,从大沽出海专跑口外的海船多为今日塘沽、葛沽、咸水沽一带海下人经营。据老人回忆,咸水沽船户的海船的名称有"大酒篓""醋坛子""醋罐子""铁锤""燕飞儿""小烟牛""摆渡口"等各类奇怪的名称。著名红学家周汝昌的老家咸水沽一带,造好的船下水之前,周围看热闹的大人孩子们随口给这些新船"起外号",只要不带"翻个儿""沉(陈)"这类犯忌的字眼,船主如果觉得中意,当场就认定了。

当年,三岔河口尚未裁弯取直。从粮店街到河对岸的玉皇阁、天后宫,要从大口坐摆渡过河。大口,也是当年海河停船靠岸所在,人烟稠密,市井兴旺。粮店街对面住着的是名列天津八大家之首的"天成号韩家"。从大口以下路西,背后从城里的二道街自玉皇阁到天后宫前,都是韩家的宅院。

"天成号韩家"起家于清初"海禁"年代。除航运外,韩姓又以自己的船队往各口岸贩运货物。天成号韩家所有的海船为旧式五桅五帆大木船。天成号之所以能独占鳌头,除去资本雄厚、字号悠久外,还由于韩家有能力担负海上阻风的巨大风险及对驾掌或船上当家等船老大的控制,加之天成号既经营代客运输,又兼做贩运货物等生意,经营方式灵活,因此许多小海船户陆续被韩家挤垮或吞并,以其雄厚的实力、良好的信誉垄断天津海运达200年之久。韩姓后来又经营粮店、银号、当铺等,名列天津"八大家"之首。

著名红学家周汝昌是天津海下咸水沽人,周家与冯家一样也是依托"天成号韩家"起家。早先给咸水沽镇上东头大户韩家船上做事(这个韩家是否天成号韩家,待考),后来挣了钱陆续买了三艘海船,成了"养大船的"。老海河

（后被裁弯取直）边，有周家专用码头装卸货物，叫"同和码头"；北面同和、同源、同达等米栈、酱园等，都是周家自己的店铺。到周汝昌小的时候，随着航运业的没落，只剩下一个同河码头。

"七九河开，八九雁来。"节气一交春分，直隶省的河流就都开化。北河、西河一带的船家，又要去跑船了。清代开海禁之后，天津成了华北内河水运集散中心，常年往来于天津各河的大小船只达万余艘。当年天津的船户，一类是天成号和周家这样的"养大船的"，专跑口外运粮，还有一类是从事内河运输，也贩卖些粮油、杂货。被誉为"南开之父"的张伯苓祖籍山东，清初年间迁来天津。张家最早在天津靠近运河口岸开一爿行店，取名"协兴号"，专养楠木船，南北贩运油粮、杂货，家道日渐富庶兴旺。

南方的红头船来了

> 自从康熙年间，大开海道，始有商贾经过登州海面，直趋天津、奉天，万商辐辏之盛，亘古未有。
>
> ——鄞县海商谢占壬《古今海运异宜》

1802年1月8日，嘉庆六年十二月五日，时值隆冬时分，一艘由广东驶往天津的中型海船开航了。这艘红头船是福建泉州府同安县商人徐三贯于上一年的开春带着同安县的23个同乡在广东购买的，嗣后又在漳州府办理了执照。这艘红头船宽2.56米，全长17.6米，在广东搭载红、白糖等货赴天津贩卖，还搭乘了8名货主。船上共有船主1人，舵手1人，水手22人，船上携带妈祖神像1座、小铁锚1门、大小铁箍34个、铁钉1163斤。

这正是红头船兴盛的年代。每当闽粤商船抵津时，天津县的知县亲自到海河沿岸举行隆重的欢迎仪式，鸣鞭奏乐欢迎这些来自闽粤的大船。为了帮助闽粤商人卸贮货物，地方官还设立洋货局栈，以便闽粤商人货物能够及时卸贮、商船及时返航，并允准闽粤商人开办了外地商帮在天津的第一家会馆——闽粤会馆。

从河运到海运，从闭关锁国到开放海禁，进入19世纪的天津迎来了史无前例的通海时代。如果说"奉天海运"还属于渤海湾局部区域的特许内贸的话，红头船的到来意味着在天津开埠之前已经融入了以红头船为连结的南北洋贸易体系。清代康熙年间设立海关开海贸易后，海道成为新的南北商品贸易大通道。

清代沿海贸易中，以福建商人的绿头船和潮州商人的红头船最为出名。潮州商人不仅将船头油饰朱砂，而且还别出心裁地又在船头两侧朱砂油饰上画上黑色圆圈，如同鸡目一样，按照迷信的说法，船上有眼，才不致迷航失道。红头船商人将南洋商品、潮州蔗糖运往苏杭及天津销售，又将天津的杂货、苏杭的丝绸布帛运往东南亚贩卖，再将暹罗大米运回潮州等地销售，形成了一个北至天津南至暹罗的红头商业贸易圈。当年，来天津的红头船队规模很大，据道光年间《津门保甲图说》记载，闽粤商帮每船载重常在1400石以上，舵水以50人、大帮200船计，达万余人。闽粤商人也大量随船队来天津经商，春来秋返，获利甚巨，南货至馆可获净利一倍以上，北货返南又可获一倍净利。乾隆初年仅闽粤商人开设的大商号就已有10余家，小商号则达到30余家。坐落于针市街的闽粤会馆始建于清代乾隆四年（1739），有房产214间，北门外的针市街几乎都是闽粤会馆产业，堪称天津最早的"广东街"。

随着"海禁"开放，来自宁波的北头船也纷纷北上。北头船以6艘为一小队，10艘为一大队，每艘载重量约有七八十吨。频繁往返于天津、上海、宁波之间。最初这些"北号"主要是代清廷南粮北运，收受水脚（运费），兼为商船贸易。一艘大型的宁波船，北上一次所载货物价值约为15000两，营运一回可获利1900两；一艘小型船运载货物价值6000两，营运一回可获利500两。大量由宁波人经营的宁船与沙船从宁波、上海等口岸出发承运漕粮、转运百货直达天津的三岔口、东门外天后宫及紫竹林一带河岸。宁船与沙船离开天津时，便载运羊毛、骆驼绒及各种土特产品返回宁波及上海等地。

江浙、闽粤、山东、关东商人是清代前期沿海运输的商人主体。南来北往的大宗货物汇集于此，天津成了"燕、赵、秦、晋、齐、梁、江淮之货，日夜商贩而南；蛮海、闽广、豫章、楚、瓯越、新安之货，日夜商贩而北"的繁华商埠，呈现出"若停运一年，将南方货物不至，北方之枣豆难消，物情殊多未便"的兴盛局面。乾隆年间崔旭《津门百咏》中描绘的"百宝都从海舶来，玻璃大镜比门排,荷兰琐袱西番锦,怪怪奇奇洋货街""沉檀珠翠来闽海"等诗句,说明转口来的洋货已涉及纺织品、玻璃、木材、珠宝等种类,并出现了洋货街及大量的洋广杂货店等新兴业态。这些洋广货物到天津后,主要满足京师所需,余者多通过河运输入流域腹地。

在马戛尔尼到达天津之前34年,即乾隆二十四年(1759)的夏天,发生了大清国历史上从未遇到的一件奇事。6月24日,大沽游击营发现在大沽口外停泊着一艘三桅的小洋船,船上有12名洋人,为首的英国人竟然能说一口流利的国语和粤语,称"因有负屈之事,特来呈诉",要路过天津前往京师诉状。在《直隶总督方观承奏英吉利商人洪任来津投呈折》中,详细记录了这位史上第一位"洋上访"所告之状:"我一行十二人,跟役三名,水手八名,我系英吉利国四品官,向在广东密门做买卖,因行商黎光华欠我本银五万余两,不还,曾在关差衙门告过状,不准;又在总督衙门告状,也不准;又曾到浙江宁波海口呈诉,也不准;今奉本国公班衙派我来天津,要上京师伸冤等语。"

此前,这位名叫洪任辉的"中国通"沿海一路告了过来,到了距离北京最近的天津总算是告成了"御状",目的是要绕开广州十三行的垄断,让英国商船直接到厦门、浙江甚至是天津做贸易。这段历史上的神奇小插曲最终以粤海关监督"以失察革职"和洪任辉在澳门"圈禁三年"各打五十大板而结案。

TIANJIN
THE BIOGRAPHY

天津 传

东西方的竞技场

第六章

1858年，英国人绘制的天津城外东南角旧景。

我小时候长大的地方叫东局子，位于天津东部城郊结合部的月牙河畔。听胡同里的老人说，这里曾经是法国兵营、日本兵营、美国兵营，后来又成了我的许多同学家住的解放军兵营。小时候，去兵营学习小组同学家里学习功课，尽可以大大方方地观察兵营的那些青灰色的建筑，那些建筑的墙面或者门楣上还标着哪年哪年的水泥字。夏天的时候，在月牙河里游泳，经常能够看到比我大的男孩们从淤泥里挖出子弹、枪托、刺刀和一些锈蚀的机器零件。

在我出生前一百年，这个地方就存在了。1867年5月，天津（北洋）机器局正式成立，所有厂房、烟筒、住房一律采用西洋样式，后来李鸿章又在海光寺创建西局，这里遂称东局和东局子，成为中国近代北方工业真正的发祥地。天津机器局一年的开支为天津县的五六十倍，甚至百倍不止。1900年义和团与八国联军在此激战，这个中国北方洋务运动的中心惨遭毁灭，同时被毁的还有李鸿章在东局子创建的水师学堂、电报学堂、水雷学堂和观星台等。

从人们熟知的1840年以来，刘伯温关于这个地方没有血火之灾的预言就失效了。在当年马戛尔尼登陆的地方，从英法联军到八国联军，从大沽口炮台、东局子、西沽武库、天津卫城一直到这个城市的许多地方，都曾成为血与火的战场，让这个历史上即因战争和军卫而设立的城市，成了一座在中国近代史上充满战争、暴力、屈辱、压迫和愤怒的悲剧之城，而每一次的战争和冲突都催生出新的变化、新的事物，让这里在很长一段时间里成为东西方文明的一处竞技场。

有些东西昙花一现，有些地方衰而复兴。从1860年天津开埠开始，这个城市始终充满了两种力量的冲突与交融。天津是一座独立的城市，这里也是北京与世界之间的一个纽带，就像历史上的界河一样，这里的港口、河道、租界、码头以及火车两端的城市，成了中国世界与西方世界之间的海岸、码头与桥梁。在这个混杂的世界里，同样穿插着不同的异质世界：在老城，这里表面依然保持着几百年的样子；在租界，传统的开洼地正在成为海天富艳的地方；而在距离老城和租界更远的地方，无论是李鸿章在东局子的超级军工厂，还是袁世凯在小站的练兵园，甚至后来袁世凯在总督府附近开创的河北新区，这些地方都在以急迫、焦虑的心态开始疯狂追赶的步伐。

1860年，天津开埠第一年

当我们溯流而上时，经过我们炮艇的行列后，正对着我们面前的是一排如画似的建筑物，联军的旗舰正靠在那儿停泊着，这种雅致而带幻想色彩的构造令人想象到一种避暑的圣殿的样子。

——（英）奥利芬特《额尔金伯爵出使中国和日本纪实》

1860年，天津开埠第一年。除了英法联军的部队，这一年的天津只有13名外国人，住在靠近天津卫城的河岸边。当年，为数不多的几家外国洋行开在今天的古文化街上。这里拥有当时天津最繁华的店铺，肉铺和小餐馆随处可见。1860年前后跟随英法联军的观察者注意到，即使在冬季，还可以在天津的街市上买到苹果、鸭梨、栗子、核桃、荔枝干、花生等来自各地不下50种的果品小吃。天后宫前的广场，还留着英国士兵写的伦敦最著名的特拉法尔加广场的英文字样。

当时留在天津的驻军人员有2000多名，包括爱尔兰骑兵、几百个从香港来的广东劳力、英国工程师和一些医务人员。这一年英法联军占领天津期间，联军在天津城外最繁华的东北角城墙上硬生生地扒开一座临时的城门，这件事情引起了天津府官员及百姓的极大不安，先是以"城池开门均有定向，妄行拆改，与风水地理大有攸关"为由尽力阻止，待联军从天津撤退后，立即将被拆毁的城墙和护城河恢复原状。

1860年10月24日，清政府与英、法两国分别签订《北京条约》，天津被辟为通商口岸。英国条约要求"天津郡城海口作为通商之埠"，法国条约则明确要求开放天津城及海口进行贸易。两个月后，当英国首任驻津领事孟甘和参赞巴夏里在距离天津城南大约两公里的海河岸边自行勘定租界地的时候，设想的是参照香港模式，在大清帝国的天子脚下划定一块供英国商人或官员居住、活动的区域。由于当年法国领事尚未到任，英国领事就替法国人做主，将英租界旁的300多亩土地划定为法租界。1861年，清廷设三口通商衙门，驻扎天津，统管牛庄、登州、天津三口通商事务。

同治六年（1867）五月初九，天津广丰船局的一艘帆船因前夜潮水下落，天气浓阴，临时停泊在靠近月牙河张达庄一带的海河近岸。这艘船是广丰船局代粤商义德泰雇用海下的一艘民船，4天前在大沽装糖货1650包，纸货807块，另有杂货、干皮、鸡毛、姜、桶、生麻、酒等总计2580件。不料初十四更时分，一艘日本轮船由下流趁潮而上，顺风顺水，用铁锚将这艘民船撞翻沉没，货、船损失共值银近3万两，而广丰船局这趟生意只有津钱8000余吊。广丰船局随即向天津税务司提出禀控，经过天津税务司、总理衙门及三口通商大臣与相关外国领事反复交涉，最终仅将打捞残货的变价银两交付船主，而肇事船只在被短暂扣留后，予以释放，中国船主索要的赔偿事项则不了了之。

1861年，有111艘平均吨位245吨的轮船在海河上航行。天津开埠后，各国洋轮蜂拥而至，与中国民船发生冲撞事故屡有发生。此前两年，三口通商大臣崇厚与英国领事共同议定《海河行船泊船章程》，规定"外国轮船本难骤即收住，内地各船理应避让"，无论进口出口、有载无载，"于欲停泊之先，让出中流"。当时，正是洋船（即轮船）迅速取代华船（即帆船）的时代，天津至江浙、闽粤的海运贸易几乎为轮船所垄断，轮船还大量进入北洋地区，本地的民间帆船遭受前所未有的冲击。当时南方各口岸轮船因运费低廉，对民船具有压倒性优势，有人调侃中国人甚至已经可以用轮船载运酱菜了。从入海口到海河航道情况素来复杂，大型轮船多被挡在大沽拦沙坝外，进入大沽口则要缴纳"引水费"，再由大沽口至市区紫竹林码头，因河道迂回曲折、多处淤浅，那种载运量小、吃水较浅、船底平阔的本地帆船的优势胜于轮船，这些因素都加大了洋轮在天津沿海从事贸易的运营成本，也使民船获得了一定的生存空间。

天津开埠的10年间，租界尚未繁荣，银行尚未开办，天津城市的经济中心依然保持在旧城东北沿河一带。到1866年时，天津已有9家英国洋行、4家俄国洋行、1家美国洋行、1家德国洋行、1名受法国保护的意大利商人、1名受普鲁士保护的巴伐利亚商人。开埠初期，这些洋行的业务以从上海转口各种洋货为主，有的转手就挣了大钱。1861年来到天津的一名外商，不到几年时间就挣了每年高达5000元利息的财产，兴高采烈地离开了天津。

天津开埠这一年，驻扎在海光寺和望海楼的英国人担心水坑散发出的臭味引起疾病，先是清除营地附近的污水，英国人派出从香港雇佣的几百个广东劳工运来了数吨泥土，填入今日东北角一带的护城河段。随着冬季的来临，这些护城河两侧的积水有一英尺多深，两侧中国居民区一片泥泞。英军没有顾及这些，反而搬到了地势更高的天后宫里，甚至砸毁了数百年来被天津人视为守护神的传统神像。

1858年，跟随英法联军军舰到达三岔河口的奥利芬特注意到，"当我们溯流而上时，经过我们炮艇的行列后，正对着我们面前的是一排如画似的建筑物，联军的旗舰正靠在那儿停泊着，这种雅致而带幻想色彩的构造令人想象到一种避暑的圣殿的样子"。奥利芬特看到的那排建筑正是始建于清朝初年的望海楼和崇禧观。因地处南北漕粮转运的枢纽，在1918年海河裁弯取直之前，三岔口位于今望海楼南、狮子林桥附近，为南北运河和海河干流的交汇之处，观两河交汇之胜，天津人把这片地界叫做"河楼"。当夜，英国公使额尔金就住进了中国皇帝"巡幸"天津时的驻跸之所，从高处临河俯瞰，河面上停泊着八艘帝国舰艇。

按照《天津条约》《北京条约》的规定，法国取得在津开辟租界、设立教堂的许可。法国人看中了河楼这块"风水宝地"，当时兼管天津教务的北京教区主教认为："此处在天津城郊，地势极好。天津为通往北京的第一门户，欧洲人于此往来过路，我们必须善为开辟。"到1862年，经三口通商大臣崇厚同意，法国教会以每亩一千文的租金，先后取得望海楼、崇禧观地段十五亩土地的"永租权"，"作为大法国传教士建造天主堂之用"。最初，天津人称其为"河楼教堂"，有的直接叫"鬼子楼"，法国传教士则称"圣母得胜堂"。人们更熟知它的名称是——望海楼教堂。这座天津最早的教堂初建成时，高度超过了天津所有的建筑。

从历史照片上，可以清晰地看到望海楼教堂与被天津人称为三宗宝之一的三岔河口炮台距离甚近。在当时天津百姓眼中，这座面向三岔河口和天津城厢的鬼子楼，像是一个古怪的庞然大物，兀自立在天津城外。这座砖木结构的三层建筑，正面配有三层笔架型的塔楼，宛如一列军舰，拖着长长的堂身；二十多米高的中塔格外高峻，营造了一种直冲云霄的向上之势；尖而巨大的彩色玻璃窗以及镶嵌的各种当时天津人看来离奇陌生的宗教故事图案，在阳光的照射下显出五彩斑斓的效果，让那些看惯了低矮、古朴的中国建筑的天津人感到惊奇莫名。

1870年，河楼的火焰

> 同治九年五月二十三日起祸头，洋鬼子楼高九丈九，众家小孩砍砖头，一砍砍在鬼子楼。法国领事丰大业一见发了愁。……这才惊动马宏亮站起身来细说根由："我们是替那屈死的小孩来报仇，给天津卫除大害。打死丰大业，烧了鬼子楼。"
>
> ——李老显编天津快板

1870年的夏天，天津奇热无比，百姓人心浮器。

事件缘起于各种谣传，关于鬼子迷拐小孩的传闻越来越厉害，也越来越离奇。后世的研究者认为，这些关于"迷拐""折割"的谣言是天津教案启衅的直接根苗。连当时在华的一些外国人也认为，天津教案的发生，是当地民众"对洋人的深恶痛绝突然间冒了出来"。

值得注意的是，随着"民间迷拐之事愈传愈多，街巷为之不靖"，率先拿人的民间水火会等地方自发，随即天津掀起了一股反洋教的风潮，终于酿成了轰动世界的"天津教案"。此次事件，民间俗称为"火烧望海楼"，官方称之为"天津教案"。对于大多数欧洲人和美国人而言，天津教案使他们第一次知道了"天津"的存在。在此之前，虽然"天津"这个地名多次出现在外国传教士、外交使团的考察报告、图画及笔记中，但"天津教案"让天津这个城市第一次广泛地进入西方媒体的报道。而因为"火烧望海楼"和义和团事件，两次被毁、三度建造，这座始建于1869年的教堂成了中国近代史上出现频率最高的一座教堂。

同治七年（1868）七月二十七日，坐镇两江数年的曾国藩接奉朝廷谕旨"着调补直隶总督"，北上出掌八督魁首。曾氏距离时人所仰望的入枢拜相又进一步，然而曾国藩却是满腹心事。1869年，恭亲王对英国公使阿利国爵士称："如果把你们的鸦片和传教士带走，你们就会受欢迎了。"1870年7月2日，在保定署衙，曾国藩在他生平第二份遗嘱中说："查办殴毙洋人焚毁教堂一案，外国性情凶悍，津民习气浮嚣……恐致激起大变……"

直隶总督曾国藩奉命处理天津教案，在《谕天津士民》文告中先赞"天津士民皆好义，各秉刚义"，继而，又针对天津人没有在"迷拐之确证，挖眼之实据"的情况下"徒凭纷纷谣言，即思一打泄忿"进行告诫："或好义而不明理，或有刚气而无远虑，皆足以偾事而致乱。"

1870年天津教案后，裁撤三口通商大臣，李鸿章担任首任北洋大臣。李鸿章到天津后，因洋务日繁，最初还保持封河后回省城保定的形式，后改为常驻天津。一时间，天津城内外有天津府和天津县的衙署，还有直隶总督、兵备道、海关道、盐运使等机构，一举取代保定成为直隶中心城市及北京的副中心。

天津教案后的很长一段时间，天主教会不敢在租界外的中国地建设教堂。1874年曾在河北锦衣卫桥建了一座教堂，为了迎合中国人的习惯，教堂的样式完全为中国式房屋，只有窗户采用国外式样，但仍遭到当地百姓的激烈反对。1872年，法国人在法租界紫竹林另建了"圣路易教堂"，俗称"紫竹林教堂"，与望海楼教堂风格近似。紫竹林堂的每一块瓷砖都来自法国，教堂外部却是中国传统的青砖外墙，再饰以中式风格的传统砖雕。望海楼教堂则荒废了20多年的时间，直到1897年才在原地重建，复又毁于1900年的庚子之乱。直到1904年，法国教会利用庚子赔款在原址再次重建，成了今天的样子。

晚清时期官场及舆情之复杂，以1870年的天津教案为最：中国与世界，朝廷与地方，官府与百姓，洋务派与顽固派，"卖国贼"和"爱国贼"，谣言与真相,地方各级衙门之间的制衡与矛盾,事件的过程及最后的议结,各种矛盾和纠葛最后导致了天津教案的"政府处理"。协助曾国藩处理津案的丁日昌曾感叹为朝廷办事的困难,"局外之人"不知"局中人"的艰难;而中兴名臣曾国藩的一生清誉,毁于津门,从此背上了"汉奸""卖国贼"的骂名,他自己也无限感慨地发出了"外惭清议,内疚神明"的历史浩叹。

1867年3月11日,海河在冰封之后无法通航已经3个多月了。在此期间,《纽约时报》驻天津的记者只收到了3次来自西方的邮件。当时传递邮件主要通过陆路和海路两条通道,陆路需要由西伯利亚经过俄罗斯到达西欧,海路则由天津到上海、香港再转到欧洲。德璀琳初任天津海关税务司时,正值清王朝总理衙门委托赫德开办海关邮政。由于天津是距北京最近的水旱码头,交通方便,津海关遂成为海关邮政的中心。1878年,赫德征得李鸿章的同意,指定德璀琳在天津英租界设立邮政总办事处,在天津、北京、烟台、牛庄、上海设立华洋书信馆,同时发行了一套三枚以蟠龙为图案、上印"大清邮政"字样的邮票,德璀琳亲自为这套龙票设定了颜色,天津由此成了中国近代邮政的发祥地。

1879年11月2日,经过长时间的海上航行,25岁的德国人汉纳根乘坐的远洋轮船抵达了天津。这一天的下午,汉纳根换了一套正式的礼服,在下午三点钟之前赶到德璀琳的家里,雇了两顶轿子,跟着德璀琳前往总督府拜会李鸿章。前面有一个人骑马开道,坐在四人大轿里,透过轿子的缝隙,他看到天津街上的景色,真切地感觉到这个城市的新鲜气息,先经过了英法租界的欧式街道和洋房,又经过狭窄喧嚣的中国城区。令汉纳根深感意外的是,总督府竟然为外国客人准备了香槟酒和雪茄烟,在礼仪方面已经"与国际接轨"了。就是在这次见面时,李鸿章聘请汉纳根为他的军事顾问。

1888年,天津的划时代

> 汽灯尚属可观,灯光色淡,明如白昼,一灯之光可照一里之遥。局内、海光寺内共计汽灯十个,以铁丝系在灯上,后通后厂机器,机器一动,火从机器过来,各灯自有火光。灯内亦无灯芯,并无油物,殊属千古之奇。
>
> ——周馥《醇亲王巡阅北洋海防日记》

光绪六年,1880年初夏,位于天津东部的北洋机器局,一群工人正头顶烈日建一座谁也不知道干什么用的"围墙"。这些日子里,在这个大清帝国最大的军火生产基地内,始终笼罩着一种神秘的气氛,每天由指定的差役定时将饭食、物品送到围墙之内。

这一年的中秋节,在东局子(北洋机器局因位于天津东部,俗称"东局子")附近的月牙河水面上,一艘神秘的"铁甲"正在进行试航。这是中国人自行研制、建造的第一艘潜艇,当时称得上世界领先地位。然而,不知何故,这艘试航的潜艇再也没了下文,销声匿迹了。

就在中秋节这一天,时任直隶总督兼北洋大臣李鸿章又做了一件大事,奏请架设一条由天津通往上海的电报线,同时奏请创办北洋电报学堂,两天后即得到朝廷的批准。当时从英国发电报到上海,数万里外的消息,只需一天即可知悉。而从上海到北京，因无电讯设备，相距不过两千里，往往延搁到六七日甚至十日后才能知晓。一年前，李鸿章刚刚在天津大沽口炮台和他的直隶总督衙门之间架设了中国第一条军用电报线路；一年后，中国的第一条长途公众电报线路同时从上海、天津同步开工。因为电报人员急缺，清廷决定召回留美学生，第一批21人中有17人被分配到刚刚创办的天津电报学堂。其中，包括后来担任天津海关道台、民国外交部长的梁敦彦以及后来做过北洋大学校长的蔡绍基等人。

1880年，李鸿章接替曾国藩担任直隶总督已经10年，天津开埠也已经进入第20个年头。两年之前开办的开平矿务局成为当时最成功的洋务企业；一年之前，李鸿章在海河边接待过美国前总统格兰特将军；一年之后，又在这里接待过到访的夏威夷国王。此时的天津已经成为帝都外交事务的中心，从1860年至1900年这40年间，中国与各国订立的23个国际合约中，有12个是在天津订立的。每年由各国抵达天津的轮船已由开埠初的222艘达到上千艘，1880年这一年，近20家外资企业落户天津。

位于天子脚下的天津，在北洋大臣的领导下，开展了一系列的中国现代化实验，兴办了一些新式的学堂，教这些读四书五经的年轻人阅读西洋的书籍，学习西洋的电报、水雷等制造技术。1885年，中国最早培养陆军人才的军事院校"北洋武备学堂"正式创建。这一时期，一系列以"北洋"命名的牌子挂在那些东西洋风格的建筑门楣上。这一时期的天津，不只是北方最大的通商口岸，也是洋务运动的中心及引领中国现代化的示范区域。同时，也是晚清内政、外交的半个首都，近代历史上的很多大剧目都在这里上演，并影响到帝都、全国乃至世界。

1886年，时为光绪十二年，为了接待主持海军衙门的醇亲王奕譞参观考察天津机器局（西局），李鸿章特意派人粉刷修饰了海光寺，作为醇亲王的行辕。为使醇亲王一行亲自见识国外的先进技术，李鸿章花费一万银从国外购进一台摩电机（发电机）及二名电灯匠（电工），把海光寺里外用十盏汽灯装饰起来，被醇亲王叹为"千古之奇"。奕譞在天津巡视期间还有另外一个收获，在为奕譞与李鸿章拍摄了合影后，第一次见识了照片神奇的奕譞对在天津开设照相馆的广东人梁时泰甚是赏识，嘱人赏银400两。由于当时的北京还没有照相业，不久梁时泰就作为奕譞的私人摄影师被带进了王府。

1888年可谓中国铁路的元年。这一年，在北方洋务运动的中心——天津，中国的铁路时代开始以天津为中心向周边辐射，开启了天津历史上的划时代变革；这一年，留美归来的詹天佑来到刚成立的中国铁路公司任工程师。此时，机车已经代替了马拉火车，他参与的第一个工程，是将铁路从塘沽延伸到天津；10月7日，北洋海军正式成军。两天后，中国第一条运营铁路津唐铁路正式通车，"全线计程二百六十里，只走了一个半时辰"。66岁的直隶总督李鸿章出席了通车典礼。在官员们的簇拥下，身材魁梧的李鸿章在列车上凭栏而立，表情严肃，甚至显出几分悲壮。

始建于1888年的天津站，当地人称老龙头火车站，是当时中国规模最大的车站，后来成了京山与津浦两大铁路干线的交汇点。住在天津租界和北京东交民巷的外国人注意到天津铁路的变化，在他们看来，这件事标志着"中国铁路世纪的开始"。那个年代行驶在天津与北京之间的列车，像是不同的政治际遇与人生起承的时代转场。

1888年，时任北洋水师学堂总教习的严复向李鸿章请了假，从天津前往北京顺天府参加考试名落孙山；这一年，天津英租界率先开启用电的时代，1888年夏天，德商世昌洋行在绒毛加工厂安装一台小型直流发电机，除为工厂照明外，还为英租界的荷兰领事馆安装了1000只烛光的电灯。这一年5月，两个英国商人创办了天津煤气公司，除了供给租界内的外侨炊事之用，还供给居民照明之用。租界内的路灯从黄昏到日初，每10只烛光灯收费1.5元，7支烛光灯收费1.12元，价格比用煤油贵了两倍。这一年的初夏，在天津旧城外今日东马路一带出现了煤气路灯，由外商经营的石油瓦斯会社负责供气，每晚由专人点燃，大都安装在临街商铺门前，从此天津算是有了近代意义的路灯。看着从玻璃灯罩中透出远比蜡烛明亮的灯光，路人无不称奇。

1888年这一年，在子牙河与北运河交汇处，常年往来于运河上的船户发现，再经过直隶总督李中堂大人修建的这座铁桥时已经不需要再卸下桅杆，桥面也高出河面很多，形似彩虹，跨度很大，甚是壮观。这是天津第一座开启式铁桥，被当地人及船户们称为"大红桥"。

19世纪80年代初，人力车已经在天津的街头开始流行。当时的人力车还基本上从日本进口，到了天津后被人们称为"东洋车"，俗称"胶皮"，不仅拉载客人，还拉载货物。为此，津海关道周馥提出仿照租界的方法，设工程局征收人力车捐，每车每月收津钱1000文，统一颁发牌照，所得收入用于道路修筑。在此之前，除了官府出资修筑的道路，大多数道路由本地富商捐建，如盐商张锦文曾四次捐资修葺西沽一带的道路和桥梁，盐商华家曾捐资修建南门的石板路等。

这一时期，由于天津与各地商业贸易迅速发展，中外互市，商贾云集，天津的商业组织也呈现出传统与现代并存的局面：19世纪60年代，仅广东帮商人来天津的就有5000人之多，到19世纪80年代闽广商人及眷属客居天津者已达万人；怀庆会馆、安徽会馆、吴楚公所、浙江会馆、江苏会馆、邵武公所、潮帮公所、庐阳公所、绍兴会馆、两江会馆等南方商人经营的会馆公所纷纷建立。1887年，各国外商组建了天津商会，16个成员国中英国占7个，德国4个，俄国3个，法国和美国各1个。

有一件大事在酝酿着

> 蒙古亲王、土围子、日益淤浅的河道、洪水、大屠杀和疾病等都不曾使传教方面和在商业方面的外国先驱者对他们专心致力四十年之久的工作感到气馁，野蛮而阴险的神道又把一场盲信的、狂热的暴乱投入了这个竞技场。
>
> ——（英）雷穆森《天津插图本史纲》

1896年的秋天，正是盛产贡米的天津南郊小站一带秋日稻谷上场的时令，路边到处是脱粒扬场的农作。住在小站盛字营的农民，每日都会遇到操练的新军队伍。新军训练的队伍从飞扬的稻绒中经过，一个大鼻子的外国军官在旁边呵斥着不准扬场的农民避让行进队伍。

这就是当年袁世凯练兵的地方，这条河叫月牙河。据当地老人回忆："原来月牙河叫北朝河，和马厂减河、海河形成循环通道，就像玉带一样。有人说玉带间要出皇帝，周盛传听了很害怕，李鸿章也很不高兴。怎么破解呢？于是把北朝河挑弯了，像月牙一样，玉带就不复存在了。"

盛字营的小张庄最先为河南彰德府张家营的移民。这些袁世凯的老乡绝没有想到，这些叫做"新建陆军"的"大兵"们在日后会对中国近代的历史产生如此深远的影响，更没有想到，有一天袁世凯会当上大总统乃至洪宪皇帝。

"小站练兵"造就的风云人物影响了近代中国的命运,其中督军以上的有34人,有4任总统、1任执政、17届政府总理。

光绪二十年(1896),甲午战争后第三年,天津开埠进入第36个年头。1895年,进入天津港的轮船达688艘,为1863年的5.13倍,其中英国船369艘;1898年开始,由于海河河道逐渐淤浅,中外航商纷纷在塘沽兴建码头。1895年,天津市仅人力车就有4000多辆,城区人口约为59万人,比开埠时增加了两倍以上。1866年天津各国租界只有122名外国人,1879年262人,到1890年增至612人。

开埠后的天津作为北洋通商的中心,正在迎来迅速发展的北洋大码头时代:1868年4月,旗昌轮船公司开通了津沪航线,1871年客票营业额多达11万银两(其中华人9.7万银两,洋人1.3万银两);1876年日本三菱会社开通横滨至天津航路;1880年招商局开辟的国内航线中,长江、北洋航线各有5艘客船;1883年会试这一年,进出天津的旅客比上一年猛增7469人次、14054人;1886年往来天津的华洋旅客比起上年,华人约增5000人次,洋人则多183人次。

虽然早在1739年天津即已进入了世界贸易的视野,但天津进入口岸世界的时间比上海晚了20年。20世纪前的天津,由于海河淤沙严重、可供外商返航交易的商品较少,以及受到缺乏与更广阔的腹地之间的便捷交通联系等因素制约,天津贸易出口数额一直偏少,并严重依赖上海的转口贸易。这一时期的天津及其腹地,也是上海的间接经济腹地。以天津洋行为例,1866年天津外国洋行有15家,1879年26家,1890年47家。进入20世纪初,随着北洋新政的实施、港口航道条件的优化以及北方现代化交通设施的普及,上海长期压倒天津的优势由此扭转,到1906年仅洋行数量就猛增至232家。以前天津的进口货物,八九成来于上海;但到了1906年,上海与天津各自从国外直接进口的洋货比例已为八比五的比例。

1897年,由中外多方组成的海河工程委员会成立,由清政府拨款10万银两,再以英租界土地作担保,发行15万银两公债,开始了海河历史上第一次治理工程,在海河小支流河口建造闸口,加大海河的纳潮量,使主航道河水加深。天津开埠后，城市的经济结构由以漕运为主的对内贸易一跃而成为华北对外贸易的中心。进入20世纪后，天津的贸易腹地已覆盖三北地区，天津进口的洋布占全国进口商品总额的50%以上，占全国洋布进口总数的1/4强，超过上海等口岸；其他洋货也经过天津大量输入华北、西北、东北等地区。外国产业资本通过洋行向华北推销欧洲的工业产品，收购北方的工业原料和土特产品，促进了天津内外贸易的发展，从而将天津乃至整个华北纳入到世界性的商品和贸易体系。

光绪二十四年（1898）农历三月初一，严修踏上了从上海开往天津的新裕轮。在这艘轮船上，前往北京的梁启超与后来成为南开系列学校创始人的严修第一次见面，双方在舱内谈得投机。那一年，天津还有一件大事在酝酿着：1898年11月，严复翻译的《天演论》线装本在天津出版。胡适回忆说，"《天演论》出版之后，不到几年，便风行全国，竟做了中学生的读物了"，有些青少年干脆以"竞存""适之"等作为自己的字号。胡适本名嗣穈，就是在读了《天演论》之后才改名为"适"，字"适之"。

那个时候往返北京至天津间的列车，每天至少三趟，全程用时约4小时51分钟。1898年9月22日，梁启超与跟随伊藤博文来京的日本驻天津总领事郑永昌，于当日下午三点坐上了开往天津的一趟列车。作为康有为最得力的门生，刚刚在"百日维新"中崭露头角的梁启超与他的老师先后乘火车逃离北京，从天津踏上了海外流亡之路，直到14年后才在天津大沽口登陆归来。

就在1896年李鸿章在欧美访问的时候，第一届现代奥运会在希腊雅典举行。这一年，由天津海关道盛宣怀创立的北洋西学学堂刚刚改名为北洋大学堂，成为中国近代的第一所大学。这一年，时任北洋大学堂总教习的美国人丁家立每天下午都要骑马赶往直隶总督的衙门，花上两个小时为李鸿章的子女讲授英文课，成为当时第一个为中国官员充当家庭教师的"洋先生"。这一年，王正廷只有14岁，一年前刚从香港考到位于德租界的北洋西学学堂学习法科，多年后，担任中国第一任奥委会委员。1900年初，直隶总督兼北洋大臣裕禄亲自向王宠惠颁发"钦字第壹号"文凭。

TIANJIN
THE BIOGRAPHY

天津 传

多么奇特的城市

第七章

天津海河沿岸城市景观

天津是在血与火中进入20世纪的。

1901年9月，曾长期担任直隶总督兼北洋大臣的李鸿章抱病参加了《辛丑条约》的签字仪式。两个月以后，78岁的李鸿章在北京贤良寺西跨院北屋的病榻前，临终之前还曾问起"天津如何"。

此时的天津，正处于动荡后的冲撞与复苏之中。一般人不太了解的是，从1900年7月14日天津城被八国联军占领之后一段时间里，一个叫天津临时政府委员会的组织，取代直隶总督、天津府县将从大沽口到杨柳青一带55公里的沿海河地域纳入其统治范围。

面对西方的冲击，从1870年到1900年，在李鸿章的领导下，天津成了中国现代化的孵化实验室和近代中国的展示窗口。而在1900年至1902年，天津则成了帝国主义全球化的试金石，一系列原来在租界内的治理方式引入到天津城区，拆毁了城墙，开通了电车，实施了一系列涉及每一个天津人日常生活方式的社会实验。1902年袁世凯接管天津后，"北洋新政"延续了晚清和西方人的一系列现代化实验，诞生了无数个影响至今的"中国第一"。

开埠以后，天津租界成为天子脚下唯一的外国人领地。以英租界为代表的天津八国租界因其市政建设和城市管理与世界潮流同步，成为大英帝国在大清帝国展示强权、财富和现代化的世界窗口。谁也没有想到，天津租界这一鸦片战争的产物，也成了大清帝国了解世界、融入世界最直观的中国窗口。

20世纪初的天津就已经全球化了，一个曾经的五方杂处之地，一个九河下梢、九国租界的地方,延续了这个河海交汇之地的历史逻辑,成为了各种种族、各种文化发生冲突、融合的混合之地,一个"超级殖民地",一个充满了南方与北方、东方与西方、西洋与东洋、传统与现代、地方与世界各种冲突的华洋杂处之地。曾经的紫竹林,成了展示西洋景的一个窗口;这里的万国桥,成了从一个世界进入另一个世界的渡口和桥梁。就像这里始终没有发育起来的外滩,让这个历史迷宫中的河海之城,城市格局更加复杂。

天津全球化的试验

> 这些士兵,光着脚登上了泥滩,彼此间快活地打着招呼,似乎是一群来玩耍的人。他们今天的行动被称为"和平占领",轻松的场面感觉就是一场"世界大融合"或"世界大和谐"。但事实正好相反,在离这里不远的天津和北京,到处都是废墟,尸横遍野。
>
> ——毕耶尔·洛谛于北直隶湾,1900年10月3日

直到多年以后,我才知道小时候经常爬树上看书的河对面,还曾经做过义和团的坛口。1900年的6月,数千义和团曾经在这里与英、俄、法、意、德多国部队3000多人激战。联军的说法是6月30日下午五点多钟将东局子火药栈炸毁,而按照义和团幸存者的说法,东局子失守后,有个东局子看守埋下了地雷,等联军试图夺取火药栈时,看守引爆了地雷,造成恢弘的东局子毁于一旦[1]。至此,当时世界上最大的火药栈被炸,北洋机器局、北洋水师学堂、电报学堂、水雷学堂、观象台等尽数被毁。1900年后,法国人驻军东局子,东局子由此成为法租界的一块"飞地",当地人俗称"法国兵营"。此后,这里陆续建起了铁木工厂、酒吧、车行、电料行、牛奶房、菜床子、理发所、土产杂货店以及专门售卖洋酒、罐头的店铺,这些做买卖的和在兵营里当杂役的、洗

---

[1] 南开大学历史系编:《天津义和团调查》,天津古籍出版社,1990,第68—70页。

衣服的、夏天拉风扇的、捡高尔夫球的等各色人等陆续在此定居，形成了后来的万新庄。

当年海河在挂甲寺杨庄子有一道三里多的湾，把挂甲寺分为东西两部分。八国联军进天津时，挂甲寺一带的义和团经常埋伏在海河两岸的芦苇地里，伏击来往的外国军舰。都统衙门占领天津后，海河工程局把杨庄子这个湾给取直了，挂甲寺和大孙庄合成了一个村，挂甲寺则到了海河西南。

1900年之前的天津虽然是中国现代化的孵化器和大清帝国对世界展示的窗口，但是天津在国际上的知名度还远不如上海。儒勒·凡尔纳的小说《特派记者：蓬巴拉克历险记》中的特派记者路过天津："我们在天津只逗留了一刻钟。"而随着庚子年夏天的到来，这个城市一时间成为全世界的焦点。

在一场血与火的暴行后，天津逐渐恢复了秩序。那些在乡下避难，而今回到城里的天津人发现，天津已经变成了另一座城市，不仅外国人在海河两岸划定了更多的租界，原来的中国老城区也由一个叫"天津临时政府"的都统衙门管辖。走在城里的街上，随时可能遇到穿着各式各样军服的"洋鬼子"。

这不是天津人第一次见到"洋鬼子"了，至于各国军队的着装、各自的来历，也成了久经世面的天津人街谈巷议的热门话题：英国军队最为庞杂，除了本国的海军陆战队，还有来自印度次大陆奇装异服的印度士兵；法国海军穿着蓝色帆布军装，一些穿着土黄色军服的安南人跟在后边；英国领事馆由来自威海卫的中国士兵把守，这些军勇身穿褐色的帆布军装，将发辫盘在头上；同样穿着褐色军装的德国人有的驻扎在北洋大学堂里，有的就在德租界的空地上，按照短笛和小军鼓的节奏进行操练；美军被分配到了河坝道边的仓库，还在汇丰银行的门口设立了一个岗哨；意大利步兵分散在各处，还养了大约一百头驴，这些驴到了晚上就叫唤不停；日本士兵驻扎在日本领事馆及日租界周围；俄国人分散在塘沽到杨村沿线，还悄悄地拆掉了北洋机器局和武备学堂残存的机器，运到了他们在旅顺的军事基地。[1]

天津的剧变是从战争结束以后开始的。1900年7月14日，八国联军攻占

---

[1] 皮埃尔·辛加拉维鲁：《万国天津：全球化历史的另类视角》，商务印书馆，2021，第70—72页。

天津后,成立了天津地区临时政府,俗称"都统衙门"。

1900年后天津的改变是从卫生状况变化开始的。此前,关于天津中国城区的卫生状况一直遭到外国人的诟病。1901年4月,一个叫卓连福的建筑商以每个厕所5.5元的价格中标获得在中国城区建设120个厕所的建设项目,从此天津有了公共厕所。卫生局制定了城市垃圾管理章程,设置多处悬挂木牌的垃圾站,不得随意往路边、水坑、河道倾倒垃圾,每日应将自家门口打扫干净,不得随意便溺,违者罚款,禁止在市区内建设猪圈和粪厂。

1902年,存在了近500年的天津城墙拆除,原有的城墙改建为东西南北四条马路,路边的建筑大多是新式的,而城里依然是往昔的样子。1902年2月,都统衙门巡捕局设计了人口普查的登记表,并第一次在中国区内进行街道门牌的编制:"南北走向的街道,从北头开始,路东住户门牌为双数,路西为单数;东西走向的街道,从东头开始,路北住户门牌为双数,路南为单数。"[1]虽然这次天津历史上第一次现代意义上的人口普查没有展开,但为以后人口普查及门牌编制确定了规范。

1900年9月初,为了减少牙行的抽头和官员的好处费,都统衙门颁布了天津城市税收制度,并计划征收土地税、户口证注册税和司法税等。1902年,都统衙门建立了田产局,颁布了天津第一个土地管理章程。都统衙门还建立了民事法庭,声称民事纠纷"可以毫无拖延地得到争端的解决",但中国人对于洋人掌握的法庭毫不信任,法庭形同虚设。

1902年,袁世凯麾下的3000多名巡警迅速接管了这座城市,中国的马路上出现了最早"站岗"的警察。向来治安混乱的这个城市,以全新的面貌让人惊诧,一时间社会治安之好堪称全国楷模。1902年,天子脚下的天津,正是百废待兴的局面;本年由春入夏,直隶一带气候异常,连续数月干旱,以致河水断流。1902年夏天,由塘沽开始蔓延,本埠发生了一场骇人听闻的霍乱。《大公报》在其创刊当日(1902年6月17日)就以"时事要闻"的形式发布了疫情的消息。截至1902年8月1日,天津全城因霍乱死947人,患病

---

[1] 天津临时政府委员会会议纪要,第510—511页。

者1300人。半个月之后，清廷正式收回天津都统衙门，直隶总督兼北洋大臣袁世凯随即在天津推出了一系列新政措施，并在本月建立了一家新式银行。

就在天津卫的百姓还在霍乱的疑惧中街谈巷议时，在拆毁城墙后的北马路靠近旧城东北角的位置，建起了一座中西合璧风格的官式大建筑。主体三层，大坡屋顶，砖木结构，最具特色的是拐角处高达五层的塔楼，其顶部造型酷似八国联军的头盔，颇能体现北洋新政的时兴气象。当地人被告知，这里就是——官银号。

1905年张伯驹来到天津的时候，正是南斜街最兴盛的年代。此时，正是袁世凯在天津推行"北洋新政"时期，南斜街陆续兴建了不少新式机构：1902年，袁世凯在附近的东北角开设官银号，同年晋商泰豫恒银号在南斜街开设总号，在《大公报》发布广告称"本号筹集巨款原为周转市面起见，兼做仕商汇款、存款、押款，利息较他号格外公道，长期短期酌为等差"，1902年，在原浙江会馆原址创建北洋军医学堂，首任总办为毕业于哈佛大学、在德国取得医学博士的徐华清，同年在南斜街设北洋巡警学堂，1903年，直隶农务局以一万五千两购买南斜街江苏海运局的房屋为北洋烟草公司办公场所，工厂则在小站，生产"红顶"牌等国产卷烟，1906年，在长芦盐纲公所内建天津中等商业学堂，同年建北洋防疫医院……

1902年从都统衙门手里接管了天津旧城后，袁世凯没有选择在原有的破败老城区进行复建，而是选择了老城北边河对岸窑洼作为中心，开始了轰轰烈烈的"河北新区"造城活动。

天津为什么没有外滩

  海河在前三十年间由于河道淤塞、通航能力降低对口岸贸易造成愈来愈大的威胁，直接的证据就是1898年出现的前所未有的灾难性状况，由于河床太浅，以致全年之内没有一艘轮船能够开到河坝。海河淤塞得非常严重，甚至有一次"人们真的看见一个人从租界下边的航道中徒涉过河"。

——（英）雷穆森《天津租界史》

  有一个问题，困扰你我多少年了。
  同样是近代著名的开埠城市，同样是临河而建的租界，为何上海黄浦江畔的外滩举世闻名，而天津海河边却没有出现上海一样的外滩呢？
  其实，历史上天津也有自己的外滩。在英租界最早的规划和1930年梁思成、张锐做的大天津都市规划中，都曾过有河边外滩（林荫大道）的构想，甚至天津英法租界的河坝道跟上海外滩一样都有一个叫 The Bund 的英文路名。只是，上海 The Bund 演变成了近代上海的象征，而天津 The Bund 却始终籍籍无名。
  位于海河边的台儿庄路6号，曾经是英国怡和洋行的仓库，仓库主楼楼顶上有一个瞭望亭。据说天气好的时候，可以从这里远远看到海河中自大沽口驶入紫竹林的远洋轮船。1873年2月23日，同治皇帝登基这一天，停在中国各通商口岸的中国船只有史以来第一次在每一根桅杆上挂上了龙旗。位于海河岸边的天津紫竹林租界津海关，也挂上了这种显赫的龙旗。

　　天津最早的英法租界划在海河西南岸一块地势较高的狭长地带。1900年后的各国租界都是沿河而建。天津租界和上海租界在管理上有一大区别。上海除了法租界外，其余部分都是各国的公共租界，而天津的九国租界都是各自独立的，这也造成了近代天津独特的街道景观。这一时期，英租界当局依照戈登的方案，在租界内建起了大批的房屋，修建了码头，排除了积水，垫高了地基。英租界最早建成的一座高大建筑是颠地洋行，后来改建为英国驻津领事馆。但随着轮船码头、堆场客栈，以及那些出入毗邻海河而建的小平房以及小洋楼里的洋买办、洋大人越来越多，让那些在渡口上来来往往的天津人相信，"下边"这个"鬼地方"越来越"邪门"了。

　　天津开埠后的第六年，英商怡和洋行在紫竹林码头设立分行，专门从事航运业务。同年颁布的《天津新海关章程》中规定："将天津航运停泊区划为上、下两域，一域为大沽口，一域为天津紫竹林。"从此，紫竹林码头成为近代天津的航运中心，并取代三岔河口成为天津市区最繁华的大码头。天津开埠后很长一段时间，在工部局乐队的乐曲声中，不知多少人曾在这里登岸、离开。1879年6月，美国前总统格兰特访华时，李鸿章还曾在河坝道上举行过生动壮观的欢迎庆典。在1939年塘沽新港建设之前很长一段时间，从日本或者上海坐轮船抵津，大多在紫竹林码头登陆。

　　对于那些渴望在天津贸易上压倒上海的商人来说，天津的发展还有些迟缓。以日本轮船为例，直到1884年才有了两艘日本轮船抵达天津，其后10年间日本平均每年来津的轮船也不过18艘。1892年，安东不二雄在其书中表达了对日本商人在津发展的极大不满："天津是日本一衣带水隔海相望的中国一大贸易港，遗憾的是日本商人的在留人数极少，日本人直接从事的商业萎靡不振，真正称得上是商业家的没有几个。"但在随后的几年中，日本在津的贸易额迅速增加，到了1898年，进口贸易比重增加到了60.51%，出口更是猛增到78.03%，以致1899年来到天津的内藤湖南赞赏"国人的地位相当高，和其他外国人不相上下。……这是在中国其他港口很少见的天津的特点"。

1880年以前，紫竹林一带还只是一些民船码头、菜园、土堆和一些简陋的土坯房，中间夹杂着狭窄的沟渠，沟渠两边是无人管理的乡间小道。随着天津贸易的兴盛，法租界的脏水坑填平了，铺成了道路，装上了路灯。今天，沿着解放北路一带行走，大多数人都会对租界时期的银行建筑印象深刻。历史上，先有海河边的码头、仓库和洋行建筑，银行的建设比洋行、码头要迟了几十年的时间。而现在，在海河岸边，已完全看不到当年码头的景象了。

今日的台儿庄路和张自忠路原法租界和英租界地段，历史上英租界称为河坝道，法租界称柏公使河坝和大法国河坝。由于海河河道过于狭窄，不仅天津的九国租界形成了夹河而立的带状格局，为方便货物集疏的方便，租界的道路网络也呈平行或垂直于海河的空间格局，整个城市东西狭，南北长，城市分东西两部分，依靠桥梁和渡口进行连接。海河东岸多为仓储和大型的工厂，海河西岸多为码头、货栈、金融、洋行、商业等机构。

1900年以前，天津最繁华的码头是英租界和法租界码头。英租界码头全长约1500米，居天津各租界码头之首，包括怡和洋行码头、太古洋行码头、美最时洋行码头等。法租界码头全长约670米，主要为东兴码头和大阪商船码头。英、法租界码头岸壁直立，用石块和木桩构筑而成（后来才改成钢筋混凝土护岸）。码头的宽度不过三丈，约十米左右。

1883年，英租界码头正式修筑竣工并投入使用。按照英租界工部局的计划，曾打算将河坝道建成上海外滩一样的滨河散步大道及滨河公园。但因资金紧张、各国租界各自为政以及沿河没有太大的发展空间，海河沿岸的租界土地全部为洋行及其仓库所占，本来适于建在河流沿岸的滨河大道和休闲公园的计划，最终也不得不停滞搁浅。

如果说上海充满了一种面向大洋的历史开阔感，天津更像是一座历史迷宫式的内河城市，街区道路更加狭窄，城市空间更加复杂。上海外滩是一个适合俯瞰的地方，而天津因为海河航道比较狭窄，周边较高的近代标志性建筑又位于今日和平路、解放北路等内街，沿河一线的风景大多为平视的视角。

与上海只有法租界和公共租界不同，天津历史上曾有九国租界，均建于海河两岸。其中，日、法、英、德、美五国租界，位于海河西岸；奥、意、俄、比四国租界，位于海河东岸。这些租界不仅相互毗连，而且都依海河走向随湾划定。由于近代海河的过度商业化，天津没有像上海以及远东其他城市那样，在河滨形成如上海外滩一样的滨河大道，而是形成了沿河退进式的城市格局，沿河为面向海河的码头、货栈，而海河西岸日法英三国租界的商业主街均位于临河的内街，包括陆续形成的日租界旭街和法租界梨栈大街（今和平路），法租界中街和英租界维多利亚道（今解放北路）及德租界的威尔逊路（今解放南路）。这种沿河带状的城市布局，至今仍对天津的空间格局及城市发展有着重要的影响。

"紫竹林怎么样了"

> 乃自西洋通款各国来津贸易者既夥，议准予距城五里之紫竹林地方设立关榷，建造房屋，中外互市，华洋杂处，轮船懋迁，别开生面，为北洋通商要地，由是益臻繁茂，焕然改观。
>
> ——张焘《津门杂记》

19世纪末期的天津街上，天津人间或会看到高鼻深目的外国人坐在一个两轮的奇怪东西上，以略快于步行的速度从人们身边掠过。那时的自行洋车前轮大、后轮小，很难驾驭。由于骑行困难，那时的自行洋车还不能成为代步工具，只是洋人们的娱乐玩意儿。

到1892年，著名语言学家赵元任在天津紫竹林租界出生的那一年，类似今日的链式自行车渐渐多了起来，骑自行车乃至成为紫竹林的新奇一景。赵元任回忆第一次在紫竹林见到自行车的情景，用生动的语言描述道："我这回看了自行车儿过后啊，我老记得一个自行车儿拐弯儿的时候儿就像一张纸牌似的，一翻就翻到左边儿，一翻就翻到右边儿，老是一闪一闪的很快的那么变。后来好几年没看见自行车儿，我就老记着他是那么样儿拐弯儿的。"

在一幅名为《新刻天津紫竹林跑自行洋车》的杨柳青年画中，你看到的是与以往不同的异国景象。想当年，冯骥才《神鞭》笔下的玻璃花到了这里，

清光绪年间杨柳青年画《新刻天津紫竹林跑自行洋车》

看到的是这样的西洋景:"洋房、洋行、洋人,比先前多许多。各式各样的洋楼都是新盖的,铺子也是新开张;那些尖的、圆的、斜的楼顶上插着的洋旗子,多出来好几种花样……男女老少的洋人,装束怪异,悠闲地溜达,活像洋片匣子里看的西洋景。"

没错,天津紫竹林正是当年中国最富盛名的西洋景之一,比起当时上海外滩的名气不在以下。晚清时期,中国各地街头拉洋片(又称西湖景、西洋景、西洋镜)的艺人表演的固定节目中,除了西湖画舫、镇江全景、北海御图、蓬莱仙岛这些传统节目外,也会安排《天津紫竹林》《法界马路》《庚子回銮》等时新画片,唱的是:"往里看,好新鲜,中外各国景致全,好像活的一样般。"这时的杨柳青年画上,也出现了火车、轮船、自行车这样的"西洋景"题材,将这些天津卫的新鲜景致带到了北方各地的城镇乡村。

天津开埠以后,紫竹林成了天子脚下著名的"观光区"。南来北往的官员、赴京科考的举子,在天津停留期间最感兴趣的就是到紫竹林租界"逛西洋景"。1870年随曾国藩到天津查办教案的三湘幕僚,刚一到天津就一边批判本城"华夷杂处,市侩充塞,故城市全无清雅之气",一边又相约畅游紫竹林租界,吃洋点心,打弹子球(即台球),登火轮船,开足了"洋荤",过足了"洋瘾"。

虽然是"观光区",但当时的紫竹林租界也不是随便什么人都可以"观光"的。为了"华洋分处",清政府在紫竹林租界附近设立公所,在海河上架设浮桥,并设立"津海关",使外国商船行驶至租界便停船卸货,无法再上溯到天津城附近的三岔口,企图用这种"行人止步"的方法,达到"人船并聚,中外界清"的目的。而为了维持街面上的稳定,由天津地方士绅"海张五"张锦文出面,与英、法两国代表订立了19条章程。其中规定,天津城内"闲杂人等"不得擅自进入租界,如果是受雇于租界的服役者,还要发给"腰牌"一面,以便"稽查"。这也就可以理解"天津闲人"玻璃花何以到了紫竹林出了不少"洋相"。

在1900年以前的紫竹林大街上,多有广东人经营洋广杂货的商号,商贩云集,人声鼎沸。许多洋行聚集附近,客商往来频繁,永和、大昌、中和、春元以及佛照楼等客栈林立。1897年,严复在此创办《国闻报》。当年,义和团还曾写过"兹特示尔国闻报,此后下笔要留神,倘敢再有诽谤语,定须毁吾不留情"的揭帖。此后,在天津生活了30年的"卅年老天津"严复被迫远赴上海。

1982年4月,冰心写了一篇名为《紫竹林怎么样了》的短文,讲到"天津有个紫竹林,是我在很小的时候就听到的一个地名"。冰心父亲谢葆璋曾在北洋水师学堂就读,与张伯苓同窗,同为严复的弟子。1900年后,位于东局子的北洋水师学堂和位于紫竹林的北洋水师营务处均改为法国兵营,我的姥爷曾在此两处法国营盘为"四道"的法国军官做过法餐。

现在,大多数天津人已不知道"紫竹林"到底为何处了。虽然很多人了解1900年义和团围攻紫竹林租界的历史常识,但很少有人知道这里是当年天津港的所在。旧天津扶轮俱乐部董事长威尔弗雷德·彭内尔在《天津紫竹林》一文中记述道:"紫竹林,一个中国村庄的名字,先前位于一片烂泥和沼泽之中,外国租界就源于此。"紫竹林原是一座古庙,距天津旧城东南城角四里许,约建于康熙年间。随着天津被辟为通商口岸,紫竹林被辟为租界地,紫竹林渐成为英法租界的代名词。从紫竹林码头到紫竹林兵营,从紫竹林大街到紫竹林租界,紫竹林的名字多次出现在官方文书及早期来华的外国人著述之中。

1860年以后,英、美、法三国首先将位于城南的紫竹林村沿河一带划为租界地,时人称之为"紫竹林租界"。而在划定租界后,英、法两国在海河岸边先后修建了6处石块和木桩结构的简易码头,此为外国在天津最早修筑的码头,俗称"紫竹林码头"。此后几十年间,紫竹林一带迅速发展成为对外贸易中心,天津城市的中心也由三岔河口转移到紫竹林,沿河两岸成为仓储、货栈等批发商业的集中区域,大型工厂多沿河而建,城市道路网络也呈平行或垂直于海河的基本格局,奠定了近代以来天津城市的基本格局。

今天天津站对过的津湾广场一带就是原来的紫竹林租界,如果从津湾广场的老青年宫经哈尔滨道朝着大沽路的方向漫步而行,你还会发现一些可爱的老洋房,夹杂在一些这些年新建的高大法式建筑之间。这些路名,大多是东北地区的名字,如黑龙江路、吉林路、滨江道、哈尔滨路、长春道等。即使有些破落了,还保持着古早的模样,有的铁门紧锁,有的人家在临街的房子里开着简易的小铺。每次路过那些带着地下室的临街窗户,总是忍不住猫下腰来,想听听楼下的人家会发出什么声音,告诉你这里曾经发生的故事。

你站在桥上看风景

> 我生长在一个多么奇怪的城市呀！用3个或4个铜板，我就能坐着黄包车从我在英格兰的家到意大利、德国、日本或者比利时。我步行到法国上小提琴课，我还经常过河去俄国，因为俄国人有一个美丽的树木繁茂的公园，公园里面还有一个湖。
>
> ——（美）约翰·赫西

1914年出生在天津的美国著名作家约翰·赫西（John Hersey）在天津长大。20世纪80年代初，赫西曾重返天津，在美国著名的《纽约客》杂志上，他这样介绍天津的各国租界："每一块租界地都强烈地显示着占领国的特点——包括建筑、语言、法律体制、上下水道设置、工作方式、生活习惯以及服装。"他说，他就是"在这样一座怪诞的城市里长大的"！

国外很多研究天津的学者将近代天津称为"超级殖民地"。最能体现超级殖民地特色的，是天津人力车（俗称胶皮）上的"八道捐"。那时，胶皮要通行全市，必须上足包括英、法、日、德、意、奥、俄七国租界和"华界"的"八道捐"。比利时租界因地势偏僻，不在纳捐之列。除了"八道捐"，下天津火车站，过万国桥，还得另外交过桥费，俗称"打桥票"。

坐火车到天津的人，站在天津站，面对蜿蜒流淌的海河和对面如积木一般堆砌的津湾广场，气度不凡的解放桥会让人觉得眼前一亮。这座钢架大桥原名"万国桥"，即国际桥之意，北连老龙头火车站，南通英法紫竹林租界。

万国桥，老天津人习惯称"法国桥"，1946年至1948年一度易名"中正桥"，1949年之后称"解放桥"。万国桥一词最早来源于法语"pont international"，直译为"国际桥"。"万国"一词为当时的语言习惯，那个年代人们说起"万国"就像今天我们说起世界、国际、全球一样，乃当时的流行词汇。

那是天津的"万国时代"。上世纪20年代，天津已经和世界上最先进的都市同步了：1925年，天津汇文学校在维斯理堂举办万国音乐大会；1929年，英租界举行万国体育赛马会并发行万国体育彩票；1932年，举行万国足球公开赛；1933年，美国兵营举行万国篮球赛；1939年，英租界举办万国游泳比赛……

1931年生于天津的久村千惠子在《千惠子的天津生活》中回忆，百花盛开的时候，维多利亚公园里的外国人络绎不绝，"英国人推着婴儿车，有修养的德国夫妇牵着猎獾狗，法国妇人则坐在长椅上织东西，五六个日裔俄国少年，用钢丝绳将两册书捆起来挂在肩上，吵闹着穿过公园"。而在另一个日本人金井润吉看来，在天津生活无疑是悠闲的，游览天津犹如漫游世界，可以"在维多利亚公园散步，在法国租界购物，在旧德国租界吃晚饭，夜里在中国剧场或意大利租界的回力球场参观，兼具参观人种，犹如出洋之心境"。

英国人布莱恩·鲍尔童年时家住咪哆士道上的一幢公寓楼中。每天下午，中国保姆会带着他和他哥哥走过这条街道去维多利亚花园，然后从花园到位于海大道（今大沽北路）上的英国菜市买菜。他和哥哥常去海河码头看外国的商船和军舰，同妈妈一起去法租界的紫竹林天主教堂做弥撒，兄弟俩在法租界和英租界的外国学校都上过学。位于德租界的起士林咖啡馆里面飘出的奶油气味和华尔兹舞曲，在英租界的平安影院里由乐队配音的无声电影……所有这些都曾经是布莱恩对天津童年生活的难忘记忆。

过了万国桥，左转就是著名的法租界。这里，被外国人称为天津的"华尔街"。今日的解放北路曾是近代天津租界的核心区域，由北向南贯穿法国、英国租界，开设了这些国家的行政机构、金融贸易、酒店娱乐等设施。20世纪30年代，这里有49家国内外银行，其中12家国内银行的总部设在天津。1900年，一位外国记者眼里的维多利亚路是这样的：

> 笔直、宽阔、铺设整齐的维多利亚路，马路两边栽种着杨树、槐树，有用于照明用的油气灯；建筑多为漂亮的盎格鲁·撒克逊混合式。风景秀丽的维多利亚公园，专门供应欧洲商品的惠罗公司，专供欧洲人娱乐的俱乐部，供外国游客住宿的欧式旅馆，以及邮局、电报、电话、下水道等等。

在轮船盛行的年代，随着通商口岸的开辟和海河裁弯取直工程的进行，不仅线装书里的三岔河口改变了模样，不仅带着浪漫情调的木质帆船从海河上渐渐消失了，不仅外国的小火轮大轮船能够从大沽口一直开到万国桥，海河两岸桥梁林立、码头星罗棋布，船舶往来，成为那个年代和上海的外滩一样的著名景观。如同上海的外滩和外白渡桥，万国桥和昔日的紫竹林租界成为天津历史明信片上最经典的风景，这是连接两个世界之间的坚固桥梁，这里是沟通两个世界、两种文明、两个空间之间的视觉象征。自1927年10月18日建成以后，万国桥这座桥梁就成了这座城市的城市地标和历史风景。

在铁路盛行的年代，这个城市的大多数人，都曾拎着简单的行李从这座桥上来回走过；还有很多外来的寻梦者，背着大包小包或者两手空空来到这里，站在万国桥的桥头，走在如同卓别林《摩登时代》里的奇异铁桥上，望着那些西洋风情的建筑，忍不住内心的一阵阵惶惑与惊奇。"你站在桥上看风景"（卞之琳《断章》），站在今日的万国桥上，端详着往昔明信片里的天津风景，细密而奇妙的如烟往事与现实如风般拂面掠过，飒飒有声，令人动容。

1949年以后，万国桥改名为解放桥，昔日英法租界最繁华的法租界中街和英租界维多利亚路改名为解放北路，德租界一号路改为解放南路。昔日的日租界旭街和法租界梨栈大街改名为和平路。从那个时候一直到上世纪90年代，解放桥一直是天津的重要城市地标。那个时候，在靠近东站的解放桥边照相是本地人和外地人到这个城市游览的保留节目之一。而今虽然桥的颜色改变了，但这座天津历史上最著名的地标依然保持着历经多年磨炼出来的样子，看着两侧的城市超出昔日的地图边界，迅猛地生长。

TIANJIN
THE BIOGRAPHY

天津 传

河北新区的回声

第八章

20世纪30年代中山公园（劝业会场）正门

当年，过了横跨天津海河的金钢桥，就是大经路（旧名）了。即使是今天的天津人，也对过了金钢桥的这条中山路不是很熟悉。

20世纪30年代，下了金钢桥路东是一个派出所，大门面向河边，路西是河北省政府。前边不远处是普乐照相馆、福星客栈、晨光书局。从福星客栈的二楼往下看，每日上下午都有洒水车准点经过，到了金钢桥后折返，再回头到北站。省政府跟前，总能看到各种各样聚集的学生和市民，有的举着喇叭高声呐喊，有的扮成唐纳鸭（即唐老鸭）、米凯鼠（即米老鼠）、孙悟空、猪八戒的活宝模样，一边向路人散发产品的宣传单，更时常有婚丧嫁娶的队伍吹吹打打，喜事满街红，丧事满街白。大经路上过往车辆与行人一律左行，没有电车，车辆和行人虽然很多，但并不喧嚣，偶尔能够听到小贩天津口音的叫卖市声，整条大马路给人的感觉是宽敞、整洁、安静。

这里是大经路，昔日袁世凯北洋新政时代"河北新区"的中央大道。按照当时的设想，新区在天津旧城之北，建立一个既不同于传统的中国老城区，也不同于租界的中国新城区。大经路的两端，一端是中央车站，即今日天津北站，一端是连接河北新区和天津老城之间的金钢桥。从20世纪初一直到1937年之前，河北、天津省市两级几乎所有的政府部门、新式学校、公共文化设施均沿着大经路布局。

这里曾经是天津旧世界进入近代新世界的入口。通过不同年代金钢桥和大经路的历史影像，你能够估摸出河北新区历史变迁的时间坐标。1995年，曾亲眼见证了金钢桥被拆除的命运。而今，漫步在这条看似很普通的街上，还能透过造币总厂、中山公园的一些青砖和牌匾，想起那些老照片中的河北，那些曾经有过的雄心和日渐模糊的碎片影像。沿着中山路信步于周边那些经纬纵横的街巷，时而会遇到一些青砖的老房子，跟哪家老住户聊聊天，或许还能寻到许多河北新区时代延续下来的历史断章。

袁世凯开创的"天津新世界"

  地多新辟，马路平坦，足供车马驰驱，如天津公园、李公祠诸名胜亦均在此区内，故河北一带得有"天津新世界"之称。

——中华舆图学社《津门精华实录》

  1902年8月15日，天津街头巷尾悬挂龙旗，张灯结彩，直隶总督府正在举行一场盛大的宴会。在这场宴会上，天津中国城区的管理权被移交给中国当局。当天津都统衙门管理委员会的主任乌沙利文上校将天津临时政府两年内的财政结余，一张面额为185024.15两的支票，装在一个精致的红封套里交到直隶总督兼北洋大臣袁世凯的手里时，在场的人注意到：袁世凯若无其事地提起一只脚，顺手将封套塞进了他的靴筒里。宴会继续进行，就像什么事情都没发生过一样。

  这一天，临时政府委员会召开第329次会议，宣布"临时政府在其管辖区内行使的司法权力从现在起移交给直隶总督阁下"。天津临时政府全称为"暂行管理津郡城厢内外地方事务都统衙门"，因设在直隶总督衙门，一度称总督衙门，后来正式改称"都统衙门"。从1900年7月30日成立到1902年8月15日解散，都统衙门共召开了333次会议，差不多两三天就开一个会。

  1901年11月7日（阴历十月初八），李鸿章在北京贤良寺病逝，袁世凯继任后，将位于南运河大胡同南头盐院旧址的直隶总督府河北窑洼一带的"行宫"进行改造，随即开启了令世人瞩目的"河北新区"大开发。其实，河北新区的开发，早在李鸿章督直时就开始了。当年，李鸿章的行辕即设在河北窑洼，开辟了淮军的校场、义地，建立了在当时天津各省会馆中首屈一指的安徽会馆。民国年间李燃犀的《津门艳迹》开篇第一回有一段讲淮军的掌故，说得有趣：

> 前清光绪中叶，直隶总督在天津河北设立行辕，第一任是王文韶，第二任便是李鸿章。李鸿章党见甚深，不是安徽人，休想得差，所以当年得阔差发大财的，都是安徽人。天津人称他们做"大裤脚子"，皆因为当年李鸿章所带的兵名为"淮军"，一律穿着散裤脚。那时天津不兴散脚裤，认为奇装异服，所以起了"大裤脚子"的称号。于是，凡属安徽人，都叫作大裤脚子了。

河北五、六马路之间，有一个地名叫操场下坡，是当年天津土著围观"大裤脚子"练操的大操场，也是淮军驻扎、拥卫督署、扼守河口的要地。当时，以李公祠大街为中心形成了一个包括李公祠、安徽会馆在内的安徽社区。天津历史上的会馆，多因商贸往来而设，位置多在商市附近。清末李鸿章和袁世凯总揽北洋军政时，均在总督衙门附近建立同乡会馆。安徽会馆原址就在现在的金钢桥西侧三马路原乳胶厂一带，当时就在总督衙门的旁边，其占地规模和建筑等级，在天津各省会馆中首屈一指。袁世凯督直时，又在大经路北洋造币总厂和劝业会场的中间兴建了河南省籍的中州会馆。会馆内设中州学堂，招收豫籍子弟入学，并有专为外省官吏子弟开设的北洋客籍学堂。

随着直隶总督兼北洋大臣移驻天津，天津取代保定成为直隶政治中心。戊戌那一年，时任直隶总督荣禄将窑洼的海防公所改为"行宫"，准备迎驾慈禧太后和光绪皇帝来津阅兵。为此，荣禄还曾计划在行宫附近修建一个临时火车站。这个因"戊戌政变"而最终"落空"的行宫，是大清王朝修建的最后一座行宫。当时谁也没想到，这里又会成为直隶总督北洋新政的中枢大本营，后来又成为直隶省公署、河北省政府和天津市政府的所在，最终毁于1937年日本飞机的轰炸。至今，金钢桥畔的金钢公园和第二医院的一部分即其遗址。

1901年后，天津城市空间结构发生巨大重组。都统衙门拆除天津城墙之后，开辟为东、西、南、北四条马路，旧城的中心地位开始瓦解；海河东岸，奥匈租界、意租界、俄租界、比租界先后开辟；海河西岸，原有的英、法、日、德四国租界迅速扩张。在这个急剧动荡的历史时期，天津城市却因战后重建进入了一个异乎寻常的快速上升时期，并一跃成为直隶省的新政中心及首都的副中心城市，在洋务、警察、海军、自治、实业、新学等多方面在全国起到了示范性的作用。

鉴于当时天津旧城及海河两岸均无足够城市发展空间，袁世凯选中了河北窑洼一带，决定开辟一个既不同于"上边"传统老城、又不同于"下边"各国租界的河北新区。位于三岔河口北岸的河北一带，扼河道、陆路北上南下和海运的要冲，加之此前李鸿章已在河北打下一定的基础，这里成为上京下卫、控制河海的最佳选择。

1903年2月23日，袁世凯批准《开发河北新市场章程十三条》，在海河至新车站之间规划建设新区，将"西至北运河，南达金钟河，北界新开河的自督署至车站、铁路地区"划为河北新区的开发范围。翌年，他就开始在计划修建临时火车站的地方建了新的火车站，当时称"河北新站"，"河北新区"的开发由此拉开了序幕。

河北新区开创了中国式造城的"北洋模式"，仿照各国租界工部局成立工程总局，负责道路河流、桥梁码头、房屋土地、电灯路灯、街道树木等建设事项，新区内用地按等级划分，"与马路毗连者作为一等，地不近马路者作为二等，水坑地作为三等"，并按等级征收地租，用于"募设巡警、开筑道路、备设街灯等项"的费用。为促进新市区的繁荣，袁世凯下令在街道两侧建造商店和房屋，并将许多政府机关迁至新市区，鼓励和支持在新市区广设学校与工厂。这一时期，袁世凯还开创了以政府主导的"新区速度"，限定该地区业主在1个月内到工程总局验契注册，6个月内迁毕区内坟墓，20个月内必须修建房屋。两年后又限定，界内业主在3年内一律修建房屋，凡靠马路均翻盖砖瓦房，准许富有商民自行改建，贫困商民由官方垫款，限定一个月完工。

短短数年时间，昔日的东西窑洼完全变了模样。当时，以大经路为主轴线的新区建成不久，"地多新辟，马路平坦，足供车马驰驱，如天津公园、李公祠诸名胜亦均在此区内"，举凡新政机构如直隶学务公所、劝业公所、咨议局、审判厅、造币厂、劝工陈列所以及博物馆、植物园、公园等近代文化设施都在短期内建成，河北新区一下子成为天津及直隶的政治、经济和教育中心，被誉为"天津新世界"。河北新区的开辟，也使得天津城市空间形成旧城区、租界区及河北新区三大板块，成为近代天津第三个城市历史空间。

这是一个既不同于列强租界，又不同于传统中国城市的城市体系。在总体规划上，河北新区以河流、铁路的走向划分城市区域，以裁弯取直后三岔河口畔直隶总督为中心向东北方向发展，整体布局呈扇形。为便于运输，工厂企业临近河道，避免与住宅区相邻；主要政府机构、学校、公园等围绕直通火车站的大经路进行布局，形成了一个城市空间的发展廊道。围绕新车站，形成了一个包括车站、公园、学校、宿舍的铁路社区。河北新区的规划建设，并不是简单地效仿租界和日本，而是基于国情及河北的历史地理环境进行的造城尝试，对此后南通、广州、苏州等中国近代城市的发展产生了深远的影响。

"中国街道只有这一带比较有气派"

> 中国街道只有这一带比较有气派。袁世凯在做直隶总督的时候,为了和各租界相对抗,为了实现中国街道的繁荣,建造了大批气派的砖瓦结构房屋,因此构成了其他地方难以见到的秩序井然的中国街。
>
> ——(日)小林爱雄《中国印象记》

让我们回到1907年。

大清光绪三十三年。

直隶天津河北新区。

那一年,北站已经通车四五年了;天津第一家国产啤酒厂天津松盛大麦酒厂开业;那一年的年初,来自河北乐亭的乡下少年李大钊进入新开河畔的北洋法政学堂读书,那一年的年底,在袁世凯的主持下,外务部与英国关于禁止鸦片进口取得重大进展,英国政府同意自1908年1月起,减少从印度运往中国的鸦片,以期十年禁绝。一年前的1906年,官方建成电话北局和发电厂,直到上世纪90年代,金家窑的电灯房胡同还在;一年前的秋天,河北公园举行了一场规模空前的"天津劝工展览会",9天之内吸引观众达15万之众,津城为之轰动。

作家王安忆曾说:"我们从来不会追究我们所生活的地方的历史。"其实,追究起来也难。以你现在看到的中山公园这个北洋式样的门楼为例,如果不是仔细追究,大多数人绝不会相信,这座公园的身世竟然如此复杂:从康熙年间的问津园到乾隆年间的思源庄,这里曾是天津仅次于水西庄的私家园林;从中国最早的工业展览馆到近代中国最早的国货展览馆,这里曾经是袁世凯实行北洋新政的"展览中心";而从图书馆、博物馆到美术馆、电影院、展览馆,这里是近代中国领风气之先的"新文化中心"。

劝业会场就是那个年代西洋生活方式的一个小型万国博览会。劝业会场不仅规模宏大、设施现代,而且植物园、动物园、赛马场、茶社、咖啡馆、剧场、影戏院、音乐馆、弹子房等公共娱乐设施一应俱有,成为集文化、教育、工商、娱乐于一体的多功能游乐园和近代化的文化中心,也堪称那个年代西方生活方式的博物馆。在劝业会场公园的外围,依次建有教育品制造所、教育品陈列馆(后改为参观室)、劝工陈列所等公共建筑。奇怪的是,这些建筑大多采用外廊式样。这种源于印度等地的殖民建筑风格,经由欧化、日化后,清末新政时颇为流行。包括劝业会场内的直隶咨议局等各省咨议局,大多采用了这种建筑风格。在日本明治维新和中国新政官绅眼中,这种外廊式样的建筑体现了当时西方的现代化和先进性,成为北洋新政时期的典型建筑,可惜至今无一留存。

劝业会场竣工那一年,1907年5月试办天津县议事会议员初选,城厢内外和四乡选民公投,为中国历史上破天荒第一次"普选"。随后在劝业会场内建直隶咨议局大楼,1928年改为国民党天津市党部,天津沦陷时成为天津保安总队部。此后,这些建于北洋新政时期的恢弘建筑,历经世事变迁和岁月磨洗,陆续在历史中消失,成为照片中让人陌生的天津风景。

这一年,是袁世凯担任直隶总督兼北洋大臣的第四年,也是袁世凯在河北的最后一年。1901至1907年间,袁世凯在天津推行新政,改革军制,兴办巡警,考核吏治,创办实业。那时候的天津,正是风气渐开的时候。此前几年,清政府连续颁布了一系列"新政"措施,"劝兴工艺""劝业竞业"正成为当时官员努力学习的时髦词汇,而位于大经路一带的河北新区正是北洋新政的中心和全国示范之区,这条"中国街"的两侧有很多融合东西洋风格的新派建筑。

当时,各省均设"劝业道"。1903年,袁世凯任命周学熙为直隶工艺总局总办,主持天津及直隶全省的实业建设,下设劝工陈列所(原名考工厂,先在北马路,后移劝业会场)、实习工场(今曹家花园)、劝业铁工厂(遗址在河北窑洼,今天纬路铁工厂胡同)及劝业会场等。在昔日的窑洼一带,周学熙开辟了一系列北洋实业:1902年11月,仅用时72天即在西窑洼大悲院附近建成北洋银元局,1905年又在大经路旁边建成户部造币总厂,成为袁世凯兴办北洋新政的主要资金来源;从1903年成立直隶工艺总局开始,陆续开办了工艺学堂、实习工厂、考工厂(又名劝工陈列所)、教育器制造所、北洋劝业铁工厂和劝业会场等6家"产学研一体化"的新式企事业。

长期以来,西方人有一个偏见,认为古老的中国如果没有外国政治势力的支配和控制,永远也不可能转变成一个近代化的国家。1903年3月,周学熙奉袁世凯之命前往日本考察,称:"日本维新最注意者,练兵,兴学,制造三事。"袁世凯从都统衙门手中接管天津,既面临"战后重建"的地方职责,更肩负进行新政试验、与外国租界抗衡与学习的国家使命,北洋新政从军事、经济、教育三方面效法日本的明治维新,兼取东西洋之长,从创办警察制度到推行地方自治,从工艺总局到劝业会场,从倡办实业到兴办新学,从新车站到大经路,推动司法改革,鼓励私人投资,推广公共卫生,开启官智,启蒙民智,培育市民高尚精神,使河北新区成为天子脚下开华北风气之先的一座生机勃勃的新城。

北洋新政时期,袁世凯在大经路沿线创办了许多学校,一些新式中、高等学校集中建在这一地区,如北洋师范学堂、北洋女子师范学堂、直隶高等工业学堂、直隶法政专门学校、直隶水产专门学校等,使这里成为中国北方近代教育的中心。

上了河北大经路(今中山路),老远就能望见路边的一片青砖楼房,这就是名冠国内的直隶女师(即北洋女师)。当时的校舍,东自大经路向西横越二经路直到三经路附近,南到天纬路,北至地纬路,相当气派。这里现在是天津美术学院的校址,历史上为中国第一个官办的女子师范学校,邓颖超、张若名、许广平、凌淑华、罗兰等人均曾在此读书。这所曾经培养了中国第一代女学生的学校,从晚清到民国时期先后冠以"北洋""直隶""天津"等女子师范名称,像极了河北新区的历史命运和不断叠加的区域印迹。

丁丁当当的银元声

1930年7月,我因父亲供职天津北宁铁路,随母亲从杭州来津与父亲共同生活。父亲把家安置在离北站不远的律纬路择仁里沿街的一座三合院里。律纬路的出口是一条在我看来十分宽广的马路,那就是中山路;但是邻居的大娘、婶子都叫它大马路或大经路。

——来新夏《大经路忆往》

月底,是位于大经路上造币厂发工资的日子。成群结队的工人领着工资从大经路附近的小街上经过,他们拿的都是现大洋,一边走着,一边数着,丁丁当当的银元声实在诱人。

造币厂的门口总是门禁森严,一般不让小孩子在门口玩耍。初冬的时候,路边高高的白杨树吹得沙沙作响,孩子们蹲在造币厂对过马路边的方砖便道上翻翻"毛片",拍拍"三角",拍球打尜尜,马路上的"摩电"(紫牌有轨电车)经过路口时戴着大壳帽的巡警飒利地挥动着小旗,嘴里还用天津话喊着"嘿!车转弯了,注意安全",路口的电杆子上的橙色电灯跟"滴滴筋儿"似的一闪一闪。

那个年代,很多小孩子成天长在这条大马路上,围绕着几条经纬马路乱转,开春的时候到中山公园玩耍,攀上假山石,摸摸菩萨的脸颊。好奇的孩子们经常在假山下的狐狸洞里捏着鼻子，等着狐狸在洞口出没，不远处的亭子里每天下午总有穿着一色红缎子制服的军乐队；中山公园不远有图书馆、国货售品所，旁边还有一个造胰公司，门口一排排的胰子码得整齐美观，旁边军工厂刚刷完油漆的大枪杆搭在不高的木架子上亮闪闪的。初夏的时候，跟着家长到北宁公园划划船，排着队等着玩儿北宁公园的大滑梯，回家路上赶上给同茂堂送药材的马车经过，争先恐后地追了上去，每个人都抽上几根甘草，拐进旁边的胡同里嘎吱嘎吱地嚼着；初秋的时候，有些淘气的孩子直奔北宁后门，爬过铁丝网去看植物园里的各种花草。从家里到铁中附小上学的路，走着没多远，但要是放学时和同学一路玩一路走，往往要花上一个小时。有时和同学打起来了，直弄得挂了点儿彩，这才捂着伤口回家。家长一边向伤口涂药，一边呵斥为什么放学了不直接回家。照例答应得好好的，等到了第二天，连谁跟谁打架为什么打架都忘得一干二净了。

那个时代的大经路，衙门林立，官派十足，军政大员的公馆、宅邸也大多深院高墙，气象森严。江西督军李纯的公馆位于黄纬路、三马路交口老河北法院附近，朝黄纬路的券门高阔威严，公馆的女儿墙形似围墙，上边宽达十米，四周相通，有驻军日夜巡逻。当时，在大经路附近建公馆、里巷的不止李纯一个人：内务总长赵秉钧在新大路建和善里；江西督军陈光远沿街建华兴里，日纬路建永年里，在昆纬路北建华安里；陆军总长蔡成勋在新大路建庆记东里，宿纬路建庆记西里。1921 年，日本驻津领事馆曾对天津军政要员的住址进行秘密调查，前国务总理李经羲一家住李公祠附近，曾建李纯祠堂的公府侍从武官李馨、定武军粮台陈荫楠、陆军第十五师师长刘询、顺直省议会议长边守靖、交通部次长麦信坚和陆军上将王怀庆均住河北三马路。北洋时期，在大经路一带建房成巷，几成风气。一些中下级政府官员为了路途方便，大多在该区居住并形成了三马路、四马路、黄纬路、宇纬路之间的东兴里、择仁里等新式院落型里弄住宅群。

1905 年，袁世凯以"树德堂袁"的名义在今中山路地纬路东口建起了一片平房和楼房高低错落组合的花园式住宅，总计砖瓦楼房 50 间，砖瓦平房 64 间。袁世凯一生一妻九妾，共有 17 个儿子、15 个女儿。除了这处寓所，还在大经路一带修建了一批里巷房屋，多为出租取利。此外，袁世凯旧宅在英租界大营门，今已无存；今日金汤桥附近海河岸边的袁宅，为袁世凯死后建成。

1913年2月，周恩来的伯父周贻赓从奉天调到天津，任长芦盐运司榷运科科员。15岁的周恩来随伯父一起迁居天津，在元纬路元吉里的几间狭小的平房住下来。同年8月，周恩来考入南开学校。

1916年9月，刚过满月的潘学静躺在母亲的怀里，从家乡河北南皮县的灌溉镇出发，先坐牛车，后转火车，来到了河北宙纬路宇泰里深处一处青砖四合院里。这处两进青砖四合院的门上挂着"潘自浚大律师"的招牌。潘家院子里种着各种瓜菜蔬果，母亲和嫂嫂还保持着乡村生活的习惯。里院的东西厢房，是家人的起居室和潘自浚的书房。前院堂屋正中挂着孔子的像，孩子们每天都要向孔子鞠躬再去上学堂。每逢家里有什么喜事儿，潘自浚都会带着全家去下馆子。常去的菜馆在金钢桥下的东北角，名叫燕春芳。

像当时大多数的天津人家一样，住在租界（即"下边"）的人很少去老城与河北新区（即"上边"），反之亦然。在潘学静的记忆里，直到1922年直奉战争爆发，"华人地区委实住不下去了，父亲就雇辆车，将女人和孩子安排到位于成都道的表姐家避难"，看到的全是整洁、安静的洋房。与河北新区不同的是，小静看到表姐"腰板儿挺直，抱着哈巴狗"，从转角的楼梯款款地下来，这才知道天津还有租界这样的城区，洋房里还住着这样悠闲的女人。

当时，陈省身的家住在河北三马路宙纬路。三马路走过去不远有个三戒里，是当年觉悟社的旧址，现在是觉悟社纪念馆。1922年秋天，陈省身的父亲到天津法院任职，举家从浙江迁至天津，家住河北三马路颐寿里90号。这一年，陈省身11岁，在家里读了几个月书，跨级考入扶轮中学，4年后上了南开大学的数学系。陈省身晚年曾说，"我最美好的年华是在天津度过的"，但喜欢读各种闲书的少年陈省身对社会上的事儿并不关心，虽然去过天津的许多地方，但他自己却说，"对天津的了解并不是很多"。

1930年7月，来新夏的父亲因供职北宁铁路，把家安置在离天津北站不远的律纬路择仁里沿街的一座三合院里，这里"离北站不远，夜深人静时，可以清晰地听到火车由远及近和由近及远的鸣笛声"。

天津北站的匆匆过客

> 我和他们一起玩过"扔石子""跳栏"和"开火车"的游戏。"开火车"是孩子们自己发明的,每人都是一节车厢。一个接一个站好,互相抱着腰,开起来像一条长蛇。我喜欢当最后一节。大点的男孩假装火车司机,一小男孩骑在他背上当烟囱。他一喊火车开了,我们就在墓地转起来,爬过一座座坟头,好像翻过山峦。然后火车缓缓驶到一片空地,那儿有个大女孩假装站长。她一吹哨,火车就停下来。
>
> ——凌淑华《秋日天津》

在庆祝香港回归十周年的一次电视访谈中,香港著名导演陈可辛揭秘:当年拍摄电影《甜蜜蜜》时,希望到内地拍一个火车站,结果没有申请到,本来应该是在天津火车站,最后只得在香港红磡火车站。

陈可辛说的天津火车站一定是天津北站。

一如世界上所有的火车站,一如你记得的那些与车站有关的电影,每一座火车站都像一座人生剧场,充满了喧哗与骚动、错过与相遇的复杂剧情。不妨设想,当音乐响起,当来自天津的黎小军(黎明饰)从火车上拖下重重的行李,踉跄地站在天津北站的天桥上。或者,假如电影是这样一个结尾:黎小军和李翘(张曼玉饰)两个人在老北站的天桥上分手,走向截然相反的方向,然后消失在茫茫人海里……如果以北站天桥作为故事开始和结尾的背景，这样的画面一定会成为北站永恒的经典。可不知道为什么，到了国语版中，黎小军的故乡从天津变成了无锡。难道是字幕组抑或是陈可辛对没有在天津北站拍摄耿耿于怀？

《甜蜜蜜》的故事发生在改革开放初期。那个时候，人们出远门总是坐火车。那时候，坐上火车，意味着人生重要的事情可能即将发生。那个年代，在北站候车室背靠背的木椅子上候车，会有服务员提着暖壶给旅客倒热水。火车经过的地方，沿途还看不到多少广告牌和高楼大厦。而在北站前面的立交桥没有建成之前，人们都是通过北站地道穿过马路，而火车站对面就是公交站。

当然，最著名的是北站老天桥了。这座近年来深受电影人青睐的老天桥建于1911年。那一年津浦铁路北段与京奉铁路联轨通车。在天桥上下，铁轨一侧，津浦铁路局的数百名工程师和建设者留下了一张著名的大合影。

那个时候，往返京津之间的列车，每天至少有三趟。从天津前往北京，大约早上7:18从天津老站（即今东站）发车，停靠新车站（即北站）后，7:36再次发车，路上经停北仓、杨村、廊坊等地，至中午12:09到达北京正阳门火车站，全程用时约4小时51分钟。大约1921年，4岁半的侯宝林第一次从天津坐火车，据他后来回忆："那时舅舅抱着我，哄着我，我觉得很温暖。一路上吃了半斤炒栗子，睡了一会儿觉，就到了北京。"

袁世凯接管天津后不久，办的第一件大事就是在直隶总督衙门北面的铁路线上建了河北新站，河北新区的开发也由此发端。很多人疑惑，为什么要在天津站以北4公里如此之近的地方还要另建一处火车站？因当时的天津老站（即东站）位于俄租界之内，官方活动多有不便。直隶总督衙门设在大经路（今中山路）上，袁世凯为往来及礼仪之需，便兴建了这样一处新车站。

天津北站初名新开河车站，后改称天津城火车站、河北新车站、天津新站、天津中央车站、天津总站，日据时期改名天津北站，沿用至今。在我看来，这个地方更适合称为"北洋站"。在上世纪"北洋乱"的时代，从清末五大臣出洋考察到天津暗杀团薛成华刺杀镇压滦州起义的张怀芝，从段祺瑞"通电下野"到黎元洪"仓皇辞庙"，一直到1928年国民政府定都南京前后，这里一直是北洋时期重要的历史现场。

1928年6月，南京国民政府下令将直隶省改为河北省，北京改为北平，天津则改为天津特别市。曾经日夜车马喧嚣的首都北京，恢复了故都的宁静。北洋老将的民国被南京的国民政府取代，北洋覆灭了。这一年的国庆节，在"打倒列强"的群众欢呼声中，天津市民在劝业会场进行盛大集会。此日起，这座博览会式的公园更名为中山公园，大经路更名为中山路，但多年以后这里的老住户依然习惯称这里为大经路或大马路。

天津人大多数都去过北宁公园。虽然本地人对"北宁"都很熟悉，但很少有人知道"北宁"中的"北"是指北京，"宁"是指辽宁。1929年，因奉天省和奉天市改名辽宁省和沈阳市，曾经著名的京奉铁路改为北宁铁路。"北宁铁路"这个名称一直延续到1949年，因北平改名北京，北宁铁路改名为京沈铁路，而北宁铁路局及北宁公园等"北宁"系名称则保留了下来。

那个时候，北站之所以称为天津总站，在于这里是津浦铁路和京奉铁路的交汇处。鲜为人知的是，天津北站是历史上著名的津浦线起点站，津浦铁路0公里的标石至今仍存。那个时候，由天津到达南京，"寻常快车"每日开行，一日早晚两列从天津总站发车，每周一三五则有"特别快车"发往南京，天津总站发车时间为下午1:00，到浦口站时间为次日下午2:38。

令人浮想联翩的是，胡蝶的父亲胡少贡（曾任京奉铁路总稽查）、赵四小姐的父亲赵庆华（曾任津浦铁路总局局长）、张爱玲的父亲张志沂（曾任津浦铁路局英文秘书）均曾在天津铁路任职，凌叔华小时候住在北站附近，还在北洋女师度过了"五四"时代。后来，她们都陆续坐着津浦线的绿皮火车或者南下的大火轮，去了上海以及其他地方，成了天津的匆匆过客。

上世纪50年代，天津北站的工人们编了这样一首歌谣："请过天桥留神危险，排列整齐别过白线。"多少年后，北站月台圆形挂钟仍然悬挂在那里，北站停运了一段时间之后又为怀旧的人们重新开启。每次站在那个100多年前的天桥上，总是想给那些历史上的天津过客留下一句话，或许，可以套用《甜蜜蜜》中的那句经典台词："我来天津的目的不是你，你来天津的目的也不是我。"

TIANJIN
THE BIOGRAPHY

天津 传
TIANJIN

海河边的英伦格调

第九章

利顺德饭店旧影

"也许，你在到达上海的第一个早晨会去外滩散步，为了认识一下这个大都市。"这是豪塞在《上海：买卖之城》开篇写下的一句话。

这句话，同样也适用于形容天津的英租界。这里是天津最"洋气"的地方。如果你在利顺德老楼的房间里醒来，上午参观昔日英租界核心区解放北路的那些银行、洋行建筑，下午在昔日英租界的扩展地"五大道"悠闲地漫步，你也许还可以领略到一个世纪前英租界留给这座城市的英国气息，这是一种散发着浓郁的帝国、金钱、奢华、文明、现代的历史气息。

从老地图、老照片上俯瞰，那时的天津已经像极了一个西方世界的镶嵌作品，铺展、连贯、绵延、混搭。即使在后来几十年的复杂历史变迁里插入了很多现代建筑，即使这些年来一些充满英伦风格的洋楼与老建筑混合在一起，你依然可以清晰地看到那些街区和建筑之间的互动与关联。而今，这些都已融入到这座城市的当代风景之中。

如果，你在利顺德酒店豪华的包间里醒来，俯瞰窗外的海河，可以想象昔日火轮林立的繁盛景象。推开今日解放北路那座利顺德的老门，走入昔日的维多利亚花园，你可以看到帝国斜阳在海河边开放出的这朵"恶之花"今日的混搭模样。从过去叫做维多利亚花园的解放北园出来，沿着泰安道向浙江路走去，两侧的法国梧桐依然保持着旧时的容貌，四点多钟的阳光斜射在安里甘教堂这座哥特式建筑的尖顶上，灰色暗旧的墙体笼罩在一层温暖的黑白色调中，散发出一种让人心醉的沧桑气息。在我看来，如果设定一个城市最后一场浪漫的场景，不妨选择这里。要选一个具有帕慕克笔下"呼愁"气质的天津租界地标，就是这里了。

跨过昔日的墙子河，今日的南京路，自动省略那些街边的高楼大厦，走入今日被称为"五大道"这片英租界扩展区，你在这里看到的不止是万国建筑的小洋楼。漫步在下午"五大道"的历史斜阳之中，看着那些故居上一个个大人物的中国名字，在民园的咖啡馆独坐片刻，到黄家花园的街边吃些小吃……或许，你会在这里感受到一种历史的共鸣。

"他们骑着驴子在大道上疾驰而过"

> 这两位军官（戈登上尉和法国工兵军官）在一片荒凉的土地上放置了界石。这个地区内尽是一些帆船码头、小菜园、土堆，以及渔民、水手等居住的茅屋。
>
> ——米琪《阿礼国旅华记》

1864年夏天，一位丹麦海军中将漫不经心地站在船舷边，凝视着海河西岸的紫竹林租界：一些人正忙着建造一所教堂，这是法租界海大道上的老合众堂。在此之前，欧洲人的礼拜活动一直是在老城附近的一座小庙里进行。海河里行驶的轮船还不是很多，只要行驶在河的中央，航道便不会显得多么拥挤，"当一队法国水手上岸休假时，他们骑着驴子在大道上疾驰而过，那些来不及躲开的人们就遭殃了"。河边最著的建筑物是颠地洋行，距离宽阔的河堤大道不远有几条街道。那些来自欧洲的商人只要在他们的地块四周钉上界桩，盖一个大仓库，建几间暂时居住的小房子，就心满意足了。虽然一切还正在建设中，但丹麦海军中将对天津"非常有气度"的规划还是留下了深刻的印象。他看见的，正是几年前戈登刚刚规划好的紫竹林租界。

天津开埠那一年，驻扎在天津的英国士兵主要为爱尔兰的骑兵，一些人每天在卫城内外进行巡视，一些人负责搜寻食物和补给，另一些则绘制周边的形势图，记录寺庙、衙署和民居的外貌和位置。一位25岁的英国人带着测量仪器前往城东南"下边"的洼地，并开始划分边界。这里，就是后来的天津英租界。

英国皇家工兵队查理·乔治·戈登少校，由天津走入了中国近代史。此时在天津，这位年轻的戈登上尉还没有像几年后在上海那样的声誉，也没有像后来手执洋枪的威武。他的手里只有一支铅笔，在这片海河右岸尚未开发的洼地上，他"用铅笔把这一带地区画成河坝大道、马路以及建筑物的地基等等"，绘出了天津第一份现代意义上的规划图，这就是近代天津出现的第一个近似于"都市计划"的城市建设发展方案，被后人称作"戈登规划"。加上随后的扩充界"柏龄庚规划"（1890—1909）、推广界"安德森规划"（1918）和一系列补充条例，为英租界的开发建设确立了方向。

曾经学过土木工程的戈登上尉，按照欧洲城市的规划方法，对489亩的英租界做出了这样的规划：以一条中央大道为轴，将英租界数条道路相互交叉，形成与中国城区完全不同的开放型的街区格局。英国人确定了分段分号"出租"的计划，按照道路分割出的街区编成35块大小不等的地块。

1861年8月，由英国驻天津领事馆主持，通过公开竞拍的方法，将这些地块"转租"给了出价最高的买主，买主多为英国洋行和外商。获得土地的外国人，先要向中国土地主支付每亩30两地价和10两迁费，订立中文"永租契"，再到天津县衙门办理相关手续。然后，这些外国人再到英国领事馆注册，获得英国政府的"皇家租契"，租期99年。

直到1870年，美租界、法租界还保持着原始的样貌：占地22亩的美租界连一间房子也没有盖，界内大部分土地用来做冰窖；占地400多亩的法租界此时尚未确定发展计划，今日繁华的劝业场、中心花园及津湾一带还是穿插着菜园、村舍、寺庙和水塘的河畔沼泽地。英租界将河边的河坝大道加高，修建了一条从老海关大楼到利顺德的笔直马路，两旁种上了双排的榆树，一些外观美丽的大洋房陆续出现。但由于这些建筑的设计图纸大多来自香港，而香港的设计又来自英属印度，设计师没有考虑天津的气候条件，这些房子大多高大宽敞，夏天居住自是不成问题。可一旦到了冬天，即使有取暖的壁炉，房子总是冷冰冰的，而海河也因为冬季经常被白雪覆盖而被英国人称为"白河"。

19世纪60年代至80年代，天津各国租界的建设大致遵循这个程序：首先进行码头、河堤建设，进而规划路网和市政设施，划分建设阶段，接着填垫地基（先是就近取土，后来改用海河淤泥进行填垫）进行各种建设。这个时期的规划大多为应急的粗略规划。到19世纪90年代前后，各国租界才开始对早期已经建设的地段进行重新调整，如加宽道路、完善市政设施、调整公建布局等，并在随后的扩展区（新界）做了较深细的规划。可以说，直到这个时候，各国租界才开始进行认真的城市规划。但限于多方面原因，租界的总体格局已经无法改变了。

即使现在，一般天津人也叫不上这所教堂的名字。安里甘教堂，也称诸圣堂，俗称浙江路教堂。即使过去了很多年，即使这里已经成了天津极具特色的艺术中心，却依然充满着动荡之后的旧日气息。这座初建于1903年、复建于1936年的哥特风格的英国教堂平面布局为拉丁十字形，砖木结构，钟楼耸立，就像是有人从空中在这里划了一个短促的十字。

20年前我第一次走进这里时，进入废弃的教堂内部，阳光从高处的窗子透进来，教堂内弥漫着各种悬浮颗粒，与那些斑驳的墙面构成了各种奇特的图案，在幽暗的光影里缓缓波动。此后，多少次站在安里甘教堂面前，脑海里总会浮现那个叫做布莱恩·鲍尔的英国人在《租界生活：一个英国人在天津的童年》中说的话："这个地方太阴森恐怖了，特别是平日，黑糊糊、空荡荡的。"从外面看，这所教堂弥漫着一种阴郁、堂皇、颓败的黑白影调，让这所教堂的沧桑与周边那些充满着新复古装饰主义的浮华建筑之间产生一段沧桑与惆怅的距离。

秋日的一个下午，从利顺德的旋转木门走出来，经过昔日叫做维多利亚花园的解放北园，沿着泰安道向浙江路漫步，两侧的法国梧桐依然保持着旧时的容貌，四点多钟的阳光斜射在这座哥特式建筑的尖顶上，散发出一种让人心动的沧桑气息。

在近代的黄昏与子夜

> 这是一座有阳台和外廊的三层楼酒店,花卉成荫。宽敞的房间中铺着地毯,奢华的水晶灯装点着天花板:一顶薄薄的纱帐,紧紧罩住床铺,露台上是藤编的躺椅。大理石浴室、电铃,各种设备一应俱全。
>
> ——俄国记者,1900 年

每次去利顺德大饭店,站在解放北路老楼的门口总要在老楼的台阶下伫立一会儿,酝酿一些历史的思绪。我知道,推开这扇旋转的木门,走进天津开埠后延续至今的这座酒店,仿佛都能听见大厅里传来低缓的钢琴声和参加聚会人们的私语声。

每一次在靠着解放北路和老市府花园的窗口坐下,灯光暗下来,或者参加在维多利亚中庭举行的复古舞会,看着海维林酒吧舞台上来自上海的歌手唱着一些老调的歌曲,或者穿过走廊看到维多利亚大厅舞池里翩翩起舞的时尚男女,总是想起第一次看到贝纳尔多·贝托鲁奇的电影《末代皇帝》时的一个天津场景:1927 年,溥仪和他的妃子们在利顺德大饭店(如果那时候天津有电影中的舞会场景,多半是在利顺德举行)及一群洋人翩翩起舞的情景。

1927 年代,天津的摩登风尚进入高潮时期:1927 年圣诞节,法租界明星电影院举办了天津历史上破天荒的巴黎时装表演,"西洋妙龄少女美女模特登场表演,下台巡游",摩登的画面感十足;1929年1月,扶轮社在利顺德举办"服装跳舞大会",中外佳丽云集,天津著名银行家卞白眉、前国务总理颜惠庆等租界名流均出席。"这是一个奇迹的时代,一个艺术的时代,一个挥金如土的时代,也是一个充满嘲讽的时代。那时,在年轻的我们眼前,一切都像镀上了玫瑰红,浪漫无比,因为此后,对于周遭的环境,我们将永远不会再如此感同身受。"1925年,美国作家菲茨杰拉德在小说《了不起的盖茨比》中,如此形容自己身处的20世纪20年代。天津也曾有自己的"爵士时代"。上个世纪二三十年代,利顺德成了天津的"时尚之窗":从1934年到1937年,英国著名钢琴家司考特、意大利花腔女高音家马蒂亚斯、世界著名钢琴家鲁宾斯坦等曾在此举办过音乐会,而世界著名女高音歌唱家高利克里、小提琴大师海菲兹及著名男低音夏里亚宾在天津演出期间也入住利顺德,使这里成为那个时代天津艺术生活的最高级场所。

在经过160年的风雨沧桑之后,利顺德老楼依然保留着维多利亚时代的气派与精美,即使经过若干年的怠慢与晦暗,它依然犹如一位迟暮的美人,楚楚如一株暗夜中绽放的百合,似明似晦,若柔若媚,默默地散发着浮动的暗香;又恰如时光走廊那头,昔日豪华背后,滑落在柚木地板上的一束别在衣襟上的白兰花,等着一只呵护的纤纤玉手将它小心地拾起。

1861年4月4日,天津开埠的第二年,一位名叫殷森德的英国传教士乘坐美国三桅杆船"丹尼尔·威伯斯特"号来到天津。他在天津旧城的街头散发简易的《圣经》小册子,面对天津人的好奇与疑问,终于招收到了12个当地信徒。两年后的1863年,34岁的殷森德用传教得来的600两纹银,与英国女王驻天津代表吉布逊签订了一份"转租"土地的《皇室租约》,购买了英租界第29号地,建立了一处简易英式平房,作为货栈洋行、旅馆和饭店之用,取名为"利顺德"。这个名称源自孟子的治世格言"利顺以德",且与饭店创始人殷森德英文名字Innocent的汉语发音接近,而其英文名"总督府饭店"则与时任直隶总督李鸿章有很大的关系。

最初,这家近代中国第一家涉外饭店被天津人称为"泥屋"或"老屋"。1886年,当时的英租界工部局董事长德璀琳成为利顺德的第一大股东,迅即拆毁了已经不合时宜的泥屋，在旧址上盖起了一幢三层砖木结构、具有明显英国哥特式建筑风格的豪华宾馆，奠定了今日利顺德的基础。

此后，这家成为近代天津标志景观的大饭店又经历了以下变迁：1924年，在三层老楼的旁边建起四层楼房；1942年，日本人侵占了利顺德大饭店，改为"亚细亚饭店"；1952年，利顺德更名为"天津大饭店"和"天津饭店总店"；1976年地震后，利顺德部分重建；1984年，恢复利顺德旧称，重新装修了老楼并扩建了新的七层大楼；2010年，利顺德老楼重新修缮对外开放。

利顺德，仿佛一个过去年代的奢华内景，一个保存近代天津城市记忆的彩色盒子。在豪华气派的大厅里，在古典温馨的客房内，在宛如迷宫似的走廊中，似乎还能嗅到过去时代的那种古老气息。不见酒客，不见故人，但见灯影下一位长发琴手在弹着古典的曲子。如果，此时你从遥远陌生的地方走进这里，是不是也会沉醉于这充满香艳气息的往昔情怀呢？

160年历史的利顺德，有什么未曾经历过呢？一个半世纪以来，一艘艘浓烟滚滚的货船载着全世界的风流人物，来到这座充满着近代浮华气息的城市，竞相从维多利亚路（今解放北路）跨上台阶，推开那扇吱呀作响的棕红色老木门。从英国人的炮舰到孙中山的革命，从满洲国的痴梦到日本人的军舰，从直隶总督李鸿章、袁世凯到美国前总统胡佛，从梅兰芳的俪影到赵四小姐的琴声，从共和国的昨天到共和国的今天。这家被列为全国重点文物保护单位的大饭店像她面前的这条河流一样，曾经沧海，几经变迁。也许，只有一件事没有改变。那就是，从前这里是散落在天津城市的一块奢华的文明碎片，现在依然。

周末的下午，想一想坐在利顺德维多利亚咖啡馆里，慢慢啜饮一杯，遥想当年，也许风姿迷人的小凤仙，就在这张桌子对面风情万种。而守在舒适的套房里，子夜时分面朝海河，凭窗而立，当年的孙中山先生是否也站在这个位置上发出忧国忧民的深沉浩叹呢？

"他们在说什么？"在近代的黄昏与子夜，在利顺德，在同一个场景中，一些人的谈话，另一些人是永远无法知晓的。如同一部古老的默片时代的布景，走进去，什么都可以看见，耳畔却只回荡着遥远年代的回声。

如果，你也怀念这样一个天津的黄昏与子夜，就到利顺德与我一起来喝一杯维多利亚风情的咖啡吧。或者，在黄昏时分，乘坐那部1924年的手柄开关式OTIS电梯，到楼上的某一个窗口，俯瞰正在举行的充满旧日气息的摩登舞会。当然，你也可以走出面向海河的大门，沿着当年天津的外滩（台儿庄路），朝着昔日万国桥的方向缓步走去，去看一看万国桥上的天津风景。

看得见风景的公园

> 我12岁的时候,终于获许可以独自去天津维多利亚花园玩了。在此之前,我每次去那儿都要有阿妈或女家庭教师陪伴,严格看管。这是我第一次独自外出,我一路上小心翼翼地向花园走去,小心地走在用讨厌的鹅卵石铺成的路上,避开所有让我害怕的东西。走进花园,我直接奔向我最喜欢的那架罩在一棵低垂的柳树树荫下的秋千。
> ——(美)伊莎贝尔·齐默尔曼·梅纳德《一个犹太女孩在天津的成长》

如果你是在1898年天津海河封冻前从伦敦来到天津从事贸易,住在利顺德的老楼里,正思忖着如何打发天津漫长冬天的时候,也许会看到利顺德酒店里的这张《京津泰晤士报》,报纸上刊登了一份"公众约会日程表",这里已经为你的天津冬季社交秀安排好了以下丰富多彩的活动:

2月18日下午2:30,你去参加一场冬季运动会,观看紧邻着英租界的田野冰面上的一场冰上快艇比赛;2月20日下午,英国领事馆有一场从下午5点开始的集会;2月20日下午5:00,有一场"雪球"表演在等着你,在这个多雪的日子,兴许你从英国带来的一件皮大衣可以派上用场;2月22日,有一场天津郊外的打猎游戏;2月23日,在利顺德有一场歌手排演,也许你可以认识这里能歌善舞的一些英侨女士;2月25日,激动人心的冬季运动会总决赛从 11 点开始，也许你要提前出门，才能占到看台上更好的位置；2 月 28 日上午，又一场"雪球"表演在停泊在河坝道的大沽驳船公司的轮船上举行；3 月 1 日，在天津的春天即将到来之前，戈登堂里举行的一场化装舞会……好了，你看到这里，将这张报纸剪了下来，在 3 月 1 日化装舞会日子里轻轻地勾了一个很大的圈。

你去看了那场冰上快艇比赛，今天马场道附近的开洼田野结满了冰，你还看到有路过的中国官员惊讶地看着那些冰面上的快艇在眼前飞速驶过。作为一个刚刚从遥远的欧洲来到天津的人，参加了一两次这样的社交活动后，你会发现这里还有许多西方人热衷的社交活动：这里既有《中国时报》《京津泰晤士报》这样的英文周报，也有著名的传教士李提摩太任主编的中文报纸《时报》，每周还能收到《海关贸易统计与船只往来报告》这样的贸易信息；每周一次的文学辩论会集会上，一些人会聚集在一起讨论从莎士比亚的《奥赛罗》到在天津当地拜访的风俗等有趣的文学话题；著名的赫德乐队经常在戈登堂和维多利亚花园举行各种小型演奏。这里，还有赛马、戏剧、交谊舞、网球，你还可以在这样的聚会上品尝到还算地道的咖啡、鸡尾酒，欣赏到来自世界各地的女士们优雅的笑容。

后来，你发现你的活动半径总是围绕着这里。有那么一瞬间，你恍惚以为置身英国的一个城堡里，但是靠近利顺德街角的那个中国大钟，还有园子中那个中国园林风格的亭子，提醒你这个叫维多利亚公园的地方是在天津。

这里是维多利亚花园，曾经出现在老明信片上次数最多的天津城市地标之一。其实，这个在一般旅游手册上也找不到任何记载的小花园里，并没有什么奇异的景色。在经历 100 多年的春夏秋冬后，这里曾经的异国情调也早已沉淀在历史的影像之中。即使现在，出入旁边的利顺德酒店和与公园融为一体的丽思卡尔顿酒店，也难得有几个人说得清这里的英伦往事。每次看到以景物为主体的那些明信片上隐隐约约的人物背影时，总是禁不住会想：在这里看得见风景的风景背后，又有着哪些看得见和看不见的秘密呢？

1887 年 6 月 21 日（农历五月初一），在距离英国本土十分遥远的中国北方海河岸边，一座以女王名字命名的英式花园正式对外开放。Victoria

Park——这是天津历史上第一座近代意义上的公园,这也是外国人在天津修建的第一座带有殖民色彩与西方情调的花园。

这一天,正是大英帝国庆祝维多利亚女王登基 50 周年的纪念日,遍布世界各地的大英帝国臣民,都在举行盛大的庆祝仪式。英租界工部局的军乐队奏响了《上帝保佑女王》的旋律,米字旗下是挺拔站立的皇家士兵和脱帽敬礼的各国外交人员、传教士及商人们,在人们的欢呼声中,英租界工部局董事长德璀琳和英国驻天津领事璧利南发表了激动人心的演讲。晚上,举行焰火晚会的时候,从北京赶来的外交人员还在打听这个公园以前的样子。几年后,英国人雷穆森在一本介绍天津租界的英文书中写道:"几年前还只是一个臭水坑。"在英租界工部局的经营下,不到一年的时间,利用疏浚海河挖出来的泥沙,将这个臭水坑填平垫高,建成了一个中西合璧的英式公园。

维多利亚花园由英国园艺师负责营造,以英式公园的风格为基础,整体呈四方形,部分花坛、草坪的设计均呈现出规则的特点,并吸收了中式园林自由布局的造园手法,在公园中心位置安放了一个中式的六角凉亭。公园的石材、栏杆、长椅均由英国本土运来,租界当局多次派园艺师回国采购苗圃和植物,以便让在异国他乡的英国人来到公园有"回家"的感觉。公园制定了十条管理章程,内有"摘花、折树,草地上推行儿车,皆所不许"之条例。据《租界生活——一个英国人在天津的童年》记载,该园有一专司花园的巡捕,每一小时,巡视一次。其手下另有 3 人,负责驱赶花园周围道路树木上筑巢的乌鸦。当时的开放时间,规定"夏日游园中止时间为中夜,冬日为晚九时"。

进入民国以后,维多利亚花园四角开门,对游人不再做硬性限制,住在租界区的中国人经常到这里游览。花园因距离英国码头很近,很多外国商人、船员到天津后也常在此留念。据统计,当年在英租界居住过的外国侨民有 90% 以上都在维多利亚公园和戈登堂前留过影,因此在保留下来的天津老照片中以维多利亚花园和戈登堂为背景的甚多。在众多的历史影像里,这里保留了天津春夏秋冬的丰富城市表情。只是,除了作为背景的花园和建筑,这些人物的故事大多都淹没在历史的苍茫之中了。

最初公园里还有一条环绕公园的小溪,可供一艘中式小木船通过,小溪岸边摆满了盆花和布幔，花园的中部是中西合璧的六角凉亭。1949年以后，维多利亚花园更名为解放北园，也简称为"北园"，位于解放南路的德租界花园称为"解放南园"。当时，天津人俗称解放南园为"大局花园"，北园为"人委花园"。奇怪的是，因紧邻戈登堂的市政府，最初尚称为"市府花园"，后来不知怎么叫着叫着就成了"市委花园"。而实际上，市委办公所在是在附近的原开滦矿务局大楼。1976年唐山大地震之后，戈登堂被拆除后依然作为天津市政府的办公场所，一同拆除的还有原来西北角的一座半地下花窖和半圆形的花架。前些年，又照着戈登堂历史上的样子建成了丽兹卡尔顿酒店。

当旅行成为一种生活方式以前，公园是城市中的人们逃避日常生活的安逸之处。在我生活的这座城市，大约20多年前，在河东第二工人文化宫看一棚紫藤，在北宁公园赏西府海棠，在人民公园闻民国枣花，在水上公园观数池荷花，是这个略有些单调的北方大都市里不多见的盛大花事。最喜欢的，还是到市中心英租界时期留下来的英国小花园里悠闲地漫步。

无论哪个年代，这里都是城市中心一处幽静的场所，适合看书、散步、沉思、漫游。20多年前，当我还在市委研究部门谋职的时候，这是我每日饭后散步的地方。尤其是在夏季的雨夜，走在散发着迷离光影的石子路上，仿佛穿行在激荡动乱的百年光影里。这是那些没有经过历史席卷的城市所无法拥有的黑白影像。园的东边和南边，有长方形的花坛和花径，依稀可见花园原有的英国风格。衬在不同年代的花木之间，严谨布局的庭院充满了一种貌似庄严的浪漫气息，与周边的英租界老建筑构成了独特的时光景象。这种对历史景物的细微感受，是人们在档案馆保存的用芥末色墨水写成的发黄手稿上无论如何读不到的。

"都别跺了，再跺就塌了！"

> 民园四周彩色的三角旗迎风招展，尼科廷已经将煤渣跑道画上了白线。英国学校的哈特卡斯尔先生穿着一身惹人注目的正式红色服装走来走去，上衣钮扣孔边绣着蓝白色玫瑰花结。弗罗斯特上尉将英国国旗升到看台前的旗杆上，这是运动会开始的信号。
>
> ——（英）布莱恩·鲍尔《租界生活：一个英国人在天津的童年》

这一天（5月24日），正是英国女王维多利亚的生日，也是英国的"帝国纪念日"。住在天津英租界的人会骄傲地告诉刚从英国来的人："在英国任何地方举行的庆祝活动都不如天津搞得热烈。"这一天英租界的庆祝活动，先从上午安里甘教堂的阅兵仪式开始，下午在民园举行校际运动会，而停泊在英租界码头的英国炮舰"蜀葵号"彩旗飘扬，全天对公众开放。

100年前，兴建墙子河界外地时，英租界工部局将现在称为"五大道"地区的洼地填平，并预留了一块约3.3万平方米的空地。1926年初，工部局用铁栅栏将这块空地围了起来，安上两个铁门，由一名叫尼科廷的俄国人担任管理员。1926年10月9日，"天津民园国际运动场"正式启用了。

"五大道"地区很少有公共区域。从上世纪20年代到现在，无论从地图看还是从鸟瞰图上看，民园都是一个十分醒目的地方。当年，民园体育场铁栅栏的周围种着一圈大叶杨。那个时候，有很多英国侨民手持长条木板，打一种类似羽毛球的小球。后来，随着周围居民的增多，伴随着大叶杨哗啦啦的声音，每日清晨总有些学生来这些进行各项体育运动，来这里的英侨倒日渐稀少了。

上世纪20年代末期，天津已举办一年一度的全市足球联赛及"万国"足球联赛了。那时候的重要足球比赛大多在英国球场（即新华路体育场）进行，英国球场甚至还举办过夜场比赛，而民园多举行田径赛、运动会。每逢有比赛和节庆活动，英式老汽车经常将民园路口堵得水泄不通。1929年11月25日下午，巴黎奥运会400米冠军李爱锐（时在天津新学书院任教）与1928年阿姆斯特丹奥运会400米冠军获得者德国人步起进行了一场轰动一时的"飞人大战"。

1937年5月，为了庆祝英王乔治六世（也是电影《国王的演讲》的主人公）加冕，英国工部局在民园举行隆重庆典阅兵仪式。两个月后，抗战爆发，为了防止日本飞机乱轰炸，英租界工部局在民园大门前的空地上（今民园正门和邮局之间），用油漆涂了个几十米大的英国国旗。这个堪称标志性的英国米字旗直到1941年太平洋战争爆发，日本占领英租界以后才去掉。而当时拍下的这张照片，是反映战时天津的最佳历史照片之一。

上世纪五六十年代，到中国第一个灯光草坪球场民园看球成为天津球迷盛大的节日。1957年，国家白队落户民园，1960年代表河北省（当时天津为河北省省会）获得联赛和足协杯的双料冠军。那个时候，民园还有部分木板看台。一次天津与八一比赛时，因观众太多，只听"咔、咔"的几声，木看台坍塌了。在现场观战的贺龙、陈毅的指挥下，看台上的观众跑到跑道上看球，每当队员需要发角球的时候，发角球队员总要先和旁边的观众说："受累让一让，受累让一让。"

自"老白队"落户民园以来，这里成为天津这座城市的光荣与梦想之地。大多数40岁以上的天津人的第一场足球赛，是在民园看的。老甲A时代，这里成了天津球迷的圣地和大型相声剧现场，不知多少像我一样的人在这里经历了多少喊破嗓子的夜晚。那时，每当天津队进球，看台上就会响起山呼海啸的跺脚声，要是谁冷不丁地用天津话大喊了一句："都别跺了，再跺就塌了！"准保惹得周围的老少爷们跟着一起起哄大笑。赶上天津队晚上赢了球，你从民园体育场跟着人流走出来那种兴奋、激动以及陌生人拥挤在一起的集体火爆的英雄豪气，后来再也轻易体验不到了。

1949年后，民园成为天津市最著名的露天群众集会场所，历次运动时的各种"大型群众集会"多在民园举行。1976年唐山大地震后，民园场地搭满了防震棚，各种体育活动全部中断。在不同时期的民园老照片上，除了足球和田径比赛，总会出现拔河的场景，而看台上的人群从英国绅士、淑女逐渐变成穿着白衬衣、蓝裤子的天津男孩女孩。直到上世纪90年代，在民园举行中小学运动会仍然是天津小孩印象深刻的年代记忆。那个时候，一群群学生带着面包、水、茶鸡蛋、火腿，成群结队来到民园，参加春季或秋季的运动会，仿佛盛大的节日。

2004年，位于天津开发区的泰达大球场建成，每年安排在民园体育场的中超联赛场次逐渐减少。2012年6月23日上午9时，天津民园体育场被正式拆除。2014年5月1日，作为综合性休闲广场的新民园正式开放。如果从不同时期的空中鸟瞰，这个具有城市象征性的地方，仿佛悬挂在五大道低密度建筑群中的空中之城，影响着这个城市的生活、经验和想象。而今，站在新民园高大漂亮的长廊下，仿佛置身于宏大的剧场，而那些充满天津腔调的呐喊声仿佛仍然在这个已经变身为城市剧场的广场里，久久回响。

当你穿过新民园高大的拱门，看着那些跑道上的锻炼者，眼前的画面还会被置换成那些历史的场景、昔日的片段，还有，那些年你站在看台上，与两万人一起鼓掌、跺脚、助威、呐喊的那些天津时光。而今，来逛"五大道"的市民和游客每天都有不少人聚集在这里，或者在跑道上跑步，或者在草地里闲坐，或者听着抱着吉他的年轻歌手在下沉式广场的市集上唱歌。没有多少人知道这个体育场的历史，除了在靠近长沙路邮局门口有一个踢球的运动员雕塑，围着这个新民园的历史往事，也渐渐湮散在时光中了。

TIANJIN
THE BIOGRAPHY

天津 传

「五大道」的纸牌屋

第十章

1923年的天津火车站

《纸牌屋》原著里有一段话："威斯敏斯特曾经是个河畔沼泽地。然后他们改造了这片土地，建造了一座宫殿和雄伟的修道院，到处都是贵族建筑，处处都弥漫着永不满足的勃勃野心。但在深处，这里依然是片沼泽地。"这句话说的是伦敦的政治，却让人联想到建立在河畔沼泽地上的英租界拓展地。

那个年代，住在天津的外国人大多认为天津是一个巨大的商业城市。住在这样宁静的租界里，除了个别洋楼里一些中式亭台楼阁，除了偶尔可见的一些绿窗竹影，很难看到熟悉的中国风景，这里更像是外国而不像是中国。住在租界里，要不是有那些人力车夫和中国人，或者在街角遇到的三三两两漫步者，人们经常会忘记了这是在天子脚下的地方。今天逛"五大道"看到临街的那些底商，或者随处可见的小洋楼改造的各种风味的餐厅，尤其是那些分布于街边、巷口的一些特色的咖啡馆、小西餐，还以为这里当年如何热闹，其实在很长一段时期里"五大道"地区没有什么商业设施，各家的汽车也会停在临街或者院子里的私家车库。十米左右宽的街道两旁，是一幢幢各色各样、带小花园的别墅洋房，偶尔有些汽车、人力车驶过，很快马路上就恢复了初始的宁静。

一个与今天一样阳光明媚的下午，你经过清波荡漾的墙子河（今南京路），路过街道上种着洋松的伦敦道（今成都道），站在墙上爬满了藤萝的一所洋楼前，看到一块占地近一半的花园通向带有高大门廊的橡木门。或许，门上还镶嵌着漂亮的彩色玻璃。如果，不是那个身穿灰色长袍的仆人为你打开这个两侧镶有菲律宾木面板的门廊，闻着房间里打过蜡的地板的熟悉气味以及北方初春天气潮湿的气味，你坐在客厅落地窗前的沙发上，看着阳光从高大的水杉间稀稀落落地透了进来，如果你没有在客厅的拐角看到墙上挂着的那幅中国山水画，还有摆在几案上的那对粉彩的中国花瓶，你或许会以为所处的是一个英国银行家在伦敦郊外为自己建造的豪华宅邸呢。

每次路过"五大道"这样的老房子，总忍不住猜想曾经在这里生活的那些主人的生活细节。但，多数情况下，除了门口牌子上那些片言只语，大多数人对于这些洋楼主人的故事，不甚了了。

"眼看着他的泪珠滚下来"

> 我三岁时能背诵唐诗。我还记得摇摇摆摆地立在一个满清遗老的藤椅前朗吟"商女不知亡国恨,隔江犹唱后庭花",眼看着他的泪珠滚下来。
>
> ——张爱玲《天才梦》

武昌起义后,北京开往天津的火车迎来了空前的热闹。

英国驻华公使朱尔典向英国首相报告:"北京开往天津的每班火车都装满了人,有的带着全家老小以及祭祀祖先的牌位,纷纷逃离北京。"法国驻天津领事致信法国外长说:"从昨晚起,北京站站长已不得不增加车厢,运送从首都逃亡天津或途经天津逃亡南方的人们……旅馆住得满满的,可用的房屋都租了出去,甚至租给天津老城区的官吏和显要人物。"天津租界成了京城达官贵人理想的避难地,也迎来了空前的商机,旅馆、饭店纷纷涨价,位于今日解放北路上的美国花旗、英国汇丰、华俄道胜、横滨正金等外国银行存款骤增,甚至"对新存户采取不付利息的办法"。

辛亥鼎革之际,原来的旧臣遗老,无须像此前的遗老非死即降那样,大可以选择租界作为安身立命之所。这些遗老在任时,大多颇有积蓄,在租界里购房置业,大多能过上舒心安逸的日子。除了莳花种树、写字鬻画或听戏雅集等传统隐士生活,还可以投资实业,隐于租界,享受近代都市的繁华便利。

庆亲王奕劻是第一个到天津租界避难的满清大员。就在清帝退位的同一天，家人劝奕劻前往天津避难，奕劻起初执意不肯。亲家孙宝琦与长子载振强行"绑架"奕劻至轿车，天未亮即出正阳门，赶头班火车奔赴天津。他没有想到的是，自此之后，从北京前往天津租界做遗老，成了一件"时髦"的事情。

这一年的夏天，那桐相中了天津英租界的一块地皮，他在日记中记载："一九一二年七月置地六亩七分，官邸建筑立即开工，工期仅用了五个月零八天，转年一月入住。"这个德式建筑就是位于天津红墙道（今新华路）上的那桐旧宅。那桐迁居天津之后，家人改姓张。虽然住在天津英租界，但春、夏期间那桐仍回北京金鱼胡同那家大院小住。

载振在经历了个人、家族及时代的剧变后，身份虽然还是"庆亲王"，但真实的生活状态已与其他寓公没有多大差别了。他住在庆王府时，极少出门，偶尔往来的也是严范孙、华世奎、张鸣岐、徐世昌等遗老旧臣。即使在后来溥仪到天津以后，也没有登过庆王府的大门。只是在文绣和溥仪闹离婚时，四处寻文绣不到，溥仪曾派人到庆王府探问淑妃的下落，最后被载振给骂了出来。唯一经常与载振走动的，就是同住在英租界的那桐，两人有儿女亲家关系。

住在遗老张彪所建张园的溥仪，在天津学会了不少时髦的本领，甚至还买了辆时髦的汽车，让司机开着在天津马路上兜风玩耍。那时的老百姓哪见过"皇上"坐着汽车轧马路的，一时引得天津卫的老老少少，呼儿唤女站在马路上看一身英国绅士打扮的"皇上"，还有人趴在地下咣咣磕头。

1928年6月5日下午5时许，两辆载重卡车被英租界的巡捕拦住了。按照当时英租界的规定，中国卡车不得随意驶入租界。车上的人下车后，分乘几辆人力车前往戈登路（今湖北路）166号。这一行人，就是载沣、载洵、载涛三家人。到达戈登路住所当夜，溥仪请全家吃饭，席间载沣提出要安装电话，却遭到了溥仪的反对，理由是安装电话时户头要印在电话簿上，会暴露父亲的皇家身份。载沣思虑一夜，第二天决定以"王公馆"作为户名。但王公馆的电话户头，载沣用了不长时间也更换了。因族中许多人反对他姓王。后来，载沣购置了沙发、电扇甚至抽水马桶，连睡了多年的硬木床也换成了弹簧软床，做好了全家长期在天津住下去的打算。

1929年1月29日，郑孝胥由上海移居天津耀华里。这些年来，郑孝胥以前清遗民的目光眼看着北洋时代上演的一出出纸牌戏，眼看着袁世凯由大总统到洪宪皇帝，再终至众叛亲离、郁郁而亡；也目睹了张勋率领辫子军在紫禁城里上演的复辟丑剧……在1918年1月的一天，不堪民国乱象的郑孝胥在日记里写下这么一句："余与民国乃敌国也。"貌似顽固的郑孝胥，在天津这个商业发达的城市，在帮促清室复辟之余，面对繁华的绮丽景象，不仅在天津投资中原公司等产业，还津津乐道于逛商场、听戏曲、赴饭局、玩古董、赏园林等风雅之事，成为清室遗老中的一个另类。

辛亥革命后，曾任两江总督的张人骏来到青岛。在青岛，遗老遗少常常聚在一起玩乐，偶尔提到前朝往事，难免感慨一番。唯独张人骏不说话，起身就走。第一次世界大战北洋政府对德宣战后，张人骏举家迁到天津，住在英租界戈登路的这所房子，就是现在的湖北路1号。

张爱玲称张人骏为"二大爷"。多年以后，张爱玲在《对照集》中，曾这样描绘童年时从天津法租界前往英租界看到的这处寓所："路远，坐人力车很久才到。冷落偏僻的街上，整条街都是这一幢低矮的白泥壳平房，长长一带白墙上一扇黝黑的原木小门紧闭。进去千门万户，穿过一个个院落与院子里阴暗的房间，都住着投靠他的亲戚。虽然是传统的房屋的格式，简陋得全无中国建筑的特点。"直到新中国成立前，张家一直在天津租界里保持聚族而居的大家族旧风。张家的聚居生活共有五六十人之多，中晚餐一开就是十几桌，摇铃开饭。其他婚丧大事、交际事宜都统一由父兄辈出面，小一辈不能随便参加。

来天津后，虽然家里也有汽车，但庆亲王除了听戏外，哪儿都不去。庆王平日里生活的主题就是听戏，此外就是养蝈蝈、养鸟这些闲情之乐。载振出使国外时，人家送他一只外国鹦鹉，这只鹦鹉据说只会说一句话，就是每当载振起床，仆人们喊"太爷爷起来了"，这只鹦鹉也跟着喊"太爷爷起来了"……

在安静的庆王府里，晚年的载振几乎足不出户，对时代风云的变幻冷眼旁观。府里很安静，没有后来人们所说的那样"高朋满座"。他总是喜欢把房间里的三四个小座钟，调到不同钟点。这样，无论在哪一个时刻，总会有苍茫的钟声回荡在这座位于租界的庆王府中……

"北洋派"已成了历史名词

> 黎元洪引退居津期间，常常反思自己的从政生涯：他当副总统时，因对袁"矢志共和"的谎言认识不清，上过袁的当；任大总统时，又因段祺瑞独断专行，咄咄逼人而吃过不少苦头。每当他回忆起这些往事，感到从政如在瞬息万变的惊涛骇浪中行船，搞不好就会船覆人亡，心中尚有余悸，故他引退后，连北洋政府每月致送的1000元公费都坚辞不收，唯恐再卷入政治旋涡。
>
> ——徐世敏[1]《黎元洪与天津》

如今，北京和天津之间，每日往返城际列车数十趟，单程只需30分钟。而百年之前，往返京津列车的四五个小时，往往意味着命运的折转。这些北洋政要在北京呆不下去，一个转身，就住进了天津租界的豪宅。

17年的时间，当时的人觉得异样漫长，今天的人觉得有些短暂。从甲午（1895）到辛亥（1911），经历了晚清最为动荡的17年；从癸丑（1912）到戊辰（1928），是民国初年动荡的17年，从"二次革命""护国战争"到"护法战争"，从袁氏称帝、张勋复辟到"府院之争"以及各色派系的军阀混战，虽然北京总统府一直挂着五色旗，但住在总统府的人却如京剧舞台上的折子戏一

---

1 黎元洪为徐世敏的外祖父。

般，你方唱罢我登场。这些总统总理总长督军，大多出身于天津的北洋水师学堂、天津武备学堂抑或袁世凯小站练兵的北洋班底，大多数在天津的租界里置办了家产，其中尤以今天的"五大道"地区居多。

民国建立，黎元洪三任副总统，两任大总统；段祺瑞五任总理，一任执政。黎元洪素有宽厚之名，段祺瑞在袁世凯称帝时扮演了反对派，也给世人留下了正直不阿的印象。袁世凯去世后，绝大多数军阀割地自雄，真正具有统一抱负者不过五六人，最初登场的就是出身北洋水师学堂的黎元洪和出身天津武备学堂的段祺瑞，结果上演了一出轰轰烈烈的"府院之争"。

那个年代，在英租界的便道上经常会遇到黎元洪身穿西服拄着文明棍散步的情形。黎元洪不像其他政要出门时要前呼后拥，他常和夫人一起步行到剧场去看戏或电影。天津黎宅的生活更是中西合璧。黎元洪生活西化，差不多每天早上都骑上马过河到昔日北洋水师学堂的东局子马场跑上一圈。黎元洪常常吃西餐，夫人在家则吃湖北菜，黎元洪只有在生病时早餐才改食家乡小菜。他经常在天津的住宅里举办各种类型的宴会，总是按照西方的习惯发出印妥的英文正式请帖，并请答复，对日本客人则用中文的正式请帖。按照礼节，赴宴的必须穿礼服出席，每逢此时黎本人也身穿大礼服迎接宾客。

北洋军政要人在天津多半有洋房，但段祺瑞没有。段祺瑞在天津各国租界住过四五个地方，房子都是租的。与黎元洪在天津的西式生活不同，段祺瑞在下野后退隐天津，过着清贫的简单生活。在家中他总是穿同一件长衫，出门也是随随便便的一件正装，有时领带都会打歪。据说，1926年6月黎元洪将段祺瑞告上法庭，原因竟是段无力偿还7万大洋欠款。

1926年10月的一天，黎元洪突发脑溢血。生病期间，他所养的两只孔雀突然死了一只。1928年，随着北伐军的胜利，北方的局势已经发生了翻天覆地的变化。这一年的5月25日，黎元洪在赛马场看赛马时突然昏倒。6月1日，黎让秘书起草遗嘱，告诫子女要从事实业，勿问政治。两天后，65岁的黎元洪在寓所病逝，另一只孔雀也在这时死了。黎元洪逝世后，举行了西式的祭奠仪式。他当年的死敌段祺瑞也来到灵堂，面对老对手，年迈的段祺瑞心情也极为复杂，"三鞠躬毕，喟然长叹，似有无限感慨者"。

睦南道上的许氏旧居是张作霖以三姨太名义购置的私人住宅，张来津后经常在此过夜。就在黎元洪去世的当天，张作霖发布"通电出关"，靳云鹏、鲍贵卿陪同张作霖乘专列退往关外。当从北京始发的专车经停天津北站时，鲍临时匆忙下车去医院看望出生不久的小儿子，未能随专车同行；靳云鹏也临时回到天津租界的寓所。1928年6月4日，凌晨，张作霖在皇姑屯被炸，因流血过多旋即殒命，而鲍贵卿、靳云鹏因在天津提前下车躲过一劫。

在此前后，徐世昌、曹锟、孙传芳等众多北洋大佬先后在天津定居，这些昔日为不同政见在政坛和沙场奋力拼杀过的人，成了住在天津租界里的睦邻。段祺瑞还曾联络徐世昌、德威上将王士珍、原总理熊希龄、老政敌曹锟等人，共同发起和平运动，呼吁南北停战，召开和平会议。

1928年6月20日，南京国民政府下令将直隶省改为河北省，北京也改为北平，天津改为天津特别市。北洋老将的民国被南京的国民政府取代，北洋时代终于落幕了。

这个时候的段祺瑞一改从不管家的习惯，亲自过目家中每日的账目。为了减少开销，段祺瑞在英租界47号路租了一套费用较少的住宅。他平时吃得很简单，主食外常常只有一碟雪里蕻和一碟辣椒。家里的佣人已经裁减了，以至于一些老部下不得不日夜轮班地前来效力。每天早上起来，段祺瑞头件事就是念经诵佛，待吃过早饭，他的老部下王揖唐便过来，帮他整理编选历年来的诗文，准备刊印一部《正道居集》。午睡之后，照例是下下围棋，晚上打打麻将。

1929年，曾任国务总理的靳云鹏以延福堂名义向英租界工部局购得一块地皮（今四川路2号，天津市文化局曾长期在此办公）。一年后，靳云鹏曾到普陀山进香，路过南京，受到蒋介石的殷勤招待。回到天津之后，靳云鹏在这所院子里和人谈话称自己已经落伍了，并认为"北洋派"三个字已成为一个历史名词。

"秋高马肥，正好作战消遣！"

小时候也不会说天津话。我生在天津的法租界，在英租界长大。租界里的学校推广国语（即普通话），人们以讲国语为荣，避讳说又土又侉的天津话。父辈们也只是当同乡来访时，才操起宁波话叽叽呱呱说上一阵，平日在家还是讲国语。在租界这种语言环境里，我自然讲的是标准的国语。而且那时，讲国语的租界和说天津话的老城那边俨然是互不往来的两个世界。

——冯骥才《指指点点说津门》

据说生于天津大沽的曹锟曾计划将天津话定为中华民国的国语，但还未付诸实施，就爆发了第二次直奉战争。

曹锟当选大总统后，吴佩孚升任直鲁豫巡阅使，吴佩孚被称为"大帅"，曹锟则升称为"老帅"。按曹锟所言："只要洛阳打个喷嚏，北京天津都要下雨。"1927年2月，曹锟寓居英租界19号路，转年移居南海路泉山里。此时的曹锟已经不再过问政治，每日清晨，他都要在自家小院里练习自编的一套拳术。

直系的内讧，直接导致直系在第二次直奉战争中惨败，吴佩孚从"时代的宠儿"跌到人生的低谷，率残部2000余人败走天津。秀才出身的吴佩孚人生大转折的关键场景大多与天津有关,但这位第一个登上美国《时代周刊》的"General Wu"(吴将军)却一直以"三不将军"自诩,即:不借外债,不入租界,不纳小妾。1924年败给张作霖和冯玉祥,部下劝他到租界里躲躲,他不听;1937年日本占领北京,有人劝他搬进天津租界,他不去;1938年,曹锟病死在天津英租界,他不愿自毁誓言,只在北京设灵堂祭奠。

段祺瑞皈依佛教后,起了一个法名叫"正道居士",每到初一十五,段祺瑞都要亲自到庙里做法事。和尚们都以段祺瑞来自己的庙里做法事为荣,每每奉承段是菩萨转世。直奉战争爆发时,老段就在讲经大会上大骂:"这些军阀,穷兵黩武,祸国殃民,他们都是阿修罗王转世来造大劫的!"说到这里,他又不免沮丧地说:"我虽是菩萨后身,具有普度众生的慈悲愿力,但'道高一尺,魔高一丈',法力虽大,难胜群魔!"

"九一八事变"前的一个月(1931年8月),下野的国务总理靳云鹏在天津皈依佛门。每天,靳云鹏都要前往英租界广东路(今唐山道)的居士林去礼佛听经。在他的劝导下,曾任五省联军总司令的孙传芳也开始笃信佛教。最得势之际,孙传芳曾放豪言:秋高马肥,正好作战消遣!而今,也在天津租界里过起了平淡的隐居生活。1933年,靳云鹏和孙传芳联合出资将天津"八大家"之一的"李善人"家祠改成佛教居士林,靳云鹏为林长,孙传芳为副林长。1935年11月13日,施剑翘在此刺杀孙传芳,轰动一时。

徐世昌自离开北京官场后,在天津英租界里蛰居了17年之久。在此期间,他从未离开天津,终日以写字、作画、赋诗消遣时光。天津沦陷后,汉奸王克敏、潘毓桂,日本师团长等劝徐世昌出任"华北领袖",徐世昌闭门不见,称病婉拒。1939年6月5日,病逝于天津,享年85岁。

"七七事变"后,华北沦陷,曹锟的老部下高凌蔚、齐燮元等纷纷落水,出任汉奸政权要职。日本人意欲邀请曹锟出山,曹夫人劝他宁可喝稀粥,也不给日本人办事。当曹锟听到台儿庄大捷的消息时,兴奋溢于言表,连说:"我就不信,我们还打不过那小日本!"但随着战事不利,不久便郁郁而病重。

晚年的曹锟也笃信佛教,还花重金买了一尊金佛供在大悲院中。每到夏日的傍晚,曹锟院子里常常有些穷邻居过来闲聊,曹锟不让家人给他摆躺椅,也坐在小板凳上,光着膀子,挥动着大蒲扇,和大伙聊年景、聊行市、聊政局。有时,听到街上卖鸟的吆喝声,他便命家人把卖鸟的叫到家中,把鸟全部买下,仔细端详着这些围居在笼中的鸟们,然后把鸟笼放在院子中央,打开鸟笼门,将鸟放生,然后良久地注视着鸟儿飞去的方向。

"再看千家万户和路上行人,就如同莎士比亚作品中的插图"

  张作霖大帅以胜利者姿态进京后不久,我便举家迁往天津。虽然以前曾来过这个北方闻名的商埠,但我对这里并不熟悉。这里住着不少我的旧友,多为退职官员,或下野军人。我选定英租界安居。该地颇适合于家居生活,不仅区域街道开阔,拥有良好的市政管理和安全的居住环境,而且租界管理委员会依中英共治原则,双方各有五名成员。其他法国、意大利与日本租界,则全部由这几个国家驻津领事馆统辖,界内居住的中国人和其他国家侨民均无权参与管理事务。而华界、前德国租界、奥地利和俄国租界,不是路途偏远、出行不便,就是拥挤不堪,难得舒适清静之地。

——颜惠庆《一位民国元老的历史记忆》

  1926年6月,颜惠庆辞去国务总理兼外交总长的职务,住进了马场道366号的一处洋楼(今马场道76号),这座房子是吴新田的房产,每月租金300两白银,对门便是海军总长刘冠雄的寓所。"张作霖大帅以胜利者姿态进京后不久,我便举家迁往天津。虽然以前曾来过这个北方闻名的商埠,但我对这里并不熟悉。"虽然对天津并不熟悉,但颜惠庆在住处的问题上很明显做了认真的权衡。

在天津隐居期间，颜惠庆曾出任天津大陆商业公司董事长，先后聘请哈佛大学毕业的洪深（后为著名戏剧家），以及茅以升担任秘书长。颜惠庆还应张伯苓之邀担任南开学校董事会主席，上世纪50年代张伯苓曾对黄钰生称"我不如我的老友颜惠庆"。但颜惠庆这样的寓公，终究很难在天津退隐太久。在天津寓居了四五年后，颜惠庆于1931年以外交元老身份应南京国民政府征召，被任命为中国驻国际联盟代表团首席代表。两年后，颜惠庆被任命为首任驻苏大使。1935年2月，颜惠庆定居英租界香港路44号（今睦南道24号）。颜惠庆此前一直租住吴新田的房子，这所英格兰风格的新洋房由意大利建筑师鲍乃弟和瑞士建筑师凯思乐设计建造。"七七事变"后颜惠庆离开天津，又将此房转给大连永源轮船公司经理李学孟，后来伪满洲国领事馆还曾在此办公。

靠近南京路的平安大厦一带，1900年时曾为唐绍仪一家的寓所。正在中国做工程师的胡华，也就是后来的美国总统胡佛当时也在附近避难。一日，胡佛听见枪炮声中伴随着孩子的哭声。他跑过马路，把这个女孩抱进自己的避难所，这个女孩就是唐绍仪的女儿唐宝玥，后来嫁给了著名的外交官顾维钧。

颜惠庆与顾维钧同为巴黎和会的中国代表，顾维钧在天津的故居在今河北路上。按照顾维钧妻子黄蕙兰的说法，这是"维钧为应付这种非常局势而建的住宅"。这座洋楼颇为典雅，门旁有两根巴洛克式麻花柱，优雅地撑起了这座红砖叠成的私邸，一如在国际舞台上，作为职业外交官的顾维钧巧妙而优雅地撑起国家的颜面。顾维钧住在天津的时间并不很长，他的那位爪哇首富的女儿既不喜欢天津，也不喜欢上海，认为天津这个港口城市"充满商人，我和他们无共同语言"，觉得上海"大而造作，浮华放纵，充满了白俄和做运输生意的英国人"[1]。

马场道2号是马场道的起点，也是今日"五大道风情区"的最东端。从热闹喧哗的南京路现代商业区走向静谧优雅的五大道，遇到的第一座小洋楼便

---

1 黄蕙兰：《没有不散的宴席》，中国文史出版社，2012，第174页、159页。

是这个现挂牌为"潘复旧居"的院落。在北洋政府29任国务总理中,潘复在任时间最长,也是最后一位。

从1921年到1936年,他在马场道2号的寓所里度过了生命的后半段。潘宅大门上刻着两个大大的英文字母PF,那个时候出入潘公馆的每个人都来路不小,不仅有孙传芳和张宗昌这样的军阀,也有司徒雷登这样的"洋大人",潘家的四公子结婚时张学良亲自来贺。曹锟的四姨太和潘复的夫人结拜了干姐妹,住在不远处的曹锟经常出入潘家,路过花园的时候还跟潘家的小公子热情地开着玩笑,等走进了会客厅,就是前大总统和前总理的另一个世界了。

与潘公馆的热闹比起来,位于马场道附近的蠖园别墅也时常贵宾如云。朱启钤有时在家中开西式酒会,朱家的服务员要穿白大褂,外套紫色的背心,宴会陈设及器皿一律西式。朱启钤的府上并没有专雇西餐厨师,日常由两个儿媳妇料理。据说朱家的儿媳妇时常到天津的西餐馆取经,将各家西餐馆的菜式一一品尝,记在心里,回到家后便能八九不离十地做出来,令朱启钤非常满意。

位于大理道66号的和平宾馆原为近代著名的孙氏家族,旁边60号的职工疗养院为原湖北督军王占元的房产,三幢楼分别住的是王占元的三个儿子。其中靠西侧小楼为王占元的四子王泽和所住,后来娶了隔壁孙震方家的次女孙以凡为妻。"五大道"结亲的家族众多,但像这样门当户对、比邻而居的却不多见。

位于马场道的天津外国语大学此前为天津工商大学所在地,1921年由罗马教廷批准正式创办,是天津唯一一所教会办的大学。成立于1914年的北疆博物院即设在该校之内。抗战期间,天津工商大学大量吸纳北京来的专家学者,侯仁之、齐思和、翁独健、袁贤能、胡继瑗、张华伦等知名教授学者纷纷讲学于此,使该校一时名流云集,声名鹊起,成为那个年代天津最有吸引力的高校。

今天的睦南道上,有不少名医的旧居。这些医生,大多为"七七事变"之后由北京协和医院迁徙来津,这些名医后来大多成为天津医学界的泰斗,如天津总医院院长朱宪彝、天和医院院长方先之、儿童医院院长范权、肿瘤专家金显宅、胸外科专家张纪正、肺科专家朱宗尧、妇产科专家柯应夔、泌尿科专家施锡恩等。

1934年10月，在天津自来水公司工作的刘莘祺、格蕾丝夫妇在家中宴请天津警察局局长杨以德夫妇及其秘书，杨以德的妻子当天晚上要去西湖饭店参加少帅张学良举办的晚会，没有留下来吃晚餐。这一晚，刘家的厨师孙宝善为宴请客人准备了这样一顿晚餐，第一道菜是清肉汤，接着是烤鱼和土豆沙拉、苹果炖南瓜和紫色圆菜，然后是西红柿盒子、苹果派和咖啡，最后是水果。已经是10月下旬了，刚到天津的格蕾丝想尽快把起居室的壁炉点上火，但在刘家尽心服务的孙宝善却认为壁炉太奢侈了。当格蕾丝太太坚持每天要买橘子的时候，孙宝善总是摇摇头，他觉得入秋后的橘子和柠檬太贵了，没必要浪费这个钱。

此时的天津是下野政客们的乐园，人们津津乐道于日本总领事馆的招待会、前总统黎元洪的堂会或者逊帝溥仪的茶话会。毫无疑问，国内外政局总是这些聚会上的主要话题。若是逢着两位前总统徐世昌和曹锟的寿辰，两人的同僚部署、亲友眷属纷纷前来祝贺。在这样的聚会中，男宾大多打上领带，佩戴勋章，夫人们则穿着美艳的旗袍，戴上名贵的首饰。若被问起过去的成就，他们往往乐于向外人介绍自己过去的辉煌。颜惠庆谈到这一时期天津上流社会的生活时，曾做过一番生动的描述："天津上流社会的社交生活迷人而有趣。上层社会各界名流云集，有退休的大总统，前国务总理和内阁总长，下野军阀和各省督军。此外，还有地方巨富望族。其他重要人物当属社会知名的银行家和实业家。因为几乎全是巨富，所以，大都不惜斥巨资修建豪华的宅邸，尽情地寻欢作乐。"

今日，五大道上经常看见旅游马车在幽静的街道上驶过。而当年，这里是严格禁止马车驶入的，也不允许出现任何商业设施。差不多从20世纪30年代开始，黄家花园逐渐兴起，出现了一些商业设施。因为毗邻"五大道"，这里有不少西式、南味的商店，如民国时期有一家震环西装店，直到现在这里的利民食品店的面包仍然深受周边居民的喜爱。而当年在小白楼、黄家花园一带，有不少白俄等小贩制作的欧式灌肠，俗称为拐头肠，其直径比一般欧式火腿肠要大几倍。

半个多世纪以来，住在黄家花园附近的人大多对四品香的冰激凌留下了美好的印象。四品香最初是一家经营糕点和水果的食品店，1930年开业，原址在今长沙路永安里口。1937年改名周记四品香，店址改在今西安道29号，主营冰激凌，兼营糖果罐头。当时的四品香老板周世勋学了一手制作冰激凌的绝活儿，做出的冰激凌口感好，滋味绵长，品种有草莓、菠萝、橘子等。其中，尤以用罐头菠萝和草莓糖酱以及可可粉配制成三种口味迥异的冰激凌最受欢迎，成品口感细腻，甜度适中。据我猜测，老天津人嘴中的"冰搅凌"大多启蒙于四品香。一些老人回忆，当时耀华中学的女生最喜欢吃的便是四品香的冰激凌。旁边还有一家卖炒面的，可以让掌柜的给炒成单面焦黄或双面焦黄。

上世纪80年代初，四品香冷食店恢复字号，传统风味的冰激凌重新面市，这里也是改革开放后天津最早卖可乐的地方，当时的蛋卷冰激凌和塑料杯冰激凌售价一律为三毛钱。虽然四品香已经消失，但黄家花园依然是"五大道"地区最具市井格调的空间。每次路过这里，都要买上一些老味的吃食。有时，也会到附近的小花园里坐一坐，想象一下不同年代小花园里的慵懒时光。

上世纪70年代，冯骥才住在黄家花园沙市道思志里12号一条洋胡同老楼的阁楼上。唐山大地震时，冯骥才全家人死里逃生，跟附近的居民一起聚到黄家花园附近的一个菜市场，把菜筐扣过来，让妻子和儿子坐在上面。何申与另一个天津作家肖克凡的家相距不过50米，与大冯的家也不过五六百米有余。1951年生于天津的作家何申小时候就是在黄家花园这一片长大的，小时候常爬到楼顶玩耍："上到3楼房上的坡顶上，顿时就觉出视野太开阔了，前后左右，哪里都能看得见。再看千家万户和路上行人，就如同莎士比亚作品中的插图。"

TIANJIN
THE BIOGRAPHY

天津 传

梨栈、花园和洋场

第十一章

法租界梨栈大街（今和平路与滨江道交口）旧影

每次陪同外地的朋友在天津观光，从东站下车之后，最喜欢选择步行从昔日的法国桥（今解放桥）开始，进入旧法租界的街区，穿过大法国路（今解放北路）、葛公使路（今滨江道）、石教士路（今黑龙江路）、海大道（今大沽北路）、水师营路（今赤峰道），到了霞飞路（今花园路），然后在昔日法国公园的长椅上坐上一会儿，聊一聊这个城市曾经的风花雪月。这个公园不远，就是著名的和平路和滨江道，过去天津爱说逛和平路，近些年大多说逛滨江道。再早二三十年前叫劝业场，也称"市里"。按照郭德纲相声里的大天津话发音，叫法（fà）国地。

从历史俯瞰，你可以想象另外一座城市，另外一个时光里的摩登天津，一个曾经创造了近代天津十里洋场的法租界。

这样的时候，坐在旧法租界花园的长椅上，也不妨想象一下20世纪20年代的张爱玲，想象那些你知道或者不知道的人与物。也是在这里，也可以意味深长地凝视时间和空间，时空变幻，一言不发，幻化成花园小径上的一处停顿，阳光洒在周边那些漂亮的洋房子线条丰富的轮廓上，风划过每一处枝桠，撩拨得既往的岁月微微翻动，也许，你会跟我一样想起博尔赫斯的那篇著名小说，想起法国象征主义诗人斯特芳·马拉美的表述："世界的目的就是一本书。"或许，你也会产生这样的联想：世界的目的就是这样一座充满交叉小径的花园？

而今，时光流逝，一百多年过去，除了掺入少量现代建筑，位于今日天津市中心的旧法租界路网结构和鸟瞰景观并没有多大改变。旧法租界梨栈大街已不再是天津繁华、时尚的象征了。过去十多年间建起的那些摩天大楼让曾经象征近代天津高度和摩登的劝业场大十字路口成了一道历史的峡口。周边洋房里的主人也不知道更换了多少次，昔日法国街区的很多建筑和历史细节永久地湮没了。然而周围法式建筑、街区的格局和轮廓依然没有多少改变，走在那些充满市井气息的街巷里，偶尔一回头，一转身，一思量，仿佛就置身于一个近代天津的电影现场。

"大开洼变成聚宝盆儿"

租界地，真邪门儿，大开洼变成聚宝盆儿。楼比城北高几层，人比城北更摩登。大老爷们拄拐棍儿，小姐太太跺高跟儿，电灯电车那叫闹，买卖家竟是洋股东……

——近代天津歌谣

这首几十年前的天津民谣唱的是梨栈，也就是梨栈大街、劝业场一带。

上了年纪的天津人大多知道梨栈这个地名，很多历史明信片上和老地图上都有"梨栈大街"和"梨栈"的中文字样。从今日的锦州道经滨江道、和平路大十字路口到营口道这一段和平路，昔日叫梨栈大街。但其正式名称其实是法租界第二十一号路，又称"杜总领事路"（Rue de Chaylard）。之所以叫梨栈，是因为天津人嫌这两个名字一个讲起来生硬一个说起来麻烦，就用原来的梨栈地方泛指这一片广大繁荣区域。也就是说，梨栈大街是二十一号路杜总领事路杜领事路罗斯福路和平路的一个外号。即使后来叫了很多年和平路了，许多老天津依然口不更名，一口一个梨栈的，听上去粗门大嗓，韵味醇厚。

而今你站在梨栈的大十字路口（现在叫金街），想象这里曾经的那些路名和别称，曾经的那些商店和字号，曾经那些人影和岁月，对照老照片中的繁华影像，如果不看下面标注的名字，你会相信梨栈大街就在这里吗？

那个时候，最热闹的地方是海河边的马家口，早在道光年间的《津门保甲图说》上就有标注的地方，因为外乡人在这里聚集交易西河、御河来的鸭梨等水果鲜货，让马家口一到了夏秋之际就飘溢着鲜货的芳香味道。

"鲜鱼水菜，货卖当时"，鲜货更是如此。当年天津有不少"下南家"的商贩，均为经营水果鲜货的商号。早年间，经营鲜货，也是要"龙票"（相当于特许经营执照），而天津"下南家"的兴起，乃缘于船运"走私"。1860年天津开埠后，每当有外轮靠岸，有些做晓市（类似今日之早市）生意的人先是"赶毛"（跟外国人做买卖），后来"赶锚"（即跟船主谈好了，代购南鲜），还有"捎包"，即将北鲜提前打好了包，偷偷托交外轮南销。再后来，生意越做越大，每到水果下树时节，这些"下南家"就下到天津南乡地里收瓜果梨桃去了。以著名的天津鸭梨为例，每年夏秋时节，"下南家"在泊镇、献县、沙河桥一带设庄采购鸭梨，除部分直接运往沪宁等地直接销售外，大量运回天津，拣选、分类、包装，再出口港澳及海外，让"天津鸭梨"的名头走向了世界。

昔日天津经营鸭梨、栗子最著名的地方，即在今日锦州道东侧马家口一带，字号为锦记栈。锦记栈山、干货的日成交量约在1500包左右，合30余吨；锦记栈各类出口商品均由专门包装，并在包装上打上"锦"字，享誉日本的天津板栗以"锦记"最受欢迎。到1955年6月15日锦记栈关闭清理后，还有日本客商点名要买"锦记"栗子。后来，这里成了天津水果公司的一处办公场所，旁边就是马三立、骆玉笙等人工作的天津曲艺团。

最初的法租界以紫竹林为核心，与英租界毗邻。1900年之后的法租界比最初的360亩又多出了整整2000亩，与原英租界、日租界均处在现在的城市中心的和平区界内，南北分别以今营口道、今锦州道与英、日租界相隔。因为左邻右舍夹峙，法租界一直向南拓展。先是沿着海大道拓展到墙子河，进而越过墙子河拓展到老西开，最终总面积达2836亩，但不包括东局子"飞地"在内。法租界紫竹林兵营最初只能容500人，后将东局子占为法国兵营，并修建了一条长约20余里的小铁道。我的外祖父当年曾在两个兵营为法国军官做法餐，那时候也会乘这个小铁道往返兵营之间。

随着日、法租界的兴盛，梨栈一带的地价在20多年的时间里实现了从十两、千两到万两的"跨越式"飞跃：1901年梨栈的地皮最便宜的不过三四两银子一亩，最贵的10两左右；10年之后，涨了10倍。据当年在梨栈一带经营过商业和房产的老人回忆，1911年梨栈地皮每亩30到40两银子。1920年后，连年内战、社会动荡迫使估衣街锅店街一带的商号纷纷往法租界迁移，梨栈一带的地皮迅速飞涨到一千两一亩；到1924年后，1亩地已经涨到1万两以上了。其中，惠中饭店购买价10000两以上一亩，交通旅馆地皮15000两一亩，到1928年高星桥买劝业场地皮时，已达两万两一亩了。

当时有一个人送绰号"法国马鬼子"的法国人，刚来天津时住在紫竹林河坝一带，还娶了个中国女子。在法租界成立之初，以每亩三四十元买了不少地皮，随着法租界地价的增长一举暴富，后来滨江道中原公司谦祥益、山东路狗不理包子铺以及长春道、山东路一段均为此人房产。还有一个绰号叫"美国马鬼子"的，初来天津时住现在解放桥附近，最多时据有从滨江道新华书店图片门市部起至康乐冷饮部以及中国戏院到新外文书店、老一路汽车站等地段。

梨栈大街大致的发展历程大致是：1901年，梨栈一带划入法租界，将今锦州道到营口道一段称为第二十一号路，俗称梨栈大街，许多外国企业、教会、投机商及中国军阀、政客、商人纷纷在此置地；1920年前，为满足法租界内居民的生活需求，这里陆续建起一些广东帮、宁波帮经营的饭馆、妓院、旅馆、商店；1920年后，随着电车的出现以及"壬子兵变"等原因，天津商业中心迅速由华界转移到租界。到20世纪20年代，以日租界的旭街和法租界的梨栈大街为核心，从中原公司到天祥、劝业、泰康三大商场，从国民饭店到惠中、交通旅馆，这里建起了一批具有世界水平的商业娱乐休闲设施，成为近代天津的中心商务区和近代天津的繁华都市景观。

"胶皮靠边,汽车东去……"

> 那时法租界的梨栈大街,劝业场一带是最热闹的地方。在劝业场门口那个十字路口有个警察指挥交通。有天我坐"胶皮"去光明电影院看电影,车刚在路边停下我还没给钱,那警察就招手叫拉车的过去……我远远的看见那位中国籍的"法国巡捕"左手端着茶壶嘴对嘴地喝着茶,右手伸直,在两口茶之间抽空喊道:"胶皮靠边,汽车东去……"
>
> ——邓友梅《说茶》

直到上世纪70年代以前,天津市内主要的交通工具是有轨电车。伴着有节奏的"丁零、丁零"的声音和咣当咣当的车轮摩擦路轨声,以及老司机踩着脚底下的铃铛发出"凉根梁根凉,梁梁的凉"的节拍声,走在和平路、滨江道上,老远听到就知道——有、轨、电、车来了。

那时的和平路还不叫"金街",那时的和平路还不是步行街。那时的和平路,道路两侧是琳琅满目的商店,沥青路面中央铺设着有轨电车道。从民国时期日租界旭街(今和平路)和法租界劝业场一带的老明信片上,总能看到马路中间大模大样的有轨电车,朝着你驶来。这是那个年代天津最重要的城市表情之一。

民国年间在天津广为流传的《天津地理买卖杂字》写道:"四马路,安电线、白牌电车围城转。……西南角，广仁堂，电车公司叫卖行。"这些俗话，定格了当时天津街道的场景。1906 年，在电车发明 20 年后，天津第一条沿围城四条马路行驶的电车通车。到 1918 年，天津共有 5 条电车路线建成通车，通行区域覆盖了华界和奥、意、日、法四国租界以及部分俄租界和老龙头火车站（今天津站）。原计划将电车道从老城区北门外一直往北铺设，一直铺到西沽，后因地方的反对而未成。鲜为人知的是，电车公司还曾规划一条由官银号经大经路到北站的电车路线，因沿途商人的反对而作罢。除了商界，电车还遭到了脚行、人力车夫的激烈反对。

到 20 世纪 50 年代，天津已有 7 条电车线路，即白牌、红牌、黄牌、蓝牌、绿牌、花牌、紫牌。围城转的白牌电车（从西马路出发，经南马路、东马路、北马路回到西马路）绕一圈只用 2 度电，非常环保。电车票价极其便宜，民国年间，从西北角坐黄牌电车到劝业场，不过六个大子儿；从劝业场光明电影院坐绿牌电车，到西开教堂下车，只需 3 分钱。1951 年，南开学校的创始人张伯苓在天津病逝，留在身上的，只有几元准备乘电车的零用钱，其清贫可知。

直至清末，天津城市的商业中心一直在老城区的旧城北门外和东门外。民国以后，在不到 20 年的时间里，城市商业中心迅速地由华界转入租界地区。

造成这一商业地理演变的原因，一是由于位于华界的商户为避战乱与军阀的骚扰，最重要的原因，则是上世纪初有轨电车开通以后，天津商业出现了沿电车线路分布的趋势。黄蓝牌电车通过日租界旭街和法租界杜领事路（今统称和平路），直到梨栈一带，由于这条线路地理位置居于城市的中心，也是人口流动最快的城区，加上日、法租界当局对商业投资的吸引，遂使这一带成为华界商号的主要聚集区。1912 年壬子兵变后，华界的大商号如恒利金店、敦庆隆、老九章等就在日租界的旭街开设了分号，其他商家也随之迁徙，从而使日租界的这条主要街道面目一新。而法租界的梨栈（亦称天增里）一带，由于地处电车枢纽之地，更成为商家必争之地。

今日和平路、滨江道所在的大十字路口，成为近代天津商业繁华的重要标志。

第一个在大十字路口购地皮盖楼房的是北角的浙江兴业银行，西角劝业场和东角交通旅馆都是天津帮的代表人物高星桥投资，南角的惠中饭店落成时间最晚，主要股东是宁波帮代表人物张澹如，也是兴业银行的董事，使大十字路口形成了天津帮和宁波帮对峙的局面。

从20世纪20年代开始，法、日租界已逐渐发展成为天津中心商业区。在昔日的梨栈大街，当时的法租界内，来自国内外的资本家先后兴建了国民饭店、劝业场、中原公司、天祥市场（现劝业商厦新楼位置）、泰康商场（租用浙江兴业银行）、交通旅馆、惠中饭店、渤海大楼、中国大戏院等具有世界水平的娱乐休闲设施，各类商店、旅店、饭庄、银行高密度聚集，并设有各种娱乐场所、舞厅、影剧院等。乘坐方便的有轨电车，可由旧城北门外，途经新旧商业中心区直达这里。入夜，这里灯红酒绿、五光十色，天津生活的精致与奢华在这里体现得淋漓尽致，使那时的天津成为华洋杂处、南北兼容的浮华之城。

这里曾是天津最海上繁华的地方，有"小上海""小巴黎"之誉，位置近似于上海国际饭店与市一百店的街口。这是属于近代天津的一种高度，站在滨江道光明电影院的牌匾下，蹲下身子，把相机举起来，看着镜头里那些涌向眼前的浮华场景，仰望从近处的惠州饭店、劝业场直到海河之畔高耸的津塔，会让你产生置身历史三峡的魔幻错觉。

闪闪发亮的绿牌电车道

> 绿牌电车早就停运了,轨道也已经拆除,当我在这条街上漫步时,耳畔依稀响着欢快的叮当声。这几年每次到天津走在这条街上,看着夹在熙攘人群中的少年男女,我的心中顿时涌起羡慕的情感。我想,今天的家乡少年大概不会知道滨江道上的绿牌电车,更不会知道他们的长辈在电车上有过的向往和希冀。
>
> ——柳萌《心灵的星光》

如果你走过上世纪90年代的滨江道,很容易就错过了位于滨江道与河北路交口的八角楼教堂。

很多人知道天津出歌唱家,但很少有人知道,那个年代天津最有感染力的音乐之声,是从法租界维斯理堂(Wesley Church)里传出来的。那个年代的维斯理堂是天津最好的音乐厅和音乐学校,沈湘、楼乾贵、李光曦等音乐少年都是从这里开始了他们的音乐之旅。那个年代,拥有850个铁腿木折椅座位的维斯理堂是天津各学校举行典礼、演出的主要场所,每年中西女中、汇文中学的毕业典礼照例要在这里用英文演出莎士比亚的话剧,曾在新学书院任教的黄佐临就是在这里举行的毕业典礼上认识了他后来的妻子丹妮。

维斯理堂是天津最大的基督教堂,因为大礼拜堂内设八百多个座位,也经常举办各种演讲活动，李大钊、蔡元培、司徒雷登曾在这里演讲。1920年1月，周恩来在维斯理堂地下室连续三个晚上主持觉悟社秘密会议。

据沈湘同学李世斌在《沈湘的少年时代》一文中回忆："我俩都加入了法租界基督教维斯礼堂唱诗班，我们并不信教，只对唱歌有兴趣。每星期六下午练习，星期日上午9点做礼拜时唱圣歌。"无从猜测16岁的少年沈湘第一次走入维斯理堂时的心境如何。当他第一次在这里聆听基督教纯洁和谐的歌声，第一次与小伙伴穿着白色长袍随着钢琴的伴奏唱起圣歌，内心深处是否也会涌起一种轻柔、纯净、美好的感动？维斯理堂的圣乐队引领了近代天津合唱的文化风尚，青年会经常组织"美声"培训，让很多并非信徒的年轻人爱上了合唱这种艺术形式。那个年代天津许多学校甚至企业都组建自己的合唱团。

从100多年前西开教堂建成起，你从和平路与滨江道的交口就能看到远处这座罗曼式的西开教堂。这里曾经是天津最著名的天际线之一，走在现在的滨江道上，无论是朝着津塔的方向，还是朝着南京路、老西开的方向，随时都能够转身或者抬头看见这座气派非凡的罗曼式教堂。

1916年西开教堂初建时，这里还是一片苇塘，地势较墙子河低四五尺。因地势低洼，每逢大雨，堂前堂后便水漫金山。而南京路形成于1970年代天津修建地铁时期，系填了墙子河后而形成的城市主干道。当年，除张庄大桥附近有几处房屋和英国营盘（现为天津一中校址）外，没有其他建筑。

与基督教伦敦会创办的新学书院，美以美会创办的中西女中、汇文中学等教区近似，以西开教堂为核心，形成了一个包括教堂、学校、医院的天主教社区。这一时期，天主教会还修建了修道院、教会医院（原位于营口道上的天津市中心妇产科医院的前身是仁爱会的天主教医院）、法汉学校（后改为二十一中）。西开教堂落成后，这里不仅成为天津天主教会的中心，也成为天津天主教徒聚集居住区。当年，很多来自河北乡村的教徒，通过传教士的介绍到天津谋生，其中不少人在教堂附近定居。

滨江道上还有许多教会创办的学校，其中最著名的就是电影明星胡蝶就读过的圣功女校。圣功女校的很多教学事务由外国修女承担。上世纪二三十年代，每天早晨上学时，修女站在校门口，对学生的容貌仪表进行严格的检查，那时圣功女学生的制服为背心式的黑裙子（稍微过膝），内套白上衣，下边则是过膝的长筒袜，头发必须是齐耳的短发，不合格者立即纠正。

如果沿着滨江道往大沽路的方向走，在今日口腔医院对面，原来还有一所著名的学校，即伦敦会创办的新学书院。新学书院属于"贵族"学校，唐绍仪、颜惠庆等北洋大佬的公子多首选此校，袁世凯的五位"皇子"也曾在此读书，民国四公子之一的张伯驹也在该校读书。

百余年来，新学书院几经更名，1930年改为私立新学中学，1953年改为市立第十七中学。1976年唐山大地震后，新学书院与同为都铎式建筑的戈登堂都被拆毁重建，2004年以后，随着大沽路的拓宽和地铁的建设，全部拆除。

在柏林墙上有这样一段涂鸦文字："很多小人物在很多小地方做很多的小事情，就能改变世界的面貌。"相比起曾任新学书院董事会成员的顾维钧、林语堂、张伯苓等大人物，相比起在该校任教的黄佐临、李爱锐（电影《火之战车》原型，巴黎奥运会冠军）等大名人，相比起该校毕业的袁家骝、杨宪益、朱宪彝等大专家，这所学校每年毕业的三百多毕业生，或就读于欧美名校，或就职于洋行银行，而更多的人却像这片消逝的建筑一样，消失在了历史的背影之中。

位于山西路的圣约瑟女校后来改为女四中。学校正处于绿牌电车道的繁华闹市区，如果中午没带饭门口就是小饭馆儿，下课回家路上都是车水马龙和花花绿绿的繁华街景。1946年，于是之曾经在滨江道演过话剧，路过绿牌电车道时对临街橱窗留下了深刻的印象。后来他在《天津可爱是今朝》中这样说："虽然那些东西都闪闪发亮，但我知道它们都是虚假的。因此，那时闪闪发亮的天津，也没能引起我的任何好感。"

1928年底，绿牌电车道上出现了全市第一个由霓虹灯打出的"冠生园"三个大字，随即在日租界中原公司的四层高楼上，也亮起了耀眼的"中原公司"四个大红字霓虹灯管，这些都是由上海丽安公司承造安装的。从一张上世纪90年代初滨江道的夜景照片中看过去，那时的滨江道还是往昔闪闪发亮的样子。

1959年6月1日，滨江道由劝业场至老西开一段定为游览区，绿牌有轨电车停驶，于 1960 年 2 月 12 日拆除。但在相当长一段时间内，今日商店云集的滨江路上，除了劝业场和中原公司，从辽宁路一直到南京路这一地段两边基本都是天津的住户。即使在今天，你在滨江道上行走，还会在那些狭窄的里弄里看到住户们生活的身影。

"我是生在上海的,两岁的时候搬到北方去"

> 她按照蕊秋立下的规矩,每天和余妈带他们到公园去一趟,冬天也光着一截子腿,穿着不到膝盖的羊毛袜。一进园门,苍黄的草地起伏展开在面前,九莉大叫一声,狂奔起来,毕直跑,把广原一切切成两半。后面隐隐听见九林也在叫喊,也跟着跑。
>
> ——张爱玲《小团圆》

在张爱玲的天津地图里,最早的人生记忆是从1923年天津一处戏园子开始的:喧响的锣鼓,昏暗的气氛,包厢里大红布幕的隔帘,递茶水、点心的人穿进穿出,脚下满地的瓜子壳,台上唱念做打的各路角色,"踢蹬得满台尘土飞扬",纷纭,刺眼,神秘,滑稽……惊得小煐(张爱玲的小名)一双眼睁得圆鼓鼓的。那时的张爱玲3岁了,单独占一个座儿,母亲则在旁边与朋友愉快地闲聊。

"第一个家在天津。我是生在上海的,两岁的时候搬到北方去。"张爱玲在作于1944年的《私语》里如是说。1922年,小煐的父亲张志沂通过堂兄张志潭的关系,以在津浦铁路局谋了个英文秘书的职位为由,由上海迁居天津,住进了法租界32号路上的一处花园洋房,过起了独门独户的小日子。

"那一年,我父母二十六岁,男才女貌,风华正盛,有钱有闲,有儿有女。有汽车，有司机，有好几个烧饭打杂的佣人，姊姊和我还都有专属的保姆。那时的日子，真是何等风光。"不仅弟弟张子静怀念这段好时光，张爱玲也经常在文字中温情地回望这段岁月，形容天津家里有一种"春日迟迟的空气"。

按照母亲黄逸梵临走前定下的规矩，即使在冬天的时候，小煐也"光着一截子腿，穿着不到膝盖的羊毛袜"，每天由保姆们带着到附近的法国花园去一趟。《对照记》里有一张张爱玲和弟弟张子静坐在法国花园木椅上的老照片。我相信，写作《小团圆》时的张爱玲一定对这张照片凝视了许久，才写下了这段文字："一进园门，苍黄的草地起伏展开在面前，九莉大叫一声，狂奔起来，毕直跑，把广原一切切成两半。后面隐隐听见九林也在叫喊，也跟着跑。"这样的照片，这样的记述，与着色的明信片上的花园风景"重重叠叠"地交织在了一起，那里也有一个与童年张爱玲年龄相仿的小姑娘，在陌生人的注视下拎着一个西式的小包款款而行。似乎，一眨眼，就从眼底淡下去了。

1927年春天，张爱玲8岁那年，张爱玲一家离开天津，搬回上海。这时，北方的局势已经悄悄发生变化，距离北洋时代的谢幕，不远了。

就在张爱玲离开天津这一年，在一组法国人拍摄的家庭照片中，也有类似张爱玲《对照记》中类似的花园洋房，更有法国人在一所花园里悠闲地晒着太阳的生活照。几把长椅上，一家人还有几个朋友，悠闲地抽着烟、喝着酒，一个法国女孩则对着镜头略有些茫然地笑着。

张爱玲离开天津20年以后，法国花园的八角亭里，一位穿着长衫的中年人，每日在这里摆设茶座，兼售香烟，边卖茶边发戏词，边演唱边讲解，此人即被誉为北昆代表人物的白云生。由于昆曲不卖座，生计艰难，白云生在这里摆个小摊，除了贴补家用，还常与住在租界里的曲友酬唱往来，自娱自乐。到1949年，白云生与侯永奎等人正式成立了昆曲研究社，春、夏、秋三季在花园中演出。此时，天津已经解放了。

如果从空中俯瞰，除了掺入少量现代建筑，法国花园周边的路网结构和鸟瞰景观并没有多少改变。时光流逝了半个多世纪，周边洋房里的主人也不知道更换了多少次。现在，那些围墙上的牌子告诉你这里曾经住过的房主的名字：李古甫、庄乐峰、章瑞庭、张公撮、李鸣钟、吉鸿昌……那些欧陆风格的建筑掩映在法国梧桐的斑驳光影里。虽然外表看上去大同小异，但屋内的人物和场景却花样翻新，内中的情节更是鲜为人知。

20世纪80年代末起，昔日法国花园的霞飞路（今花园路）成为天津颇有名气的周末市场，最畅销的是各种"出口转内销"的外贸服装、鞋帽等"洋货"，堪称本地"淘宝街"的雏形。上世纪90年代初，这里一度成了天津的小夜市，我也偶尔倒腾些旧书旧杂志，算是练摊了。那时候最畅销的是各种封面香艳、内容火爆的通俗杂志和外国小说。我的第一本张爱玲的书《倾城之恋》，就是在这里买到的。

在天津租界的各处花园中，法国花园最大的特点或许不仅在于这是一个适合孩子们玩耍的场所，还在于这里是逛滨江道、和平路的人可以坐下来歇息的一处地方。我喜欢在秋日的午后或初春海棠花盛开的正午，一个人坐在花园的长椅上，一边读书，一边看着这个圆形花园四周一幢幢欧洲建筑。当然，如果是和心爱的姑娘、妻子、老伴在一起，也很好的。

随着上世纪时局和时事的变迁，法国花园的名称经历了反反复复更迭的过程，大家熟悉的还是叫中心花园。1998年拆掉了诗人穆旦在这里照过相的八角亭，这几年又恢复了。1998年改成了音乐喷泉，也安置了根据张爱玲和弟弟的照片制作的雕塑，但没有刻意说明这个公园与张爱玲的关系。虽然周围洋房建筑的轮廓没有多少改变，但在经历过几轮整修之后，赤峰道上的许多建筑和历史的细节永久地消失了。这两年，有人给张爱玲旧居挂了一块牌子。从法国花园走赤峰道，经过常常挤满了旅游者的所谓"瓷房子"，又经过少帅张学良的一处旧居和范竹斋的沉浸式演艺场所，还是时常能看到老式的里巷里、临街的屋顶上那些往日的痕迹，一如张爱玲在《易经》里所说，老派得可爱，也叫人感伤，因为往事已矣，罩上了春日斜阳的安逸，叫人去钻研。

TIANJIN
THE BIOGRAPHY

天津 传

花街、阴谋、日租界

第十二章

天津日租界旭街（今和平路）旧影

1936年的春天，住在天津日租界须磨街（今陕西路）的八木哲郎穿好了藏青色的小制服，母亲又将四角熨平、写着八木哲郎名字的手绢别在哲郎的胸前。随后，小哲郎和邻居家朝鲜族的李家二小姐手拉着手出门，两家的母亲跟在两个孩子后边，到了50多米外的须磨街和宫岛街（今鞍山道）的路口右拐，又走350米，就到了日租界居留民团事务所附近的幼稚园了。

"七七事变"前，天津日侨人数已达上万人。天津沦陷之后，每年新到的日侨都有上万人。那个年代，旭街（今和平路）、曙街（今嫩江路）、福岛街（今多伦道）周边成了日本人眼中的天津银座。这里高楼林立，市况繁荣，不仅有加藤、山玉洋行等体面的百货商店，各类日用杂货店也非常便利，"松岛街的旅馆既能听到弦声，也能听到流行歌曲，到了夜里如果不看各种红色建筑物，犹如置身日本内地某处"。在日租界随处一转，就能看到日式的寿司店和粉屋，还有两侧的房屋透着光亮的花柳街，"艺妓屋、料理屋、酒馆屋，其间寿司、荞麦、日本点心店鳞次栉比，这些都在其他租界很难看到。但是，从很多情况都能看出尊重日本人的乡土色彩都是以这种方式出现的"。

天津日租界街道以居住为主，多为两层的小砖楼，道路宽度8至10米，以交通和商业为辅。其中，商业性街道3条，生活性街道27条，以交通为主的街道只有9条。从地图和鸟瞰图上看，日租界沿袭了日本传统的井字形街区，大多横平竖直，较少曲折弯曲（只有多伦道、兴安路、和平路、张自忠路、嫩江路这5条路略有些曲折），形成了以海河为中心平行或垂直于海河的棋盘式街区形态。

在天津各国租界中，日租界是各国租界中人口密度和空间密度最高的区域，也是最有市井生活气息的外国租界。天津老城厢、南市陆续拆除后，旧日租界地区成了天津市区最具生活气息的传统街道空间。而今，漫步在昔日的日租界上，总有些逼仄的观感，脑海中也不时映射出那些昔日的传奇记忆和历史影像，有些暗黑，有些破碎。很少有人能够想到，日本人曾经在这里留下了如此深刻的印记和隐秘的历史。即使在阳光灿烂的日子，也很难找到日本少年笔下那些金合欢树闪亮的光影了。

踩在海河边倒立的长筒靴

(天津)广阔的道路上,一个行人也没有,当然电车也没开。两侧的店铺紧闭店门。电线垂落到地上,广告牌翻倒在地,到处都是路障,能够让人想象到那天夜里的街巷战多么激烈。

——松本正雄,1937 年

"夏天过后,金合欢的叶子也开始悄然飘落,华北也步入了秋天。"这是松本正雄回忆录里的一句文字。巧合的是,不止一个日本人的回忆录提到上世纪二三十年代天津日租界的街道两边种着金合欢树。八木哲郎在《天津的日本少年》中也有类似天津风物的描写:"五月的须磨街,合欢树开满了花。花儿浓红,犹如鸡毛刷子,随风一吹,犹如降落伞在空中飞翔。"

那个年代,从天津到东京大约需要六七天的时间。一般先从天津坐火车到塘沽,海上航行四天后到神户,如果在神户下船要在船上住五晚,要是从神户乘夜行列车到东京,则需要 24 个小时。1934 年,刚从日本爱媛县来到天津担任小学教员的松本正雄在他的天津游记里写到,这里有铺设完备的街道,可以悠闲地漫步在金合欢树下。金合欢落叶的夜晚,松本正雄和妻子一起站在天津日租界屋顶的凉台上,听这位 18 岁的新婚妻子唱起当时流行的《十九个春天》。

虽然日本人早在1875年就开设了领事馆，但1900年以前日侨在天津的人数不到百人。1898年梨花盛开的季节，日本古董商人中村作次郎来到天津，下了火车站后，雇了胶皮（即人力车）来到刚刚开辟的日租界，在三井物产会社办事时却没有遇到一个日本人。这一年的9月29日，日本驻天津领事郑永昌与天津海关道签订了《天津日本租界条款》，占地面积1667亩的天津日租界正式划定，成为日本在华五个租界（天津、汉口、苏州、杭州、重庆）中面积最大的一个。

天津日租界的形状如同一脚踩在海河边倒立的长筒靴。东临海河部分相当于脚掌，相当于靴子的脚尖部分与天津城的东南角相连，日租界的西端由脚面到迎面骨的部分与中国城区南市相连，相当于迎面骨最上面的部分，即位于日租界西南角的海光寺地区是华北驻屯军，相当于靴子的脚尖部分是"扩张居留地"，其他的部分是"原订居留地"。

天津日租界位于旧城区与法租界之间。这个选址，是日本人深思熟虑的选择。1896年，日租界选址时曾有三个方案，其中两个在海河东岸地区：一是德租界对岸，即后来的俄、比租界地区；一是马家口对岸的盐场区域，即后来的奥匈和意租界区域，这两个选址均因"远离商业中心"而遭否决。另一个是紧邻中国城区的马家口地区。天津日租界的选址方案秘密报告称："马家口沿岸一带已有街市，为天津老城与外国人居留地交通往来之道，昼夜络绎不绝，附近地价有年年攀升之势。"日租界最终选址在马家口沿河一带，日后与法租界相连成为近代天津最繁华的区域，事后证明日本人的眼光果然不差。

按照日本人的设想，日租界以尽量接近当时天津城的经济中心、争夺经济利益最大化为核心，按照分期开发、建设分级的开发理念，积极打通"上边"中国区与"下边"租界区。其中，1900年至1909年是日租界第一期规划和道路建设时期，以花园路（今山东路）以北开发为主，规划和修筑租界东部9条纵横交错的干线道路；1909年至1928年是日租界第二期规划和道路建设时期，陆续向西修建了十几条道路。到昭和三年（1928），日租界共修筑道路40余条，天津日租界的街区格局基本形成。

1902年，日本政府将驻天津的领事馆升格为总领事馆。负责租界管理的机构初期称日本租界局，后改为天津日本租界行政委员会，1907年改为具有"自治"色彩的天津居留民团，办公地点在福岛街（今多伦道）。日本人复杂、独特的民族心理使日本人在租界建设中精心地营造相对独立的社会空间和生活空间，按照商业地域、工业地域、仓库地域、特别地域、住宅地域、游廊地域进行分区规划和建设，以旭街、大和街、桥立街、浪速街、福岛街、橘街、荣街等日本文化意象命名街道，开设日式料理店、食品店、服装店和艺妓馆等服务设施，在租界内规划出包括管理机构、俱乐部、图书馆、大和公园、武道馆、神社、寺院等聚集的行政管理与文化功能区，为日侨活动提供了便利的公共场所和活动中心，极力打造类似日本本土的生活氛围。

庚子以后，日本侨民大量来津，到1906年日侨人数达到1769人，超过了此前外侨人数最多的英国人，占当年天津外侨人口的近三分之一。日本自明治维新以来迅速崛起，朝野内外脱亚入欧思潮盛行，又以亚洲第一强国自居，对中国人大多瞧不起，但是面对先行一步的西洋人，仍然时常有一定程度的自卑和戒备心理，尤其与西方人同处在天津这样的国际都市里，日侨面对欧美列强始终存在一种复杂和隐晦的心理。

日租界虽在法租界以北，但由于毗邻中国老城，海河航运资源不足，因而在德租界以南的海河西岸小刘庄一带，占了一块约100亩的"飞地"，作为日本轮船停泊的码头，成为以后日本在河西发展沿河工业区的基础。这个码头俗称大连码头，由日资的大连汽船株式会社修建。上世纪70年代以前，乘船去烟台、大连，原来可以直接从这里坐船出发，后来修了四新桥后，大船再也进不来，改成了从大连码头坐车到天津港客运站。上世纪五六十年代从大连码头到塘沽新港的船以"民主"号命名，吨位在3000吨左右，还经常接待外国领导人参观。

曙街的欢乐场

> 曙街的欢乐场终于扩充到我家附近，附近出现带有倒立水母霓虹灯的妓院，士兵和单身职员出入其间。
>
> ——八木哲郎《天津的日本少年》

上个世纪 30 年代，八木哲郎一家住在天津日租界的须磨街（今陕西路）。其父在日本公司担任课长，收入颇丰。1935 年夏天，曾在 1900 年参加攻打天津城南门的祖父从日本来津探望，给八木哲郎的哥哥带来了十六色的铅笔、洋片、锡制的蒸汽机车模型，给刚懂得记事的八木哲郎带来的是十二色的软蜡笔、讲谈社的连环画、白铁皮的汽车模型。

这时候，天津的日租界已经非常繁荣。《天津的日本少年》一书里，记述了当年日本儿童在日租界最流行的游乐路线："在日租界的电影院看爱情和武打片，当然也不会放过松旭斋天胜等地方的表演，其后去中原公司商店购物，然后在一贯的中华料理店吃我们喜欢的料理，顺便到三好坚或藏红花店品尝水果蜜豆，最后到卖水果和果子等东西的祥顺和商店买礼物，最后乘坐人力车回来。"

1931 年生于天津的久村千惠子的家在日租界与法租界的交界处，院子里种着金合欢、合欢、紫藤等树木。小的时候，千惠子喜欢将金合欢的嫩芽含在嘴里，嘴里有一股甜甜的味道。多少年后，每当看到金合欢树，千惠子还会想起童年时代的天津岁月。千惠子的父亲内山春吉早在1906年就来到天津，其生活方式也已经很"天津"了：早晨喜欢像天津人一样将馃子撕成几段，泡在豆浆里喝；中午喜欢吃天津炸酱面。有时，千惠子和母亲一起去旧德租界的起士林吃西餐，"往里走，就有白人服务员过来，拉开椅子让你坐在桌子前。……然后，服务员为我们准备围裙，送来烤好的美味面包。这里的西洋糕点、西餐都很美味，尤以三色冰激凌为好吃"。

在天津当小学教员的松本正雄经常在夜间和朋友到旧德租界和英、法租界消遣，"喝真正的啤酒，看外国电影。在法租界的游戏场，我们玩台球和保龄球，每晚都去游玩"。英法租界的电影、西餐、巧克力、冰激凌等，也给日侨中的幼童留下十分深刻的印象。20世纪30年代在天津出生的日本儿童的回忆中，与中国人的接触主要是佣人和人力车夫，家长并不带他们去中国城区，但却经常去英租界和旧德租界吃西餐、看电影、逛公园。日侨创办的中小学校和业余学校将英语作为必修课程，聘用高级讲师甚至西方人授课，以增强交往能力；日侨的家眷也经常到英法租界游玩，购买西式服装和食品，主动学习英语。

现在鞍山道最有名的建筑是溥仪当年住过的张园和静园。当年，还叫宫岛街的鞍山道是日租界的政治、军事和文化中心，日本驻天津总领事馆、日租界警察署（天津人俗称白帽衙门）等均集中在这条将近3000米的街道上。至今，位于鞍山道与南京路口的武德殿还在，这是当年日本人练武、健身和娱乐的场所。

曙街，即后来的嫩江路。八木哲郎提到的曙街"欢乐场"，当时有一个正式的日本名称："游廊地"。1904年，日租界当局把曙街一带辟为"游廊地"，作为妓院及酒店开设之地，是当年天草女聚集的花街。曙街是典型的日式街道，两侧多为二、三层砖混结构的小楼，内设环绕式楼梯，为典型的日本公寓住宅楼。曙街内最著名的一家名为"亚细亚会馆"的夜总会，其建筑木构建材均来自日本，内设台球、赌场、酒吧、榻榻米卧房等娱乐设施，每餐都有酱汤、寿司、鳗鱼、天妇罗等日料供应，甚至动用军用飞机从东京运来刚出网的新鲜生鱼片供日本高级军官品尝。

　　日本最初到海外的娼妓多出自九州天草一带。中国人熟知的日本电影《望乡》的女主角阿崎婆，即是九州的"天草女"。甲午战争后，日本军队和日侨大量涌入中国天津、青岛、济南、上海等开埠城市。随之，日本的娼妓不断向中国沿海和内地渗透，以"东洋茶社""料理屋""女郎屋"等名义开设的妓院纷纷出现。日租界设立之初，规定租界内的外国侨民、日本侨民及中国人不负担任何课税，其经费主要来自征收车船税。随着日租界内各项公共事业的扩张，当局从1905年开始新设了"特许税"，主要是从"艺妓""酌妇""料理店"等特种经营中征收。

　　随着日租界的日益繁荣，日租界的游廊地由曙街逐渐扩展到其它一些地方。1936年统计，日租界内领有营业执照的妓院多达200余家，正式上捐的妓女（包括中、日、韩籍）达千人以上。此后，曙街大致经历了由游廊地（妓院及料理店）到多种业态再到市井的变迁。在一张上世纪30年代的曙街老照片上，可以清晰地看出友田商行、金银细工、名山床理发、吴服太物、寿司等商店招幌。

　　1937年12月，与鲁迅交往较深的日本著名诗人、画家金子光晴和诗人森三千代夫妇曾游历天津。经过旭街时，他们看到在日本租界的旭街上，开过了一辆又一辆车，满载着手持刺刀、带着钢盔的军人，他们蹲在车上，默不出声，"另有一辆汽车，载着五六个神情紧张的军官"。从日租界小巷经过时，清澈的三弦声划破冰冷的夜空。即使是战前很少有日本人光顾的起士林餐厅，也大半被带着军刀、携着艺妓的日本军人占据了。

"军马拴在烧毁后的树上,在碧空中嘶叫着"

> 东兴楼是一家很有气派的中国饭馆,而且是进深很大的中国式建筑。宽敞的饭店里五彩缤纷,令人眼花缭乱。中国上流社会的大家闺秀们,在庭院里围成一个个花团锦簇的圆圈,谈笑风生。
>
> ——李香兰《我的前半生》

在梅艳芳主演的电影《川岛芳子》中,有一组1935年天津东兴楼开业的画面。门口车水马龙,厅内高朋满座。在京韵大鼓"丑末寅初,日转扶桑"的背景歌声中,几个人在用不太纯熟的天津话窃窃私语:"她身为司令,为什么在天津开饭馆?""她是嘛司令呀——床上司令。"

当时,大多数人还不太清楚这位川岛芳子何许人也。此前,川岛芳子曾参与策划上海"八一三"事变,一时名声鹊起。1931年11月,川岛芳子又干成一件"大事":把末代皇后婉容由天津秘密带到了旅顺。在满洲国军政部最高顾问多田骏的支持下,川岛芳子一跃成了安国军总司令,号称"金司令"。

关于川岛芳子(爱新觉罗·显玗,金壁辉)这个妖艳、传奇的中国女子,一直充斥着各种离奇古怪的传说。1933年,美国一家杂志写道:"每当一支日本军队遇到困难时,他们当中就会有人说,川岛芳子马上就要到了。"英国人理查德·迪肯所著的《日本情报机关秘史》引述了一个传说:川岛芳子曾说服溥仪当上了伪满洲国皇帝。更离奇的说法是,溥仪最初拒绝了芳子,直到芳子往溥仪的床上放了一条蛇后,溥仪才改变了主意。据溥仪自述,1931 年 11 月 10 日他离开静园后,首先来到与日本天津驻屯军司令部翻译官吉田忠太郎商定的地点——"曙街一个日本餐馆敷岛料理店"。在这家料理店内,"有一个早等候着的日本军官,叫真方勋大尉的,拿出一件日本军大衣和军帽,他和吉田把我迅速打扮一下",然后改乘日军司令部军车,来到海河岸边英租界码头。

与电影和一般传记上的记载不同,1935 年川岛芳子还没有成为东兴楼的主人。这个叫"东珍"的女人,念兹在兹的是她的满清东兴大梦。在多田骏的庇护下,川岛芳子在天津大肆活动,除了经营东兴楼饭庄,还在明石街开办了一家专制毒品的工厂和一个金船舞厅。据出入东兴楼的李香兰记述,"此人虽然个子不高,体材却很匀称。她穿着一件男式黑旗袍,格外显出'旦角'之美。她留着分头,柔软的短发很匀贴。美目盼兮,稍微显大的嘴唇带着几分俏皮。……看上去她年轻得像个少年,而实际上川岛这时已年过三十"。

1926 年到 1935 年,10 年间,天津先后爆发过 5 次便衣队事件。每次的便衣队暴乱都是由位于海光寺的日本华北驻屯军司令部策划并指挥的。1930 年,住在日租界的中国人约有 2135 户、27053 人,日侨 6642 人,另有日本驻屯军 500 人。九一八事变之后,张学良向奉天及其他地方下达训令,要求对日军绝对不抵抗,解除武装;翌日,又命令北平、天津等地"随时巡视日本人商店、住宅等,防止发生不测事件"。在天津的日本侨民,除了从事进出口贸易的,多为从事售卖食品的杂货商、料理店、饮食店等,规模都不很大,且与中国商业合作伙伴关系密切。

20 世纪二三十年代,天津是日本在华的情报中心,其战略地位仅次于上海,与香港同等重要。1931 年由土肥原贤二任机关长的特务机关在天津正式挂牌前,以"公馆"为名目的日本特务机构遍布日租界,如三野公馆、青木公馆、茂川公馆、和知公馆、松井公馆等。这些公馆的主人像八爪鱼一样把他们的触须伸向天津的寓公、青帮和僧侣。最活跃的是三野公馆的主人三野友吉。除了监视溥仪在张园(后来改为静园)的一举一动,三野还与溥仪身边的遗老遗少荣源(溥仪的岳父)、郑孝胥、罗振玉、谢介石及住在天津的军政要人李际春、白坚武、石友三等人过从甚密。公馆内备有美酒佳肴、大烟美女，时常为一些要人提供服务。

1937年7月30日，日本全面占领天津，并对天津部分地区进行狂轰滥炸，使得有些地方变成一片废墟。映在金井润吉的眼里也是一片破败之象，他写道："军马拴在烧毁后的树上，在碧空中嘶叫着。只有士兵的衣晒得发着刺眼的白色。"此后不久，一年前刚被日本军部遣返回日本的川岛芳子再次来到天津。此时，她的身份成了东兴楼的金经理。

1940年，川岛芳子再赴东京，提出"想在日本同中国之间充当恢复和平的桥梁"，但东条英机对她不理不睬。从东京回到天津后，川岛芳子开始心灰意懒，时而在东兴楼做几天女老板，时而回北京的寓所休养，听听京戏，吸吸鸦片。在东兴楼饭庄，每天午饭后，川岛芳子都要由她的日本男"伯伊"，把她背到健身房——一座玻璃大厅去晒太阳。这时候，东兴楼饭庄的伙计们，会好奇地从楼上窗户里看见身材娇小的金经理，穿着宽条的大睡袍，让那个"伯伊"背进背出，背影迷离。

旭街上的摩天大楼

> 对日本人来说，中原公司无论如何都是了解另一个世界的窗口，能够买到在日本内地都买不到的外国流行的时髦服装和高级商品。最上层的电影院能够欣赏到西部片、卓别林电影、迪斯尼电影、泰山电影。在此还能欣赏到电影《悲惨世界》。看完电影后，在最高层还可以一边欣赏天津夜景，一边吃中华料理。
>
> ——八木哲郎《天津的日本少年》

1925年，黄文谦等一行八人乘飞机由香港飞抵天津。他们在天津兴隆洋行设立了中原公司筹备办事处，招募股金，购地选址，不成想在天津卫地面遭到了意外的"一闷棍"。

当时，天津的商业中心已经向日租界和法租界转移。到1926年，日租界"旭街全路大半为华商谱号所占"，法租界梨栈地区因位于黄、蓝、绿电车交汇之地，"华界商业群思迁移"，著名商业字号纷纷在此开业。黄文谦等人最初想在梨栈地区今交通旅馆一带选址，但正洽谈之时，在旁边稻香村的屋顶忽然挂出"天津先施公司建筑基地"的横幅，一时舆论哗然，先农公司更是坐地起价，只能放弃这个地块。日本驻津领事得知消息后，极力拉拢中原公司进入日租界，并以极低的价格将旭街1200平方米的地界几乎白送给了中原公司。要是黄文谦等人熟悉天津地面情况，或者找军阀政客"托托关系"，也许日后就会出现中原公司和劝业场面对面的竞争格局，这也为中原公司此后的发展埋下了隐患。

很多人奇怪，和平路上的近代几大商场，劝业场、天祥、泰康均位于法租界，为何中原公司位于日租界之内？当时，很多人猜测中原公司是日本财阀进军天津的先声，有的猜测幕后老板是日本的三井、三菱集团，甚至怀疑溥仪才是这家新建的百货公司的后台老板。实际上，中原公司的投资人主要是具有香港、上海先施公司管理经验的黄文谦、林寿田及旅日商人林紫垣等人。早在日本期间，梁启超曾与林紫垣共同参与横滨大同学校的创建，后林紫垣回国要创建现代化的百货公司，梁启超很早就参与其中，并投资了3000元入股。当时香港、广州、上海、汉口等大商埠新型大公司纷纷兴起，黄文谦、林紫垣、林寿田等人均为先施公司的中坚骨干，这些先施公司少壮派最初的想法是在上海滩与老东家对着干，但因募集资金较少，遂把目光投向发展较晚的华北市场。

1928年1月1日，中原公司正式开业。开业之日，场面热烈，万人入场，交通堵塞。为避免发生意外，不得不采取购票入场的方法，票价1角，并作为购物代用券，当日销货即高达1.5万元（银元），一时轰动。中原公司大楼聘请当时著名的设计师关颂声、朱彬、杨宽麟三人设计，参考了香港、上海各大百货公司的蓝图，又借鉴了西方古典商业建筑与现代建筑的优点，立面简洁大气，塔楼挺拔高耸，建筑面积9164平方米，楼高30米，是当时天津的第一高楼，果然有"问鼎中原"的霸气。投资共计47万元（银元），用于土建工程26万元，用于电梯设备等21万元。

中原百货是当年华北地区最大的百货零售商场和天津的新型娱乐中心，在开业的最初几年，左右了天津的百货市场，鼎盛时期日销五六万元，为天津百货业之翘楚，比之港沪各大公司亦不逊色。中原公司的经营格局及业态分布，堪称那个年代典型的SHOPPING MALL，成为民国时期天津最摩登、最时尚的购物中心。其中，一、二、三楼为百货商场，经营洋广杂货、布匹、呢绒、绸缎及食品用具等；四、五两层开设游艺场、大戏院；六楼为酒楼；七楼为"七重天"屋顶露天花园。屋顶花园是夏季设在室外用于纳凉的夜花园，园内备有冷饮、西餐等。此后，又对业态进行调整，中原百货专门成立游艺部，除一、二楼仍售百货外，三楼改为杂耍场，四楼改为电影院和评戏、文明戏院，五楼改为中原大戏院，六楼改为大酒楼，在顶层屋顶花园设立了巴黎舞场，成为那个年代天津的"百乐门"。

中原公司成立初期，为应付租界势力及三不管地区黑社会的骚扰，曾聘请前浙江省督军陈耀珊为董事长，并聘请一些社会知名人士担任董事；为了应对日租界的政治风险，1933年10月1日又在法租界绿牌电车道（今滨江道）开设天津分店；1938年12月1日，中原公司北平分店开业。即使如此，中原公司仍然没有躲过一系列的毁灭性的"水火之灾"：先是1939年天津大水，总部大楼及分店均遭受严重损失，总部停业两个多月；1939年冬，北京分店因遭受火灾，全部货品化为灰烬，后由永安保险公司赔付保额的90%，损失20多万元；1940年夏，总部大楼曾在一天之内连续在呢绒柜、家具柜、冷食部等发现数个定时炸弹，所幸发现及时；1940年8月27日，天津总部又突然起火，商品设施全部焚毁。关于1940年中原总部的这次火灾，有些史料语焉不详，根据近年抗日杀奸团的当事人回忆，此次火灾为天津抗日杀奸团所为。火灾后，一开始日本三井洋行拒绝赔付，后在日租界当局的干预下，才全额赔付，中原公司得以进行加固重建。中原公司董事会成员多为广东人，在重建时要求加层并装修得更好，图一个大吉大利的口彩。新大楼由基泰工程公司杨宽麟等人设计，修建费用约150万元，重新修建的塔楼高耸入云，成为第二代中原公司大楼的标志。

1949年1月15日，中原公司总部闭店。1949年7月7日，华北地区百货公司天津分公司承租中原公司，更名为百货大楼。1950年1月1日，中原公司天津分店被国家批准为全国首家公私合营的大型百货零售商场，同时更名为新中原公司。

TIANJIN
THE BIOGRAPHY

天津 传

枪炮、德国与小白楼

第十三章

20世纪30年代旧德租界中街大表

每次来到小白楼一带，在距离起士林和音乐厅不远的地方，走在夹杂在高楼大厦之中那些巷子里，总觉得哪个房间里还会传出小提琴或者钢琴的演奏声，或者在哪间看上去有些破旧的房子里，有个外国小姑娘也像电影《美国往事》里的黛博拉一样，在一间光线昏暗的屋子里正翩翩起舞。

20年前，还在曲阜道江夏里上班的时候，我经常在音乐厅看了夜场的电影后，徘徊在这样的小巷中，想象过数千犹太人在这里生活的场景；或者在政协俱乐部吃过了西餐，夜里穿过那片空置多年的草坪，想起100多年前的某个夜晚德国人在这里参加了一场贝多芬音乐会后在门口告别的情形；或者，在连夜看《巴比伦柏林》有些压抑的凌晨，总是忍不住想起海涅说的"当我夜里想起德国时，我就睡不着觉"；或者翻阅天津历史的明信片，看到这样一张堪称歌剧"时钟场景"里的历史照片：

一个冬日的上午，阳光灿烂的时候。浦口道不远处有一辆吉普车正在缓慢行驶，靠近黎元洪别墅的转角处有两个挑着草筐的小贩正在经过，后边有一个穿着风衣的外国男子，也许要去德国俱乐部或者起士林赶赴一场日耳曼的约会。而在德国领事馆一侧，一个挎着坤包的外国女子正在出神地凝望着什么。那个曾经矗立德意志"大铜人"的地方，时钟永远地停留在了上午11点35分。

如果你像我一样凝视德国街上的这座时钟，会不会也会产生一种幻觉：那些头戴着威廉皇帝时代钢盔的德国士兵从充满香烟缭绕、火炉取暖的屋子里走了出来，从街角、门洞、树杈和纪念不知什么人的铜像的底座后面钻了出来，又像潮水一样退了回去。

我忽然就想起了1936年夏里亚宾在天津耀华学校礼堂演出的场景。这一天，正在构思《日出》的曹禺和还在工商学校读书的沈湘也坐在这里，与那些住在小白楼的俄罗斯人激动地聆听低音歌王深沉地演唱着《伏尔加船夫曲》。这一天，夏里亚宾并没有演唱那段著名的《时钟场景》选曲，也许是为避免他像剧里的鲍里斯一样产生某种妄想某种幻觉。或者，一个钟摆的干扰，如同德国俱乐部里的一曲终了，更加深了草木皆兵的错乱。

威廉街上的德意志

> 一个独自散步的年轻姑娘吸引了我和马丁的目光。她穿了一件很时尚的花裙子，长度仅到膝部，戴着一副白手套和一顶花帽子，棕黄色的丝袜刚好卷到膝盖下。她走起路来是那么可爱、那么年轻，显得那么忧郁，又那么孤独。后来，我们问了我们兵营里的一些老兵，他们的确也都多次见过她。……她具有德国、俄国和中国的血统。
>
> ——（美）查尔斯·芬尼《美军第十五兵团在天津》

1895年10月，当德国教头正在小站为袁世凯的新式陆军进行训练的时候，比英国人、法国人和美国人开辟租界晚了半个世纪的德国人站在海河边，看着这片他们刚刚获得的有些荒芜的租界地。半年前，德国人以"助收辽地"有功为由索取开辟租界。德国人的心里有些窃喜，租界内的土地仅以每亩75两银子作价收购，每亩每年只需向清政府缴纳钱粮一千文，还按照他们的要求限期三个月内交割。虽然与当地人在迁坟问题上产生了一些争执，最终还是由清政府出面协调，襄助德国顺利地获得了这片土地，而补贴的12万两银子还是官方出的。

位于英租界以南的德租界，是距离中国主城区最远的一处租界。当时划定的德租界范围为：东临海河，北接美租界（今开封道东段），西至海大道

（今大沽路），南到小刘庄一带，占地1034亩。1902年，德租界沿西、南两个方向扩张，除了东、北界线未变，西界从今广东路到马场道，南到琼州道，从下瓦房向南延伸到现在的围堤道附近再向北折回到琼州道，占地面积达4200亩。至此，沿着天津旧城的"下边"海河右岸形成了日、法、英、美、德五国租界沿河相连的空间布局，奠定了此后天津中心城区的基础格局。

1895年德租界开辟后，德租界分为北区和南区两个区域，最初以威廉街（今解放南路）为中心重点开发德租界的北区，先后修建了30多条道路。至今，这里的街区格局依然变化不大。因为德租界存在时间较短，一般人对德租界的印象有些模糊，分不清哪里是德租界，哪里是美租界及英租界，一般泛称这一片地区为"小白楼"。其实小白楼的范围主要为当年的美租界，虽然德租界著名的威廉街、德国俱乐部、起士林都在今日小白楼范围内，但德租界的范围却不止小白楼这一片。

在1871年俾斯麦统一德国以前10年，英国、法国、美国已经在紫竹林一带建立了自己的租界地。德国人选择在英租界以下设立租界，惦记着有朝一日将地理位置比较优越的美租界据为己有，清政府想将美租界委托德国代管，但遭到英美两国的一致反对，其后美国人将美租界私相授予了英国。德国人在威廉街与纪念碑路交口的小广场中心矗立了一座面向英租界方向的"大铜人"卢兰德铜像，有深意焉。

晚清及北洋时期，由于军事上师法德国，以克虏伯大炮为代表的德国军火畅销一时。德国人在天津先后开设了36家洋行，大多经营军火生意。位于今开封道和徐州道海河沿线的德租界码头由亨宝公司经营，当时德商的北清、亨宝、天利三大轮船公司均开辟了远东航线及前往大连、青岛、烟台之间的航线。由德国运来的军火一般先运到青岛，再转运天津，大多在德国码头装卸。至今，海河边还留存着"北洋船坞制造"字样的缆桩。

1913年住在天津租界的中国人总数为9.53万人，其中住在奥租界的中国人最多，为3.78万人，其次是英租界1.59万人，日租界1.34万人，法租界1.20万人，意租界8274人，俄租界6707人。住德租界的华人最少，仅有1205人。这些人，大多是辛亥革命之后来津避难的遗老遗少。早期到德租界居住的中国人多集中在租界南区的西半部，德租界北部的政治中心地带依然禁止中国人入住。当年，不少对德国人颇有好感的清皇室成员都选择到青岛和天津的德租界寓居。逊清贵族庆亲王奕劻、肃亲王善耆、欲继承同治皇位而未能如愿的贝子溥伦和庆亲王奕劻的二子载搏、五子载抡以及驻德钦差大臣吕海寰、溥仪的老师罗振玉、反对共和政体的劳乃宣、辫帅张勋均在这一时期在天津德租界置地建房。袁世凯曾在德租界大量购房，长子袁克定及几个姨太太均安置于德租界。但这些人大多在德国战败后陆续迁至其他各国租界。

"这次走了，恐怕就回不来了"

> 对于在天津的欧洲人来说，在西方前线上正在进行的交战似乎并不真实而且太过遥远。在这里的英国人依旧频频光顾位于德国租界威廉街上的起士林—巴德咖啡馆，咖啡馆的乐队照旧演奏着维也纳华尔兹舞曲。出了咖啡馆，他们与仍留在天津、为数不多的德国军官以及陪伴他们的女士一样，沿着绿树成荫的广场悠闲地散步。
>
> ——（英）布莱恩·鲍尔《租界生活：一个英国人在天津的童年》

对于德租界，天津人最熟悉的就是德国球房改成的政协俱乐部了。这些年来，不知多少次出入这里。踩在100多年前的木地板上，看着白发苍苍的老乐手在这里演奏各国风格的爵士乐，想着德国人在这座城市最骄傲的那些往昔岁月，不知道当年在这里举行的德国舞会上都会演奏哪些德国乐曲。

1907年7月，德国俱乐部二楼可容纳200人的小剧场正在举行一场演出，演出曲目是普契尼的著名歌剧《图兰朵》。这个溽热的海河夏夜，在天津的德国人几乎都来了。一个叫汉纳根的德国人看着台上的演出，脑海里不时浮现14世纪北京宫廷的爱情故事与20世纪天津租界传奇穿越交叉的纷杂画面。

德国人称这里为康科迪娅俱乐部（Club Concordia），天津人习惯称德国俱乐部、德国总会和德国球房。建筑风格为新罗马式，是当年的德皇威廉二世最

天津原德国俱乐部（今政协俱乐部）

钟爱的建筑风格。原来老楼走廊墙壁上曾有拉丁文镌刻的一句话："同心同德（Concordia）则盛，离心离德（Discordia）则衰。"这家俱乐部富丽堂皇，内有舞厅、剧场、餐厅、酒吧、球房、大礼堂、会议室、棋牌室、阅览室、吸烟室等，是当时德国高级侨民和社会上层人士的主要活动和社交场所，比当年的法国球房、英国球房还要奢侈、豪华。

汉纳根在天津德租界的家在濒临海河的海滨路（今台儿庄路）上。每天清晨，他都要骑上高头大马在附近散心。德国贵族出身的汉纳根是晚清的一位风云人物，他是中国海关税务司英籍德国人德璀琳的女婿，北洋大臣李鸿章的军事顾问兼副官。汉纳根有"韩大人"之称，他是天津赛马会的重要会员，也是英国跑马场的创建人之一，他和天津劝业场的创始人高星桥、高渤海父子关系莫逆。开发井陉煤矿时，高渤海在其手下任职；他还资助起士林在天津开点心铺，在这家后来著名的西餐厅里有"韩大人"的固定座位和专用餐具，他经常与朋友们一起到那里吃午餐；节假日时，作为德国旅华侨民公会会长，他会带着夫人一起参加在德国俱乐部举行的各种聚会。

像汉纳根这样的德国贵族，在来到天津的德国人中终究是少数。最初来到天津的德国青年，大多出身中下层家庭，往往在英租界的洋行做事，等积累了经验和资金，再开办自己的洋行。这些开埠初期来到天津的德国人，在日常生活中多模仿英国人的社交方式，交际时也多说英语。到19世纪90年代以后，这种"追英风"才稍有改变。德国商人在天津先后开办了36家洋行，约有德侨300多人，主要住在德租界的北部威廉街的南段。德国人在天津的日子虽然短暂，却很丰富：他们骑着普利茅斯牌的德国自行车或坐着马车、驴车在天津的大街小巷中穿梭，在赛马场上赛马，在海河参加划船比赛，在海河下游打猎，在起士林喝咖啡，在德国俱乐部聚会。有些人离开，有些人乘坐亨宝公司的远洋轮船抵达远东天津。

那个年代像德国军火一样受到追捧的，是德国医生。上个世纪初，在天津行医的德国医生很多，最有名的是容克开设的私人医院。曾担任徐世昌、黎元洪、倪嗣冲、那桐私人医生的容克医生，收费向以银两或黄金计。1918年遣送德侨时，安徽督军倪嗣冲专程从安徽派来一辆专车，由武装卫队百余人将容克接往皖省署所在地，公然拒绝遣返，可见此人受欢迎的程度。

有个叫于恩的天津南郊人，曾在德国球房做捡球的球童，后在德义饭店（上世纪80年代为河西新华书店）当"百役"，颇得德国主人的信赖。德国人回国前，对于恩说："你一定好好干！我回国后可以先给你寄各种货物来，你卖出后再把货款给我汇往德国。"于恩在徐州道原小总会舞厅开设了天津最早卖洋酒、罐头和外国日用杂品的商店，后迁到法租界中街，建起三间"大门脸"。此外，于恩还以低价买下了西开砖窑烧坏了的次砖，盖起了天津最早的"疙瘩楼"（位于今重庆道幸福里）。

婉容的弟弟润麒当时跟着姥姥住在德租界一条洋胡同里。遣返德国侨民时，一名身穿风衣、头戴帽子的德国大胡子老头敲着润麒家的门，前来道别。家里人问："你以后还会回来吧？"德国老头叹着气说："这次走了，恐怕就回不来了。"

看着老照片中那个长得很像德国老派军官的汉纳根，总觉得他像马尔克斯《百年孤独》笔下的那个上校。这样一个经历了太多晚清传奇故事的人，虽然留下了一些最初来天津时的家书资料，但对其人生最辉煌及最悲凉的天津岁月，却没有留下任何记载。离开天津时，汉纳根的井陉煤矿被北洋政府收归国有，曾经风光一时的"韩大人"被遣送回国。4年之后（1921），在德国无法忍受普通人生活的汉纳根再次回到中国，依靠高星桥的资助及变卖岳父德璀琳的遗产度日，最终于1925年病逝于天津。

"一战"以后，有的人再也没有回来，有的则去而复返，又有些新的德国人来到了远东的天津。虽然德租界没了，德国侨民依然选择在已改名为特别一区的旧德租界居住，照样在德国俱乐部里举行各种聚会活动。1928年11月19日，是舒伯特（当时翻译为许培德）的百年诞辰纪念日，在天津的奥侨、德侨和奥国领事联合举办了一场"许培德逝世百年音乐会"，交响乐队成员有50多人，德国驻津总领事贝紫博士还唱了两首舒伯特的歌曲。1931年1月，德国总会还举办了纪念莫扎特（当时翻译为摩撒脱）的音乐会。

马歇尔与戈培尔的副官

> 1918年德国战败,消息传来,在津的英、法、美各国商团数百人跑到德租界,用大绳把位于今解放南路与浦口道十字路口的一座大铜像拉倒……汉纳根当时就住在该铜像广场周围,在屋内看到了拉倒铜像的全过程,颇为伤感,每日徘徊室内,借酒浇愁。
>
> ——高渤海《掠夺井陉煤矿的汉纳根》

那时候,海河上经常举行划船比赛。因为德国小伙子大多身体强壮、思维敏捷,总是能够战胜英国队。1918年11月11日早晨发行的《京津泰晤士报》让很多住在天津的英国人都有些兴奋。这张报纸罕见地发行了一张号外,用大大的红色字体印着"这一天"的英文字样。

1917年8月14日,中国政府宣布接收天津德租界,改为天津特别行政区一区(特一区)。德国战败后,1918年11月11日晚,数百名英法侨民涌入德租界,并用大绳将"大铜人"合力拉倒。据《大公报》报道,当时管理局一个叫丁宏荃的人因试图制止英法侨民的报复行为而被打伤。"铜人"被拉倒后,在原来铜人的位置先是竖起了一根高耸的水泥柱子,柱子顶部有两盏路灯,后又改为臂式路灯,下部有中英文对应的两块木制广告牌;到上世纪30年代,木制广告牌改为面向南北的两个大电表,表的背面写着"守时刻、惜光阴"两行汉字。

当年，就在"大铜人"所在的威廉街与纪念碑路十字路口一带，经常能够看到一位身着西式服装的中国老者挂着文明棍悠然地散步。这是中华民国前大总统黎元洪。那个时候，他常和夫人及子女一起步行到今日小白楼一带的平安（今音乐厅）、蛱蝶（今大光明影院）、光陆（北京影院）去看电影。

黎元洪常住英租界盛茂道寓所（今河北路219号），隔天去一趟德租界威廉街的黎氏容安别墅。这处别墅是黎元洪以"大德堂黎"的名义花费4.2万大洋购得前陆军大臣载搏及其所有的土地3.7亩，地契上写明"坐落天津特别一区中街铜人旁，门牌四十二号"。《京津泰晤士报》主笔伍海德曾说："德国租界是所有外国人最喜欢的居住区域，不允许中国人在界内购置房产。除了在大沽路和河岸边，界内其他地方连商铺、办事处都很少。"早在德租界建立之初，英国人就曾呼吁，希望德国人将德租界建设成一个没有围墙、各国公民都能享受到同等待遇的地方，但德国人并未理会英国人的呼吁。

当年将黎元洪赶出中南海的"辫帅"张勋的故居即在此不远，德租界6号路（今浦口道6号，浦口道与台儿庄路交口）。与黎元洪前后脚，张勋复辟失败后，由德国人护送进荷兰使馆，然后躲到天津德租界，并买下了这座建于1899年的西式洋楼。1923年9月12日张勋去世后，家属将此处宅邸售与盐业银行，后盐业银行又转售给国民党实业部天津商品检验局。1949年后，一直由天津商品检验局使用。每到灯节（正月十五），张勋必命在家里庭院中搭焰火架子，邀请亲友观赏焰火。溥仪居天津时，曾到张勋家看焰火，张勋率妻妾子女佣人等跪在院子里迎候。溥仪后来这样评价张勋："我对这位（忠臣）的相貌多少有点失望——显得比师傅们粗鲁，大概不会比得上曾国藩。"

直到1902年，中国当局正式批准美国将美租界"过户"给英国人之前，美国人也从来没有开发过这片租界地，当时在美国领事馆登记的85名美国公民，没有一个人住在美租界内。虽然美租界始终跟不存在过一样，但是美国第十五兵团却长期驻扎在天津。美国兵营所在地，位于原来德租界的边缘（今广东路）。第十五兵团约有850名官兵，负责美国大使馆及从山海关到北京的安全。先后担任美国特使的马歇尔和魏德迈，都是第十五兵团的军官，当时马歇尔任司令官，魏德迈任中尉副官。

1924年7月12日，刚被擢升为陆军中校的马歇尔从纽约登上了驶往中国的圣米耶勒号军舰。他的妻子莉莉兴奋地给家里人写信，报告他们在天津的生活情况，马歇尔家在天津雇了9名佣人，却只花了美国1名佣人的钱。马歇尔一家人在天津的生活十分惬意。马歇尔经常到乡村俱乐部打网球和壁球，每天骑着蒙古马跑上十几公里。除了日常的军事训练，美国大兵热衷于参加足球、橄榄球、篮球、棒球、拳击等体育项目。马歇尔到任后，还修建了一个带顶棚的滑冰场，并配备带有暖气的更衣室和乐队室，每周有三个晚上在滑冰场举行音乐会等聚会。

鲜为人知的是，马歇尔还学起了汉语，他甚至能够听懂人力车夫之间的争吵。不知后来马歇尔来华调停时是否用上了他的中文技能，但从他给潘兴将军的信中，可知他对中国的了解："关于列强应如何对待中国的问题，可能没有答案，双方都已做错太多。国家与党派之间的秘密交易太多，人民心中的仇恨太多，受牵连的重要商业利益太多，不可能找到一个标准的解决方案。"

小白楼里的俄国城

> 我们各走各的，穆拉特和阿赫米特回克森士道旁边的胡同，伊戈尔和科尔雅回河坝，那儿有摆渡小船载他们过河回俄租界，卡尔回德租界，马塞尔回法租界，德怀特回美国大院。
>
> ——（加）德斯蒙德·鲍尔《小洋鬼子》

这不是拉美魔幻小说中的画面，而是上世纪30年代天津一个秋日的黄昏。

在英租界的维多利亚花园玩耍过后，这些来自不同国家的小伙伴要回家了：伊戈尔和科尔雅要去的河坝，英文名和上海外滩的英文一样，都是The Bund，从花园到河边不过200米的距离，河这边是英租界，河对岸是旧时的俄国地；穆拉特和阿赫米特要回的克森士道原来是美国租界，后来转给了英国，距离英国花园不过一站多的距离，俗称开滦胡同，在现在的开封道东段。他们刚才在公园里一起玩儿的是现在天津小孩依然熟悉的"踢罐儿""奔桥裹"等游戏。

当年，如果你跟着那两个住在克森士道的男孩回家，你会发现自己从"英国地"途经"德国地"来到了"俄国城"。那个时候，在克森士道、狄更生道（今徐州道）和海大道（大沽路）上漫步，满街都是俄文招牌，俄国饭店、商店、服装店、食品店、美容店，俄文字母伸着长腿往行人眼里跳，到处都是或英俊潇洒或身材臃肿的蓝眼睛白皮肤，张嘴说话舌头都打嘟噜，听着满街上"哈拉少"的招呼声，你还以为自己走在哈尔滨中央大街上呢。

20世纪20年代末期，经东北、北京等地来天津的白俄人数突增，许多俄国贵族带着仆人、唱片以及托尔斯泰的小说《战争与和平》来到了渤海湾畔的这座城市，天津租界的大街上一下子多了很多俄罗斯美女，住在美国营盘的美国大兵将此称之为天津的"新事物"。驻天津美国第十五兵团的《哨兵报》甚至这样说："爱情是高贵的，尤其是俄罗斯姑娘。"一个美国士兵调侃："那些俄罗斯姑娘快让我们这些老兵跟老婆离婚了。"而当时还真有一个叫瓦伦婷的俄罗斯姑娘嫁给了美国大兵，在俄国花园的东正教堂举行了俄式婚礼。

俄租界开辟后，早在19世纪70年代即来华经营茶叶的巴图也夫在俄租界的今六纬路建造了一大批俄式楼房，还在河对岸的英租界兴建了一批住宅，无意中为1917年后来津的白俄准备了居住条件。由于俄租界开发有限，加上大多数流亡的白俄都没有选择苏联国籍，大多数都没有选择去旧俄租界定居，而是聚集到英租界的南扩展界"小白楼"地区，使小白楼成了那个年代的"俄国城"。1928年以后到1941年太平洋战争爆发以前，随着政局的稳定及天津租界的繁荣，来天津的白俄人数渐多，最多时达6000多人。

这些白俄在天津的处境，各不相同。1930年，天津有一位富有的白俄妇女，仅在英租界拥有的房产就有43幢，财产不下百万；最富有的一位白俄，其财产价值不下200万元。因大部分白俄的文化水平较高，一些人进了欧美人开设的洋行做职员，也有的开办了化工厂、熟皮厂、机械修理厂等小型工厂，还有不少白俄，从事医生、教师、工程师、律师、音乐家、舞蹈家、园艺师等自由职业，在"五大道""小白楼"一带，很多白俄或者去家里，或者在自己家里，教中国小孩学习钢琴、芭蕾、声乐、绘画等，更多的人则做些小生意，如开设商店、服装店、旅馆、饭店、酒吧、理发馆、美容院等，为外国人及住在租界里的那些讲究时髦的太太小姐们服务，落魄的"穷老俄"有的流落到谦德庄一带，住在简易的窝棚里，经常在街头摆摊卖毯子或香皂（天津人称为"胰子"），一条五公斤重的毛毯有的竟然卖了不到一篮子面包的钱。

北京影院前身为大华影院，由美籍俄国人库拉耶夫于1916年10月创建，1931年更名为光陆影院。当年，美国著名的米高梅影片公司天津分公司就坐落于克森士道（今开封道）与达文波道（今建设路）口，福克斯、派拉蒙、华纳、联美、环球等影业公司也在附近的英租界维多利亚路上，大华影院与附近的平安影院、蛱蝶影院被誉为天津的三大影院。当年，好莱坞的一轮电影均在天津首映，平均每30个小时，就有一部新片上映，住在租界里的洋人和寓公常来此观影，黎元洪是大华影院的常客。上世纪20年代，电影还都是无声的，原版外国影片除打中文字幕外，银幕前还有一个乐池，由十几个俄国人组成的小乐队，会根据影片的内容随机演奏乐曲，烘托影片的气氛。1931年11月12日，世界著名俄裔美籍小提琴大师海菲兹经欧洲乘船先到天津，在英租界的蛱蝶影院（今大光明影院）举办了两场独奏音乐会。

这是一个混合着多种文化的社区：犹太俱乐部的麻将桌整日座无虚席，一些犹太妇女精于这种中国娱乐；上世纪30年代的照片里，一个男孩穿着无袖短衫，一条松紧带将小短裤系在腰间，光脚穿一双偏带布鞋，如果不是带肤色和典型的犹太人面孔，他和大街上成天疯跑的天津孩子毫无二致；1928年生于天津的塞穆尔·米勒多年以后重返天津，在小白楼一带寻访时，说着"果子儿""糖堆儿"这些词时尾音一律高挑，纯正的津腔津调；1920年来到天津的犹太人爱泼斯坦称天津为"故乡"，他说，在马场道的英国学校上学，是他一生中最甜蜜的时光；本杰明·卡布宁斯基1924年至1936年居住在天津，从5岁开始，他就在说俄语的父母和讲汉语的中国阿妈的帮助下，学会了"小老鼠上灯台"这样的中国童谣，到他离开中国时已经能够说一口地道的天津话了。

"拉起嗅觉的警报"

> 在上海我们家隔壁就是战时天津新搬来的起士林咖啡馆，每天黎明制作面包，拉起嗅觉的警报，一股喷香的浩然之气破空而来……只有他家有一种方角德国面包，外皮相当厚而脆，中心微湿，是普通面包中的极品。
>
> ——张爱玲《谈吃与画饼充饥》

很多人对德租界的记忆都是从这家叫做起士林的西餐厅开始的。

1986年大学毕业后，有一段时间经常"过河"，由河东奔和平、河西这边，到小白楼一带闲逛。一般先去解放南路的河西区新华书店，把自行车停在路边，上只有一层的高台阶，进入这家空间高敞的书店，一逛就是一两个小时。沿着书店再往前走几十米，过了徐州道，把角是赫赫有名的重庆理发店，对面就是常去的北京影院，昔日德租界的大华影院。北京影院的对面，是起士林食品厂的门市部，当年天津最有名的西餐厅——起士林的所在。

上世纪初的十几年间，这里是德国人经常聚会的一个场所。上世纪20年代，童年张爱玲曾跟随父亲多次推开起士林旋转的大木门；1949年以后，这里是招待来天津的外地干部"开洋荤"的著名西餐厅，而包括北京"老莫"在内的很多西餐师傅都出自天津的起士林。

如今，面对位于小白楼浙江路墙上写着大大"K"字的起士林餐厅，大多数人都不太清楚这里曾是起士林的竞争对手维格多利的大楼。在旧时的画片里，维格多利大楼占满了整幅画面。即使现在站在老音乐厅（平安影院）的位置，依然能够感受到这座建筑全景式的气派，看上去就像一座展开的V字形纪念碑。而当年，这里的霓虹灯闪烁着的英文单词是——VICTORIA。

这里是维格多利，昔日天津最大的俄式餐厅。倘若有一部时光倒流的电影，也许会出现一些支离破碎的镜头，没有台词，没有歌声，没有摩登的女主人公，却在时间轴上显示着一次次变形记的陈旧年代：1920年，一位白俄罗斯妇女在旧英租界克森士道（今开封道、建设路口）开设了一家吉乐福酒吧，1925年转手售予哈尔滨义顺合糖果公司后，改名为义顺合，主要供应俄式宫廷大菜，兼营糖果、西点；1938年，新股东在额尔金大楼右侧购地兴建大楼，1940年6月7日，维格多利餐厅正式落成；1949年时，原股东齐小洲曾在俄国目睹十月革命后苏联对资本家的手段，抱定"用这些水和这些泥"的想法，不久宣告停业；1950年，维格多利改名为"维格多利新记"，继续由私人经营，还将一楼改造成了一处舞场；1954年，并入起士林，易名为起士林餐厅。

维格多利改为起士林之后，依然有一些习惯了吃西餐的老主顾来这里。这些老主顾，有自己的固定座位。对于这类主顾吃什么喝什么，侍者大多心中有数。那个时候，小彩舞（即骆玉笙）每天下午6点准时到这里来就餐，侍者也不询问，一份罐焖牛肉、两片面包，几乎从来不换菜谱。

离开天津多少年后，张爱玲回忆起在上海卡尔登公寓的日子，是由食物的味道引起的："在上海我们家隔壁就是战时天津新搬来的起士林咖啡馆，每天黎明制面包，拉起嗅觉的警报，一股喷香的浩然之气破空而来。"这家名叫起士林的咖啡馆，是张爱玲打小就熟悉的地方。在天津德租界这家著名的西餐厅里，她喜欢吃一种小蛋糕，偶尔也会缠着父亲吃香肠卷。某年某月的某一天，张爱玲与闺蜜炎樱（其母亲为天津人）阳台上闲聊，炎樱问起："如果离开上海，我最想念的——你猜是什么？"张爱玲平直地回答："香肠卷。"

多少年后，世界的这样一个下午，刚刚大学毕业的我还留着长发和大胡子。在北京影院看过了一场电影之后，坐在起士林咖啡馆的窗前，看着外面飘落的雪花，慢慢啜饮一杯浓浓的咖啡。那个时候，我还不太知道此前发生在这条街上的故事，不知道明信片上的那些德国风景还有哪些还在，哪些早已消逝。

　　现在，解放南路的起士林已拆除了。虽然，起士林的咖啡馆依然能够闻到奶油气味，但却听不到那些曾经上世纪二三十年代回荡在这条街道上空的华尔兹舞曲了。然而，一天中无论什么时间路过这样的地方，你都能看到这座城市最好的样子。

TIANJIN
THE BIOGRAPHY

天津 传

浮桥、粮店与奥租界

第十四章

1907年的奥租界大马路繁华街景

这是联结两岸古文化街和奥式风情区的金汤桥，现在来天津观光的游客大多要到这座桥上站一站。至今，依然有很多老天津改不了口，把这座桥叫做"东浮桥"。

每次站在这样的城市景观前，脑海里都会浮现那些老照片和文字里刻印的历史画面：往前倒百十来年，天刚抹亮，天津城厢内外的杂货店主人或小伙计便推着车，挑着担，背着篓，直奔东浮桥菜道趸菜。沿着东浮桥下去，七转八拐，便进了天津旧城，北门东、东门里、南门外、西门里，巷子里陆续传来菜挑子"菠菜芹菜小白菜，萝卜青菜嫩蒜苗；火柿子，扁豆角，土豆葱头麻山药；卖黄瓜，卖藤蒿，还有茄子大辣椒哦"的津味吆喝声。而那些开杂货店的，就着河沿把鲜鱼水菜挑回小店，打开门板，迎接为开门七件事忙乎的卫里人家。

不知道多年以后离开天津的李叔同住在大口粮店后街时是否也看到了这样奇怪的景象：奥匈帝国领事馆的早晨总是静悄悄的，金汤桥那一边的浮桥菜市却早早热闹起来了，桥口天津大局子的大楼看上去像是一个巨大的盖帽，远处三岔河口河面上帆影密集。直到菜市散了，这边的奥国菜市才传来竹签子哗啦哗啦摇晃的声音。

站在昔日的东浮桥上，很少有人能够想到，在这个老天津称为河东的地方，这块昔日三岔河口畔的狭长地带跟已经成为历史名词的奥匈帝国有多大关系；如果不是刻意为你说明，一般人根本分不清奥租界和意租界的界限在哪里。即使在当年，奥租界与意租界的"国界"也不是很明显：奥租界最繁华的大马路和意租界的大马路为同一条马路，后来统一都叫建国道；现在的北安道是昔日意、奥租界的分界线，奥租界称为大安街，意大利人称之为的里雅斯特道，当时翻译为迪里雅斯德。准确地说，"奥租界"应该叫奥匈帝国租界，或按老天津的说法，叫"奥国地"。借用英国著名旅行作家简·莫里斯对曾经归属奥匈帝国的意大利滨海城市的里雅斯特的评价，奥国地是天津八国租界中的一个无名之地，是奥匈帝国遗留在遥远的东方的一只脚趾。只不过，因与欧罗巴的帝国距离过于遥远，存在的时间又过于短暂，加上这块河口边的土地历史有些曲折复杂，这个脚趾的形象在历史景观的演进中不仅模糊，而且变形。

东浮桥的翟瞎子

> 当年城西辛庄有些卖菜的。每日许多小贩,担着挑子,到城里来售卖。那时交通不便,西乡人下卫,必须从小西关进墙子。更因繁华中心在北门外一带,卖菜的都到北大关整担出脱。
>
> ——李燃犀《津门艳迹》

李燃犀小说里说的北大关的菜挑子,指的是清末民初北门外的小西关菜市。到1949年前,天津城厢周边供应鲜菜的菜市,既有做批发的小西关菜市,也有做零售的官银号东北角菜市、南门外的南门菜市和北门外的北大关菜市。而各国租界的英国菜市、法国菜市、意国菜市、奥国菜市大多兼营副食。直到2000年前后超市流行之前,原来法国菜市的长春道菜市场、原来英国菜市的大沽路菜市场还是十分热闹。这些菜市大多有自己的进货渠道,让那些喜欢"穷讲究"的天津人一年四季都能够买到天南海北的好副食。

北京有菜市口,上海有菜市街,天津有东浮桥菜市。一般认为东浮桥菜市形成于清朝光绪年间,最初由西郊翟姓等几户菜农在"北司衙门"门前的空地交易蔬菜而成,当时称"北司衙门菜市",后逐步发展成"东浮桥菜道"。那时候金汤桥尚未兴建,大名叫盐官浮桥的"东浮桥",是用木船和木板搭成的一座浮桥。其实,东浮桥菜市形成的年代还要早些。早在清代乾隆年间江萱所绘的《潞河督运图》上，就有东浮桥"大车小车络绎行"的桥市场景。至今，那些横跨两岸的海河桥上，还有本地人在桥上摆摊小卖的传统桥市风景。每次路过，都忍不住让人生发一些海河边思古的联想。

"声声叫卖巷东西，不数茨菰与荸荠。"这是乾隆年间《津门百咏》上的一句诗。早年间，天津人吃菜，多赖于肩挑车载进城贩卖的菜挑子。《潞河督运图》上也有担菜叫卖的菜挑子。在靠近河北岸的盐官厅一侧设有"栏索"与"官秤"，检验从盐坨运出的运盐船只，应该与北大关的税关场景近似。若仔细看，你会发现里边还描绘了六七个用篮筐蹲在河边卖鲜鱼水菜的小贩。这样的情形，应该就是东浮桥菜市和陈家沟子鱼市最早的雏形了。

1860年天津开埠以后，天津城厢人口剧增，鲜鱼水菜的需求量日益增大。估衣街出现了卖干鲜果品的晓市，东浮桥则出现了卖青菜的夜市。据说，最初是城西郊一翟姓种菜大户，邀约本村的菜农在夜间一起撑船到这片空地，举着灯笼交易，批发给各处的小贩。市内各杂货店（铺）或小摊小贩的菜挑子也都提着马灯（那时还没有手电筒和电灯），背着小篓、钩秤前来上货。后来，吸引了卫城周边及郊县的菜农都到这里批发蔬菜。至1906年金汤桥建成后，四乡及海下到卫里来贩菜的、贩鱼的木船大多经停在金汤桥、金钢桥、大红桥一带前来交易。

当年有一个外号"老庙"的脚行头子翟春和，世居东浮桥附近。早年以摆摊卖菜为生，人称"翟瞎子"。这个天津码头上人称"翟瞎子"的人物，在东浮桥一带数一不数二。据天津老人讲，为争夺东浮桥菜市一带地方，翟瞎子曾先后发动三次械斗，闹得最厉害的一次是在1935年11月。

1949年，东浮桥菜市已有坐商208户，摊贩120多户，成为天津最大的蔬菜批发市场。又过了几年，政府"收拾"了翟瞎子，把东浮桥菜市迁到北运河旧河道改造的金钟路蔬菜批发市场（即今日金钟路蔬菜批发市场的前身），又在金钢桥东侧修建了新的蔬菜码头。至此，天津历史上赫赫有名的东浮桥菜市谢幕。

大口边的猫部街

  河东粮店后街六十号（旧门牌为六十二号）这所故居，是我祖父晚年购置的，先父即在这所故居长大成人。这所故居呈正方形，西东和北南各是十间房的长度，分四个院，为"田"字形。后部分是一个大后院，后院的后门在粮店前街，即三岔河口附近，隔河就是天津旧城东门外的天后宫和玉皇阁。

——李端《家事琐记》

  李端是李叔同的次子。李叔同的父亲李筱楼，与李鸿章是同年进士，以经营盐务和开设桐达银号致富，晚年在河东粮店后街购置了一处宅院。李家这处宅院占地约2亩，大门楼在粮店后街，大院西头有个后门在临近河沿的粮店前街。大院右侧有一处五层高台阶的"洋书房"，就是当年李叔同读书的地方。
  "桐达李家"所在的粮店街是清代天津粮食的集散地，包括"成发号冯家"在内的天津粮店业"八大成"均集中于此。前街临河，各家粮栈在此装船卸粮，买卖兴隆；后街多为殷实富户。关于粮店街，张伯苓家的公子张锡祚讲了一个传说，说张家的先世祖原来在运河里跑船。有一天清晨，下了船在河边闲步，"看到有一只猫和一条蛇在打架，认为这是龙虎斗，是块旺地，就把那块地买下了。"[1] 巧合的是，李叔同好猫，每每写信经常在信封下属"天津猫部庙缄"。

其实，早在明代面对三岔河口的河东一带便设有杂粮店。《天津卫志》载"新创杂粮店"，"商贾贩粮通济河东一带村庄"。甚至早在元代海运兴盛的年代，直沽街头已是"吴粟越布满街衢"的商业景象了。传统时期，天津不是产粮地，麦需要取自河南，米需要苏浙地区接济，秫、粟、菽豆等"仰食于邻"。

当年，三岔河口尚未裁弯取直，北运河依然沿故道在奥国地北界与南运河汇流。从粮店街到河对岸的玉皇阁、天后宫，要从大口坐摆渡过河。大口，也是当年海河停船靠岸所在，人烟稠密，市井兴旺。奥租界河对岸住着的是名列天津八大家之首的"天成号韩家"。从大口以下路西，背后从城里的二道街自玉皇阁到天后宫前，都是韩家的宅院。韩家把持天津海运长达200多年，最多时海船有九十九艘（言其多也），堪称那个年代的北方"船王"。韩家祖籍安徽，被誉为永远的清华校长的梅贻琦先生的夫人韩咏华即为韩家后人。

清代养船者彼时被称为"海户"，其营业字号称"海号"，从大沽出海专跑口外的海船多为今日塘沽、葛沽、咸水沽一带海下人经营。韩家的海号为"天成号"，天成号起家于清初"海禁"年代，韩家的航线自沿海各埠直到朝鲜、日本、台湾。

天成号的对岸，就是粮店街，河东冯家与同住在粮店后街的李叔同家仅隔着一条街。冯家祖籍金陵，明代万历年间迁居天津，冯家第四代弃馆到韩家的海船上佣工谋生，后自购海船经营南方的木材，并由天津西头（今西关街一带）迁居河东三岔口一带，设成泰板厂，自造海船，再以自家海船运粮、贩卖木料，自运自销，逐渐发家。到咸丰年间，冯家第七代开设成发粮店，海运粮食经大沽口至海河直达唐家口自家船坞，进坞后就地销售。天津开埠以后，陆续开办了成发号、成益号等十座粮店，当时有"十大成"之称，一跃成为津门粮业首户，人称"河东冯家"。这些粮店都设于海河东岸东浮桥（今金汤桥）以北，河东粮店前街、粮店后街因此得名。

---

1 张锡祚：《先父张伯苓先生传略》，南开大学出版社，2016，第2页。

从李叔同纪念馆临近海河东路的后院，可以看到对岸的古文化街、玉皇阁和右侧不远处的狮子林桥和望海楼。如果不是有人指引，今天的人很难想到，这里就是催生了这座城市兴盛了数百年的三岔口，更无法想象古人诗中"东吴转海输粳稻，一夕潮来集万船"的繁忙景象。

"春去秋来，岁月如流，游子伤飘泊。"这是李叔同写的《忆儿时》。百多年来，位于粮店后街的李叔同儿时的住宅几度易主，大口边的天津猫部也见证了此后历史的复杂变迁。2003年左右，位于粮店前街的李叔同旧居拆除了。十多年前，这里变成了一片绿地，经常有人在空地上放风筝。后来，河边盖起了李叔同旧居纪念馆，修了奥式商务风情区，海河边的那些小洋楼加上了整齐的红顶子。只是，很少有人记得粮店街的历史变迁了。更很少有人知道，建国道两侧的奥式风情区和粮店前后街原来都属于奥匈帝国的租界。这里，渐渐变成了天津历史景观中的一片无名之地。

海河边的奥租界

奥租界、衙门东、烟草公司菜市东。
大奥国、东天仙、机器磨房极壮观。

——《天津地理买卖杂字》

1900年，德军司令部设在三岔河口附近粮店前街的大佛寺内，对面是一家水铺。那时的水铺，也供应开水。有一天，一个叫齐克林的德国兵来水铺找老板要开水沏咖啡。由于语言不通，水铺老板看见"洋鬼子"又心生恐惧，更从来没见过咖啡这样的"洋玩意儿"，竟然引发了一场意外的流血冲突。

后来，德国人将三岔河口畔的这块中国地转给了结盟的奥匈帝国。1901年4月4日，奥匈帝国驻北京公使馆发出的一封电报称："我们因投入的兵力少，没有力量参与占领在北京和渤海（包括天津）之间的任何一处军事要地。"当时，驻扎在大佛寺的奥匈帝国司令官手下只有32名海军陆战队员。据当地老人回忆：每当夕阳西下，奥国水兵经常三五成群，到粮店前街"大口朱家"烧锅永丰泰、永丰裕要便宜酒喝，时常酗酒打人，调戏妇女之事也时有所闻。

这是天津九国租界中最为复杂的一处地方。1902年12月27日，天津海关道唐绍仪与奥国驻津副领事签订了《奥租界设立合同》，将三岔河口起点南到下闸口对岸（今自由道）的1000亩地划定为奥匈帝国租界。与其他各国租界多为少人烟的"大开洼"不同，奥国租界不仅与东浮桥对岸的天津老城相通，更是"千万声中杂市嚣"的传统聚居地。1906年，奥租界内有居民2.5万人，其中只有200多名外国人。

海河东岸沿岸向南的狭长地带，除了盐坨后边的鸽子集原来有些零散的住户，大部分都是码盐堆的盐坨，民主剧场一带还是一个大水坑。三岔河口裁湾之后，削去了河道上的一个蹄形河湾，使原位于河东的奥租界与河北地区之间不再有河流阻隔。过去建国道和北安道口有一个大坡，明显可以看出奥租界比意租界的地势低了一米多。每逢大水，民主剧场门前顿成汪洋泽国，水深及腰，临街的店铺只得停业，在门口堆上挡水的麻袋包。

按照奥租界的章程，凡居住在奥租界内的中国铺户和居民，只要奥方提出购买和建设需求，半年之内必须完成动迁。奥租界是天津各国租界中存在时间最短的一个，从设立到收回，历时仅有短短的17年。虽然前后为清政府和北洋政府提供了5次贷款，奥匈帝国在天津也没有一家商业机构。因此，除大马路地段和兴隆街部分地段建有西式楼房外，粮店街和十字街一带则始终未见西式建筑的踪影，只是名义上属于奥租界管辖而已。

1906年，由意租界、奥租界、津海关道和比国电车公司共同出资，在原来的东浮桥位置建成一座铁桥，名曰金汤。由北大关开往老龙头火车站的红牌有轨电车由天津旧城区过了金汤桥后，经过奥租界和意租界的大马路，由此带动了奥租界大马路的繁荣。沿奥租界大马路一线，商店、戏院、茶园、饭馆鳞次栉比。在靠近金汤桥的桥口，还搭起了一座罩棚式庞大建筑，俗称"奥国菜市"。

1917年的一个下午，《京津泰晤士报》的副主笔伍海德正在对着英租界警察局的办公室里用伍德牌打字机打稿子，意外地得知：奥租界要出大事了。晚上11点多，伍海德跟着英租界警察局的车前往奥匈租界。在意奥租界大马路上，看到全副武装的意大利水兵，奥租界的马路上更有不少警察和奥匈帝国的海军陆战队。原来，来自奥匈帝国的"反叛者"试图夺取奥匈帝国驻天津的领事馆，还招募了一些日本浪人，因事情败露而被迫放弃。这是"一战"期间发生在天津租界的一段历史插曲。这一年的8月14日，中华民国代理大总统冯国璋决定参加协约国，正式对德国和奥匈帝国宣战。

民国时期旧奥租界河坝，左侧远处塔楼为冯国璋故居。

位于奥租界领事馆对面的天津警察厅与奥租界一河之隔，就在东浮桥边上，天津人俗称"大局子"。1917年，中国政府即宣布收回奥匈租界。当天早上，杨以德即率领大局子的警察浩浩荡荡地过了金汤桥，接管了奥匈租界。杨以德因早年曾在盐商家守夜打更，得了一个"杨梆子"的绰号，外国人多称其为"尖纽杨"（英文杨先生之意，天津话谐音）。1920年除夕，杨以德召集关押的天津爱国学生，请大家吃饺子，还发表了一篇充满天津风味的"爱国演讲"。周恩来记录了杨以德讲述接管奥租界的生动经过："那里的警察，我全是挑选去的：新军装、新皮靴，站在那里也挺着胸脯不含糊。别处的警察穿布靴子，没有皮外氅，我的警察费比从前减了几万，我还给他们有皮外氅，有皮靴子；外国租界不许中国兵走，我也教我的警察扛着枪过去了。"

奥匈帝国的租界地里没有维也纳式的歌剧院，这里最出名的娱乐场所是后来的民主剧场，也就是当年的东天仙茶园。1990年夏秋时节，我曾经连着在这个老式的剧场里看了一个月的卓别林电影。两场电影的间隙，就在附近的洋胡同里随便走走，看着小院里的葡萄架和爬山虎爬上了油漆剥落的西式木窗，听着放学的孩子敲开小院木门欢快的声音，想着奥匈帝国遗留在这里的天津岁月，仿佛置身于旧日的时光剧场里。随着上世纪90年代末电影院的衰落，这座昔日奥租界的大剧场变成了河北区"跳大舞"的一个场所。周末的早晨，从当年我工作的西货场步行过河到古文化街淘书，总能看到剧场的门口停满了自行车，时有热情洋溢的中年男女鱼贯出入。

最爱的"斗十胡"

怎么说？六舅母老嫌我说闲话，不说话还活不了啊？姐儿们坐一块儿不就是玩儿吗？大热天干吗？瞧电影怪闷，听戏怪吵得慌！瞧话剧咱不懂，听评戏又没有！姐儿们斗小牌就解闷儿玩吧，别绷脸儿。你绷着，我努着，来个吗劲儿呢？就仿佛有多大仇似的，输赢搁一边儿，姐儿们坐一块儿就得喜喜欢欢的，对吧，你啦！哎哟！四姨呀也来啦？

——郭荣启相声《打牌论》

现在天津40岁以上的男人，小时候几乎没有没玩儿过"砸六家"的。即使现在，夏天的时候还有些马路边的牌摊，你要是凑过去听上几个回合，那热闹劲儿一点儿也不比听唱相声差。当然，天津一些老城区一些隐蔽的角落里，也有些一年四季开着的"牌市儿"，最早也是由马路边、大桥下的牌摊演进而来。天津人打牌，讲究的是一个"路儿"，无论是打牌、踢球甚而至于办事，都讲究个"路儿"，输牌不输路，输球不输路。这种讲究不仅限于天津老少爷们的牌局儿和江湖，早年间天津年长一些的女性，按今天的话说，就是天津老姐姐们也爱玩儿一种既能消磨时间、输赢又不痛不痒、还能斗嘴闲扯的游戏，叫：斗十胡。

当年奥租界有一家姓欧的开了个大作坊，专门制作那个年代流行的叶子牌。那时候，麻将、扑克牌还没有流行，妇女们最热衷的游戏就是这种"斗十胡"，天津俗称"卫十胡"。当时欧家一天能出三箱货，一箱1000丛纸牌，每丛纸牌100多页。每箱当时价格80元，发货时有涨落，一天可得240元，每年能有8万元的收入。他家的叶子牌使的是上等的好纸张，用的是裱画铺的好工艺，采用当年最新的晒版方法，色彩鲜艳，纸质柔弹，版制好后发给邻近的人家做剪牌加工，当年奥租界兴隆街以北大街小巷300多户人家都以此副业为生。平日厂里有30多工人，赶到忙时甚至有从北仓来的领料加工。除了日常人员成本开销，三节两寿的打点打点奥租界工部局、巡捕房管事儿的，欧家自然发了大财，后来在老城鼓楼西建了宅院，买下了一条胡同的房产，人称欧家胡同。欧家的纸牌当年远销东北的叫东路大帮，远销上海的叫南大帮，远销西北的叫西北帮，其声誉一点儿不比杨柳青年画差了多少。据说上世纪50年代中期，有天津人到新疆出差，县里的老太太还打听天津的纸牌还卖不卖呢。

平安街81号是一处豪华公馆，人称鲍家大楼，是曾任陆军总长的鲍贵卿亲自设计的。1913年，鲍贵卿卸任吉林督军后即在二马路（今华安街）购地修房，其后在黑龙江督军卸任后又在奥租界及意租界建了几所楼房，由此带动了奥租界地皮的升值。随之，湖北督军王占元先在奥租界二马路购地盖楼，又在奥租界平安街一带的洼地建房成巷，名为槐荫里。到上世纪30年代初，已经改为特二区的旧奥匈租界地价以邻近海河的兴隆街以南最贵，以北最低，最高地价每亩8500元，最低地价每亩5200元。

王占元的房子，不止奥租界二马路这一处，王家的店铺和房产分布于天津多处，多达3000余间。王占元曾自称"白虎精投胎"，经常挂着一串钥匙，巡行在各大马路之间，人送外号"各大马路巡阅使"。除了亲自收租，王占元还有一个嗜好，就是跟姨太太们学的天津斗十胡。他最不喜欢推牌九、押宝，他说那个输赢快，不如"斗十胡"好，既可消磨时间，输赢又不大。王占元还经常与鲍贵卿、陈光远等人到当时的天宝班去玩纸牌。张作霖平日俭朴，唯一的爱好就是打个小牌。每次来天津，常和鲍贵卿、陈光远到天宝班去玩纸牌。班子里有个叫小李妈的能说会道，成了张大帅眼前最红的牌搭子，名噪一时。陪同张大帅一起打"卫十胡"的陈光远，家里的房产比王占元家多了一倍,但却很少打牌,只要输两毛钱,他就不玩了……

王占元、陈光远的房产虽多,但均不及当年天津的"房王"李纯,据说李纯在天津的房子有8000处之多。李纯就是距离东浮桥不远的河东陈家沟子人,早年在河北小关的鱼锅伙[1]做过营生。而这三位均为直系冯国璋的部下,冯国璋的住处就在奥租界内,现在的海河边民主道58号。冯国璋是著名相声演员冯巩的曾祖父。1957年,冯巩就出生在海河边旧奥租界民主道58号的"冯家大院"。这所大院由冯国璋的第三子冯家遇经手,从同为德国克虏伯兵工厂实习时的同学奥国人布吕纳手下购得,共有楼房110间,平房54间,建筑面积4660平方米。

而今,乘海河游船过了金汤桥,海河左岸有一组漂亮的欧式建筑群,即冯家大院和袁氏宅邸所在。因冯宅在左,袁宅在右,有好事者为此编出了左冯右袁和左右逢源的旅游段子,至今广为流传。当年冯宅和袁宅都有一座奥匈风格的高耸塔楼,不知是否有意设计,冯家的塔楼略低于袁宅的塔楼。1958年,为了修建海河中心广场,拆除了原意租界河沿的一些房屋,后又随着海河东路的开通,拆除了旧奥匈租界大口胡同以南临河岸的一段粮店前街,冯国璋故居那个高耸的奥式塔楼也同时拆除了,冯家大院变成了一处公家用的小洋楼,所幸袁氏宅邸的塔楼得以保留。

这处袁氏宅邸,据说是袁世凯低价从奥租界购得,委托德国和英国建筑师设计营造的。1918年落成时,袁世凯已过世两年,由袁世凯的族侄袁乃宽居住,今称"袁氏宅邸"。2003年海河改造时,这座曾误传为袁世凯旧居的小洋楼险些被拆除,后来成了一家高级餐厅。现在,袁宅也对外开放。

---

[1] 鱼锅伙:早年,把一条船上合伙进行航运并生活在一起的船工称为"锅伙"。后来,泛指游民团伙,并把早年在码头上把持水产交易的鱼行称为"鱼锅伙"。

TIANJIN
THE BIOGRAPHY

天津 传

隐居、广场与异托邦

第十五章

20世纪30年代,天津意租界马可·波罗广场。

现实中的历史街景，常常在某些时段里为我们所忽略。而当你开始注意它，观察它，又会感到有些诧异：原来它一直在这里，在一个历史的现场里生动闪光。再当你观看那些不同年代、不同角度拍摄的历史照片，会发现还有很多原来你不曾留意的细节，等待破译、探索。

这里没有大教堂，没有托斯卡纳的阳光。在这个被意大利人称为"意大利小区"的历史街区，除了那些充满新文艺复兴风格的意大利建筑，最吸引人的，是一个以中国人最熟悉的马可·波罗名字命名的意式广场，还有那些历史明信片上记录的时刻影像。这里是位于海河岸边的天津旧意大利租界，今天也叫意大利风情区，简称"意风区"。与海河左岸繁华的英法德日租界相比，位于海河东岸的意租界长期以来相对落寞。这个意大利在远东唯一的租界区像是卡尔维诺笔下看不见的城市，默默注视着河对岸的喧嚣与繁华，任由邂逅的街景在暮色之中若隐若现。

现在，去"意风区"的游客越来越多。昔日，这里是殖民主义和后殖民主义的历史现场；而今，这里成了商业气息浓郁的时尚商业街区，是汇集了各种酒吧、西餐厅及高档餐厅的一个时尚聚集地，成了一些电影的外景地和婚纱摄影地。而马可·波罗广场上总有些来来往往的游客，对着纪念碑顶端的雕塑指指点点，仿佛与意大利浪漫地邂逅。

梁启超的饮冰室、曹禺的故居在这里，大名鼎鼎的《益世报》也在这里。现在叫建国道的这条马路是天津第一条沥青马路。上世纪70年代有轨电车拆除以前，建国道的繁华程度仅次于和平路、滨江道。那时候，东站的出站口就在建国道的东头，很多外地人将行李放在小件寄存处后，经常到这条街上采购物品,不宽的马路上公交车、汽车、自行车、三轮、行人、居民、旅客、铁路职工混行交织。小时候多次来过这里,只是,那时我还不知道这条充满意国风情的马路发生过哪些隐秘的邂逅故事。

意大利人的异托邦

> 今天我才仔细参观了我们的整个租界。和其他租界相比,我最喜欢的还是这里。处处可以看见那带花园的漂亮别墅,环境非常雅致。这些特点是其他租界所不具备的。只有到海河岸边才能够见到一些商业活动,也就是那里稍微有些混乱。
>
> ——(意大利)斯特拉奇亚瑞1919年日记

1919年夏天,意大利帕多瓦男中音歌唱家里卡多(Riccardo)的儿子斯特拉奇亚瑞(Luigi Stracciari)来到天津服役。斯特拉奇亚瑞参观了天津的各国租界后,在日记中做出了上面这样的评价。斯特拉奇亚瑞说的靠近海河边的商业街,是毗邻意租界的奥租界大马路。

为什么是天津而不是上海,也不是其他地方,最后成了意大利在中国以及远东唯一的意大利租界?在全球列强竞争中处于落后地位的意大利人,一直渴望在中国拥有一块能够彰显意大利国力和形象的租界地。早在天津开埠的第六年,趁着普奥战争爆发,刚刚成立5年的意大利王国即派遣海军中校阿尔明雍为特使,率领军舰抵达天津,并与清政府签订了《中意通商条约》。

1901年1月22日,意大利在中国的全权代表致电意大利政府,称意大利军队占据天津的一块租界是租界区里剩下的唯一一块空地。意大利方面的档案资料显示，当初英国人本想把这块区域留给自己。面对英国人剩下的这块蛋糕，意大利人一度意见相左：北京意大利公使称这是"最好的区域"，具有快速和成功发展的前景；天津总领事却认为这里看起来并没有多大的发展前景。当时的天津驻军司令与总领事的看法针锋相对，认为他们"占领了仅次于最好的东西"，也许是唯一被其他殖民强国落下的东西。在意租界研究者马利楚看来，处在奥匈帝国、俄租界之间的意大利租界位于一种"政治地形"中。

1902年6月7日，中意两国正式议定《意国租界章程》。意大利租界的四至范围为："东北自意中交界路（今兴隆街）沿京榆铁路至俄租界；西南临海河；西北沿意奥交界路（今北安街）至兴隆街。其面积为771亩。"在这份章程中，意大利人特意要求写上了这样一句话："意大利政府要求享有与其他国家所获得的有关租界地完全一样的权力。"这句话，正体现了1861年成立的意大利王国要求与列强平起平坐的自尊心态。

意租界的建立，使得长期以来海河东岸"堆积如山傍海河，河东数里尽盐坨"的景观不复存在，代之以崭新的西洋现代都市风貌。意大利王国政府任命意大利海军陆战队中尉费洛梯负责整个意租界的开发。对于这块未开发的经济"处女地"，后来成为意大利总领事的费洛梯在报告中以殖民者的身份骄傲地宣称："所有因本国的工商业发展而自我感觉实力强大的国家，始终以积极且日益增长的兴趣注视着中国这个巨大而又未被开发的市场，紧紧抓住每一个可乘之机来打破环绕这座宝藏的壁垒，并避免在开发这个巨大的新市场时失去先机或者被别人超过。"但意大利对华贸易量始终有限，在租界定居的意大利人也始终有限。1911年，天津意租界内共有251名意大利人和5348名中国居民。4年后的1915年，意租界内共有约400名意大利人和近万名中国居民。

意大利把租界作为"现代化的实验室"，其标志性事件是1914年在天津铺设了第一条沥青马路。意租界当局与美孚石油公司签订协议，在大马路一带进行沥青实验。20世纪20年代前后，各国租界才开始推广沥青路面，取代开埠初期铺设的碎石子路面。意租界的社区功能比较齐全，租界内以花园别墅为主，兼有领事馆、兵营、学校、医院、教堂和球场等公共设施，具有鲜明的意大利风格。多年以后，一位意大利建筑师漫步在"异托邦"的"意大利小区"，他说自己就好像置身于一个意大利小镇,"听人说意大利语,但夹杂着一些地方口音的感觉"。

租界是一处具有强烈宗主国意识形态的命名空间。在经过历史地名的多次改易后,这里形成了一个奇特、混搭、异托邦的历史街区:意大利人将一条街道以中意文化的交流使者利玛窦的名字命名,又在同一条街道上将意大利兵营用意大利民族"英雄"曼诺·卡罗图的名字命名。这样既强调了中意友好,又昭示了作为宗主国意大利人的爱国主义情怀。1949年以后,这条街被改名为光明道,而在以中国人最熟知的意大利人马可·波罗命名的广场周边,是后来命名为民族路、民主道、民生路及建国道等体现孙中山三民主义思想的政治化道路名称。

意租界面积虽然只有700亩,但因紧邻海河、背靠火车站,交通条件比较优越,加上市政规划合理,环境清幽,地价并不低。最高的是大马路(今建国道),其次为花园一带(今第一工人文化宫)。抗战前每亩地价大约4000至10000两左右。原中心广场(海河广场)一带1917年每亩2000余两,民族路一带滩地1920年每亩地1400两,到1934年翻了一番,达到4300两以上。

有人回忆说,当时天津的英租界是金融政治中心,法租界是繁华的商业区,日租界是策划阴谋的巢穴,意大利租界则是希望与世无争的隐居者的天堂。自诞生之日起,意租界就是一个住宅区,建造的基本上都是二三层带花园的小楼,被天津人视为"贵族租界"。到上世纪20世纪初期,天津意大利租界已经初具规模了。意租界人口最多的时候,这里有意大利籍军人及居民400多人,中国居民6000多人,以及850名欧洲其他国籍的居民。

中国"隐居者"的天堂

> 对所有外国人来说，德国租界……是最好的居住地……英国租界和其扩展区有最重要的外国银行、办事处和商店以及大量的中国人口……意大利租界……开始成为最受中国隐退军政官员欢迎的富丽堂皇的居住地。
>
> ——伍海德《我在中国的记者生涯》

1934年，来自伦敦的记者伍海德在天津各国租界采访后，曾作出上述如此评价。虽然意租界不如海河对面的日、法、英租界热闹，也没有俄租界那么大的地盘，但意租界被意大利人视为"展示意大利的窗口"。

意租界，处于海河东岸的奥租界与俄租界之间海河拐弯处，当时没有浮桥和铁桥与海河右岸联通，发展贸易先天不足，但利于住户安居。因此意租界在规划时充分利用了意租界这一看似劣势的条件，将国地打造成了一片高品质的居住区。值得注意的是，天津意租界的街区规划是以步行者为主要对象设计的，最长的街道不过600米。除了有电车驶过的大马路外，街道之间具有强烈的围合感，整个意租界街区比较静谧。

除了意大利国王诞辰，或是意大利领事更替等重大新闻，天津的报纸很少见到关于意租界的报导。与其他各国租界比较起来，意大利租界一直比较平静。梁启超、张鸣岐、倪嗣冲、汤玉麟、段芝贵、靳云鹏、叶恭绰、曹锟、华世奎、杨以德以及两任天津市长张廷谔和程克等均曾在这里寓居。上世纪二三十年代，天津意大利租界以其交通便利与街区静谧成为"隐居者的天堂"。

当年的盐关设在海河东岸，意租界建立以前这里是成片的盐坨地。清末时，从盐关口（即金汤桥）到季家楼（今天津站）这一带，共有盐坨220余条，绵延数里，甚为壮观，堪称清代天津海河东岸的一大景观。谁也想不到，又过了二三十年，以直系掌控的三家盐务公司德兴公司、裕蓟公司和利津公司为代表，形成了新盐商，因这几家公司及主要盐商均在意租界办公或居住，时有"河东派"之称（时称意租界地处天津河东），权倾一时。

1917年，就在北京府院之争闹得沸沸扬扬的时候，黄郛和妻子沈亦云来到天津，想找一处合适的房子。曾在北洋女师读书的沈亦云不喜欢住在日租界内，觉得"毗邻的法租界同样闹杂"。

一日，黄郛和沈亦云前往家住河北区的朋友唐少莲家拜访时，唐建议他们选择意大利租界的房子。而此时因由北京逃难来的人极多，租屋极为困难。庆幸的是，一天沈亦云在意租界看房时，"看到一排出租房屋，两楼两底半独立的小洋房，门前有小小空地，后面厨房，楼上亦有两间小房"，月租70元，当下沈便与房主订了一年的合同，搬到了这幢小楼里（今民主道3号）。据《亦云回忆》记，"我家距老站甚近，往来京津或往来南北的朋友，很容易来看我们，吃顿便饭或住宿一夜"。虽然房子不是很大，但自打搬进去就很热闹，家里的床不够用时，甚至连客厅的长餐桌上也睡过客人。这也是他们第一次住进有自来水浴室的房子，"几件旧家具由上海搬到北京，又由北京搬到天津，越搬越旧"。沈亦云特意将两把从北京添置的橡木藤心大靠背椅，套上了黄卡其布套。

黄家的这两把大靠背椅，经常招待南来北往的各界名流。除了交往较多的天津严修以及偶尔来串门的梁启超外，这一时期与黄家来往最多的便是住在意租界四马路的张绍曾了。黄郛不去张绍曾家，则张必到黄郛家来访，来必久坐。两人谈得起劲时，这位曾任国务总理的张绍曾就会脱鞋，盘腿坐到黄家那张橡木厚垫的大椅上。

1912年10月，梁启超结束了长达14年的海外流亡生活，从日本神户乘船抵达天津塘沽。在津住了十几天后，梁先去北京，心绪不佳，自称"居京则卖身宾客而已"。不久，梁返回天津，打算"总住津，不住京"，并着手在天津寻找合适的定居之所。梁启超在天津英、日租界多处踏勘，直到1913年底，总算在意租界西马路买到周氏名下的一块近4亩空地，先后建起新、旧两栋花园式洋房。漂泊多年的梁启超，终于安顿了下来。旧楼面向西马路北段而建，原为坑洼地。旧楼后为晋寿里，1916年时任国会议员的程克在此建房，取名福寿里；与福寿里相通的协丰里，1918年新疆督军杨增新在此建楼房4所。邻近的横二马路上，更是云集了段祺瑞、段芝贵、章宗祥、王鸿陆、张怀芝等达官显贵。

1915年至1929年，梁启超在这里生活了15年的时间。多年以后，梁家后人仍然习惯地称这里为"天津老家"。梁思庄回忆，小时候经常在老楼的院子里学骑自行车，逢年过节或家里有什么喜事，就请戏班子来家里唱堂会。请住得很近的邻居来家里听戏，专门要用小汽车接送。有时，梁家还要向朋友和邻居出售一些瓷器餐具，大家都以买到梁家的东西为乐。但为什么梁家要出售瓷器，多年以后，梁家自己人也说不清了。

抗战爆发后，梁家子女分散各地，"天津老家"只有梁启超的夫人王桂荃独守，与猫为伴。1941年太平洋战争爆发后，王桂荃又把新楼出租给恒昌绸布店，仅留下楼下位于东南角的一间书房，存放梁启超的书籍。天津解放时，四野萧华的司令部一度设在老楼的楼上。1950年，王桂荃迁居北京，把新楼和后面的小楼以"梁氏亲属会"的名义作价3千匹布卖给了公家，并将原来存在客厅的善本书捐献给北京图书馆。此后几十年，饮冰室的住户人来人往，先是住进了一些进城干部、军队家属和文艺工作者，后来变成了一处几十户人家居住的天津大杂院。

20多年前，我还在历史博物馆工作的时候，来自台湾新竹科技园一家公司的董事长约我当向导，想去饮冰室寻访一番。一个秋日的黄昏，我陪客人到了河北区的民族路，进入这所住着近百户人家的大杂院，踏上台阶，饮冰室的破败情景让这位慕名而来的客人始料不及。如果不是院门上嵌着"市级重点文物保护单位"的牌子，来自台湾的客人很难相信天下闻名的饮冰室会是这般的景象。

到了 2002 年，这里改为梁启超纪念馆。院中梁启超的雕像仿佛在提醒着人们，他依然还在那个启蒙中国的饮冰室内，等待着百年后的寻访者。走进昔日的饮冰室，看着复原了的满架图书，望着书房中的斑驳光影，听着老楼内笃笃笃的脚步声和耳畔偶尔传来的啪啪啪的拍照声，四顾怅然。

在马可·波罗广场

> 当时我们的住宅位于意租界五马路（今自由道）26号，是租赁的，离住地不远即有巍峨凌空、背生双翼的和平女神青铜塑像（俗称"铜人"），周围环有水池。四周的住宅也都是罗马式的构造，雄伟壮丽，各具特色。
>
> ——李邦佐《租界观剧旧事回忆》

在过去的半个世纪时间里，不知多少次经过这里：上世纪六七十年代，跟着家里大人多少次路过这里，但至今竟然毫无印象；上世纪八九十年代，到当时称为"一宫"的剧场里看各种演出，到旁边的小花园买邮票，也很少打望这个充满异国情调的广场空间。那个时候，马可·波罗广场还不是这个样子，纪念碑雕塑尚没有重建。

按照费洛梯的规划，在两条南北向十字交叉的主干线上（现民族路和民生路）设计了两个广场，一个以马可·波罗命名，一个以意大利最伟大的诗人但丁命名，并以此为中心规划、建设了完整的道路网及公用设施。与中国式的中轴线不同，民生路和民主路并非笔直的中轴线，而是略有弯曲，由北向南行走过程中，能够看到不远处广场的雕塑，让人们在步行时多了些许神秘的期待和观察的乐趣。

在意大利文化中，广场不仅是一个城市空间，更是一个生活的地点，一种仪式化的场所。一如意大利的很多城市一样，马可·波罗广场成了天津意租界最明显的城市地标。1949年以后的很长时间里，这个广场的作用似乎不大，成了人们通过性的一个空间。多少次，我坐着公共汽车从这个小小的广场穿过的时候，总在想，意大利的广场能够这样吗？

马可·波罗广场堪称天津各国租界中最漂亮的广场，更是意租界的精华所在。最初这个广场被称为Piazza Regina Elena（埃莱娜王后广场，也称利奥广场或埃拉女皇广场）。后来，意大利当局为纪念一战胜利，在这里修筑了一个顶端为铜质塑像的纪念碑，改称为马可·波罗广场。

广场占地2200平方米，位于马可波罗路（今民族路）和但丁路（今自由道）的交汇处，环绕广场周围的环形路当年叫雷希那埃莱娜路（Regina Elena）。广场中央是一个占地50平米的大圆池，立有纪念欧战胜利的纪念性雕塑，由意大利著名雕塑家朱塞佩·博尼设计，在意大利国内雕刻完成后经海路运到上海，又经陆路运到天津。据悉，当时使用的是意大利本土的卡拉拉大理石，2003年改建时用的则是山东的花岗岩。

纪念碑由喷泉水池、基座、罗马柱、胜利女神雕像四部分组成，总高度13.6米，基座部位装饰了4个欧式风格的人物雕塑，主体部分的柱式不是一般材料上说的科林斯式，而是混合柱式，柱子顶端的女神像原来为手持利剑的胜利女神。早年间，天津人习惯把铜塑像称为大铜人。有意思的是，铜人手中所持的一把剑原是一种胜利的象征，但那把剑正好指着一所住宅，因此有传言称那家经常闹鬼，谁都不愿意住在那里。

广场的东西、西北和西南，各有几栋风格相似的别墅，均为两层砖木结构建筑，被天津人称为"女神别墅"。这几所洋房的顶部都有四方柱亭。大多数人想不到的是，这个极具殖民象征意味的广场每日除了有意大利士兵站岗外，还有夜景灯光。为此，周边几所洋房的柱亭上都装有探照灯，圆池内的四周也有灯光上射。此外，柱子上还有巨大的凹形圆盘，为的是在重大节日的夜间注油点燃，像当年古罗马神殿一样充满一种古老的神圣感和仪式感。

1928年，一个名叫加雷亚诺·齐亚诺（Galeazzo Ciano）的人来到了北

20世纪30年代，梅兰芳（手持球拍者）与张彭春（右一）在天津回力球场。

平。在此之前，他先后供职于里约热内卢、布宜诺斯艾利斯、梵蒂冈等地意使馆。在北平这座远东的中国古城里，齐亚诺结识了墨索里尼的爱女爱达。两人经过热恋，于1930年结为夫妻。这段姻缘之后，齐亚诺被任命为意大利驻中国公使。齐亚诺多次来过天津，并提议修建了著名的回力球场。

按照1947年2月10日签订的《巴黎协议》，意大利的所有海外殖民地被剥夺，当然也包括在远东的意大利租界。其实，早在1943年初，意大利即与其同盟国日本达成协议，将租界移交给了南京的汪伪政府。1949年，在意风区规划建设前，这里成了一个市井喧嚣的场所。当时人们来这里，去的最多的地方是"一宫"，而对于一宫前面已经没有了纪念碑的广场大多没有什么特别的印象了。

广场东南侧的意国花园与广场同为1924年建成，10年后回力球场正式落成。1937年日本侵略天津时期，意国花园一度改名为"河东公园"。1949年后，马可·波罗纪念碑拆除，回力球场改为第一工人文化馆，保留一部分为工人公园，后将公园并入第一工人文化宫。1976年唐山大地震后，广场周边洋房上的柱亭被毁，1988年建设天津站时恢复重建。2003年重建纪念碑，但顶部的胜利女神手持的宝剑被改成和平女神手持橄榄枝。

上世纪70年代末，天津青年人谈恋爱，一般都是各自在家吃过了饭，蹬着自行车到海河边的桥栏杆边约会，有的赶到附近的"一宫"看场晚场电影。一开始，连手都不敢拉。上世纪90年代初，骑着自行车路过建国道，路边的饭馆、店铺照样热热闹闹。一次在路边吃早点，一个50多岁的天津大爷一边吃，一边看着路边上来来往往的男男女女。他看到路边手拉着手的一对年轻男女搂腰而过，自言自语地说："干嘛拉着，还怕跑了?！"

假装在意大利邂逅

> 天津租界上,那高大的洋楼,街上灿烂的电灯,那简直和这北京城是两个世界。想着坐汽车在天津大马路飞驰过去,自己是平地一步登了天,不想不多几日,又到了这种要讨饭没有路的地步。
>
> ——张恨水《夜深沉》第22回

60年前,不,还要更早些,昔日的意租界大马路还是一条很安静的街道。现在,这里已经变得非常热闹了,天津站和现在已经声名远播的意风区就在附近。乘京津城际下车之后,从地下车场打车钻上地面的第一条马路就是建国道。行色匆匆的旅客,路过这条狭窄的街道,根本没有时间打望一下周边的建筑,也无暇思索到底走过的是什么样的地方。

昔日,这里是"意国地"最重要的主街,堪称意租界的中央大道。意租界大马路,又名伊曼纽尔三世(当时意大利国王名)路,今日为建国道。这里曾是天津意租界的中央大道,意国驻津总领事馆(今建国道74号)、圣心教堂、圣心医院等机构均设在道路两侧。

按照1908年后逐渐完善的租界规划,这里的定位为天津当时最高档的社区。1908年意租界当局通过的《建筑管理条例》对西式风格街道的布局制定了细致的规则,要求建筑最高不能超过两层楼,必须是"欧式风格,精致住宅":"所有面向艾玛纽大道的建筑必须是欧式风格,必须是给有着良好品格和身份的欧洲人居住,或者是给道台以及其他中国高级官员居住,但这些中国人必须从意大利皇家领事馆获得许可证。"

正如天津的很多租界大马路一样,这条马路也是跨国跨界的一条大马路。原来全长1300米的建国道,从东到西分别为三国割据:原一经路至五经路一段,为俄租界,称彼得堡路;今五经路至北安道一段,属意租界,称大马路;北安道至海河东路一段,属奥租界,称金汤大马路。因为地处天津站附近,俄、奥租界一段,都有较为浓郁的商业氛围,俄国段以仓储、转运为主,并有旅馆、酒店等商业;奥国段以传统商业为主,商肆林立。意国段大马路商业设施较少,多为南欧风格的古典庭院式住宅。

1908年,天津有轨电车开通两年之后,比商电车公司开通了北大关始发、途经北马路、东北角、金汤桥、金汤大马路、大马路到天津站的红牌电车。比商电车公司电灯房在三马路(今进步道,后改为天津第三发电厂,原址于1997年拆除)。比商电车公司办公楼就在大马路上,几年前改为天津电力科技博物馆。

红牌电车通过的奥租界大马路一度很繁华,但是由于意租界不准该界内主要街道开设商店,繁华地段至奥、意租界交界处便戛然而止。因此虽有红牌电车从此经过,但是不似今日想象的车水马龙、人声鼎沸。据老住户回忆,"小时候,从家里的阳台上就可以望见兵营的操场,但我从来没有看他们列队出来巡逻过,几个人在一起出来巡逻的时候都很少,也就是有一个兵出来,在路口张望一下就回去了"。

当年,天主教意大利方济各会先后在这里建造了圣心教堂(又名耶稣圣心堂,至今犹存)、圣心医院和修女院,形成一片方济各会建筑群。天津人习惯将意大利租界称为"意国地",称圣心医院为"意国医院"。1965年1月2日,一个下雪的日子里,我出生在意国医院,当时已改称天津市第一医院住院部。

在一般人心目中,大马路上最传奇的名人莫过于曾任天津警察厅长的杨以德了。杨以德即杨三姐告状中的"杨青天",天津人俗称其为"杨梆子"。因早年曾在老龙头火车站担任检票员,在津浦铁路局担任侦探员,杨对此地很有感情,晚年置办了这处寓所。位于建国道72号的杨以德旧居,2008年因地铁2号线建国道站施工,被有关单位偷偷拆除,事后相关单位受到处罚。

这里还曾是天津的报馆一条街。1925年,大名鼎鼎的《益世报》迁往意租界大马路,罗隆基、钱端升等人曾在此任主笔。清末以来,这里还有《醒华画报》《天津晚报》《天津导报》《天津午报》等20余种报刊。可惜,除刘髯公故居和《新天津报》旧址犹存外,其他多已无迹可寻。也是在这里,许麟庐"邂逅"了齐白石。那时,当时正在天津洋行当职员的许麟庐时常前往位于大马路的字画店看齐白石的画作,回去后偷偷描画。

因地处天津站附近,1949年以后,建国道渐趋喧嚣。据老住户回忆,上世纪70年代有轨电车拆除以前,建国道的繁华程度仅次于和平路、滨江道。在这之后,红牌电车线路改由12路公共汽车运营。因为东站的出站口就在建国道的东头,很多外地人将行李放在小件寄存处后,经常到这条街上采购物品,路上的5路公交车、小汽车、自行车、三轮与行人混行交织,车水马龙。2005年,市政部门拓宽改造完成了建国道、民主道、民族路、民生路、自由道这5条路,这一带道路空间效果剧烈改变,原来熟悉的建国道变了模样。

十多年前,意租界正在进行大规模整修的时候,我正在附近的西货场工作。黄昏时,漫步在已经人去楼空的昔日意租界,除了修复一新的梁启超饮冰室和正在修复中的马可·波罗广场,充满西式风格的各种柱廊和残垣断壁也赫然在目。

今天,如果进入意风区,你可以选择忽略附近的高楼大厦,也可以把正在经过的"北安桥"想象成威尼斯的一座桥,正如科塔萨尔说的,"一次偶然的相遇在我们的生活中最不具有偶然性",尽快、直接切入主题,走入昔日意大利租界的风情之中。

TIANJIN
THE BIOGRAPHY

天津 传

河东、仓库和工厂

第十六章

20 世纪 70 年代，海河边的游人。

我的童年，即在河东河边和铁道边长大，小时候的经历多与工厂有关：我出生的地方是近代民族工业的发祥地，一条胡同里住着各地口音的人，有的在工厂上班，有的在月牙河对岸种地；开春后在程林庄路乒乓球厂门口捡乒乓球，在杨台附近的天津缝纫机厂门口捡废铁，盛夏时沿着月牙河往北区靶场捡子弹壳卖了钱租小人书看，将稻地沟里"淘坑"捉来的鱼用芦苇穿好了绳蹲在今天通往万新村的月牙河桥口卖给下班的工人，秋天的时候沿着月牙河过铁道去中山门的工人聚集区新华书店里看书，冬天沿着月牙河走到一号桥去第一机床厂礼堂看电影，平日在中学附近的合成洗涤剂厂澡堂子洗澡……这些成了小时候难忘的工厂记忆。

我的启蒙是在今天的十一经路老图书馆里阅览室开始的，等到这里拆迁了才知道这所有着圆弧形窗子的房子是昔日俄租界的建筑。那时候，老人小孩们都把俄国人叫"大老俄"，"俄"发出来的是哪吒的"哪"那个音。

出了天津站，沿着平行于海河的河东六纬路，过了旧俄租界，到大直沽和刘庄浮桥附近，就是昔日的比租界了。上世纪80年代中后期，我曾在周边的街巷闲逛，几乎找不到多少"租界"的痕迹。1986年大学毕业后，每天蹬着飞鸽自行车跟着工厂的工人一起在路上去历史博物馆上下班，看着那些穿着蓝色的工装或者灰色的夹克衫的工人，一拨拨地走进每一家工厂的大门，很多人的车把、车筐和后椅架上挂着网兜、帆布袋或者黑色的皮包，里面大多装着从家里带来的饭盒，听着那些男的、女的用大天津话热情地打着招呼逗着玩儿。

那个时候，我在紧邻第二工人文化宫的光华路4号天津市历史博物馆上班。早上，去大直沽的河东饭庄喝上一碗热乎乎的高汤馄饨，差不多每次都会遇到附近工厂下了夜班的工人两眼通红地坐在桌边，要了一碗馄饨、一盘拆骨肉，一边吃着早点，一边就着二两直沽高粱酒，和旁边的工友高门大嗓地谈论着厂里的逸闻趣事。

俄国人新的"天津之门"

> 自法租界光明社，循蓝牌电车路，过法国桥，沿河岸而行，经特别三区旧俄租界地，马路宽敞，林木清旷，道旁时有老屋巍然，如欧洲古堡，当系旧日俄国富豪所建，今则不免有人去楼空之感。
>
> ——1927 年 3 月 19 日《北洋画报》，《比租界访问记》

1900 年，俄军占领老龙头火车站及海河东岸时，天津还没有俄国租界。按照沙皇俄国的国策，他们的兴趣在于既能建立控制范围，又要避免与更先进的工业国直接竞争。1900 年 8 月初，俄国士兵开始在海河左岸地方插上俄国国旗和写有"奉军事当局命令占用此地"字样的牌子。据时任俄罗斯驻华使馆秘书科罗斯托维茨在《俄国在远东》一书记载，"俄国打过仗的那个地段，包括东局在内都应划入租界范围"。

按照俄国人最初的设想，他们想将海河东岸京榆铁路沿线划为俄国的"自治区"，"能使（俄）租界和天津英、法设备完善的租界相匹敌"，但遭到了英国人的强烈反对。英国驻中国领事甘贝尔正告俄国人："英国人创建了天津，对天津付出了劳动和投入了资本，忽然间俄国一个将军用这么一纸告示，就想坐享英国人的劳动果实……对英国人来说，俄国人是不受欢迎的邻居。"强行占领不成，俄国人又改换当年英国和法国在天津设置租界的名目，以俄商在天津经商者日多为由，照会清政府"因贸易兴旺……必得租地一块"。俄国占领东站后，与英国人不时发生冲突。后来，京榆铁路局为避免同俄国人发生纠纷，在铁路线与俄租界分界处建起了一道长达两里的高大石墙。上世纪70年代，我去河东地道外的郭庄子、沈庄子，第一次从石墙子大街经过，石墙还在，当时还误以为这些石墙是"备战备荒"时建的。

1901年5月，俄租界正式划定，俄国由此成为在海河东岸最先设立租界的国家。由于地跨老龙头火车站，俄租界分为东、西两个三角形的片区。西区是最先占领的车站以西一带，毗邻意租界（以现在的河北区五经路为界）；东区则从现在的海河转弯处（今津湾广场对岸）向南，一直到与比利时租界交界的贝加尔路（今十五经路），面积总计5474亩，是天津各国租界中面积最大的一块租界。俄租界的河岸线总长1.1万英尺，超过河对岸法、英、德租界河岸线的总和。后来，英租界扩展到墙子河外的"五大道"，才追上了俄租界的总面积。

其实，俄国人很早就来天津经商了。古文化街改造前，玉皇阁前有一个听上去名字有些古怪的萨宝石胡同。萨宝石是当年俄国人在天津经营茶叶的最大洋行。萨宝石洋行经营茶叶、皮毛等生意，在大口河边盖起了那时在天津还比较罕见的楼房，前门脸正冲着海河，后门脸的小巷被当地人称为萨宝石胡同。当时，俄国租界尚未设立，俄国领事馆事务由萨宝石洋行代理。

由天津经海路和陆路转口俄罗斯恰克图的茶叶之路盛极一时，茶叶由南方的产茶区汇总到上海、汉口、福州等商埠，再总汇天津集散。当年，仅天津输往俄国的茶叶运费一年即达270万两白银。萨宝石洋行没能躲过1900年的天津战火。1900年闹义和团时，义和团大师兄诈称萨宝石楼上有大炮，一口气罚了俄国人4万两白银，又将这座洋楼给烧了。河对岸的三岔河边，是继1870年之后再度被烧毁的法国天主教望海楼教堂。20世纪初，随着西伯利亚大铁路的贯通，天津至恰克图的茶叶之路渐渐式微，逐渐不为人知了。

1901年俄租界的开辟，为此后半个多世纪来来往往的近万名俄国人打开了一道新的"天津之门"。最初，俄侨人数有限。日俄战争后，才有一批俄国侨民陆续来到天津。民国初年，俄租界在东区划定了花园住宅区，规定只准建造独居和半独居住宅，居住者只能是外国人和华人上层。从1901年至1913年，俄租界每建成一条街道，就起一个俄国路名，中国叫法则是多少号路。其中，乌拉尔路（12号路，今八纬路）横穿俄租界东区南北，差不多正好是俄租界的中心，也是俄租界已开发区和未开发区的分界线。现在过了大光明桥的十一经路，因毗邻俄国领事馆，称领事路，也叫25号路。到20世纪20年代初，俄租界的主街尼古拉路（10号路，今六纬路）上，已经建造了40多所住宅，俄国人开设的饭馆、酒吧间渐渐多了起来。但与对岸的英法租界比，除了领事馆、工部局、俄国花园及尼古拉路，俄租界依然显得比较简陋而缺乏建设。

1919年7月，苏维埃政权在加拉罕宣言中宣布放弃俄皇帝制时期一切在华权利，自主归还俄国租界。1920年9月25日，此前主持接收德租界和奥匈帝国租界的天津警察厅厅长杨以德来到了俄国大使馆主持接收仪式，原来俄国巡捕房的巡警都换上了中国警察的制服，历时23年的俄租界正式更名为天津特别第三区，简称特三区。

"我必须渡河去俄罗斯"

> 我们从跑马厅路东行,穿过了英租界的全部,直走到白河岸边,目的是要去看一看对河的俄国花园。这一段路长得很,沿途也多属荒野之区,极少烟火气,但一到河岸的时候,情景又热闹起来。这条河的河身是相当宽阔的,汽船和帆船不绝地在河里来来往往,听说河水再涨高些,上海来的大汽船也可开进来了。
>
> ——孔另境《天津卫记》

当时,今天的大光明桥渡口有两艘白色的外国渡船,专为渡人从小白楼到对岸河东的俄租界和俄国花园。在1924年俄租界尚未归还中国前,这两只渡船专渡外国人和工部局的一些华人。上世纪50年代初期,中央音乐学院有8年时间在今天河东的天津音乐学院。晚上在原来的平安影院等排练或演出结束后,大家回学校要从大光明渡口坐渡船回去,夜间坐在这样的摆渡上,看着月光投射到河面上,听着桨声滑动河水的声音,令人无限向往。

俄国花园是当时天津城区内唯一的森林公园。从当年的鸟瞰图上看,成片成片的绿色让人误以为这里是莫斯科郊外一处贵族的大庄园。春秋两季,大量候鸟在这里短暂栖留。上世纪30年代,来自英国的布莱恩一家住在河对岸的英租界,布莱恩的姐姐把这里叫"黄鹂的花园",经常在家里唱着"当樱桃

天津旧俄租界街景

树上的花朵飘落时,黄鹂就会飞到北方的平原"的英文歌,让人想起"正当梨花开遍了天涯"和"年轻的人们消逝在白桦林"等充满俄国意象的美妙旋律。

当时,海河边的花园渡口设有木栏杆。住在河对岸的人经常坐着摆渡去俄国花园,到了冬天海河上结了冰,则由摆渡的船夫滑着冰橇过河。俄国花园是当时濒临海河的唯一一处游览胜地。园中设有花坛、草地、亭子等,还有马球场、草球场及游泳池。俄国花园附近地势幽静,俄国富商多在此处修建别墅,德商礼和洋行出口部经理俄国人克莱叶原是帝俄高级军官,退役后与礼和洋行合作经商,他的别墅在花园一带最为壮丽。

与河对岸英租界的维多利亚花园相比,俄国花园更像一个郊野公园。这里树木茂密,杂草丛生,孩子们可以光着脚在公园里跑步,也能够玩捉迷藏的游戏,甚至还可以到树林远端的池塘里野餐。公园的北面有一道长长的栅栏,栅栏外边就是一片红红的高粱地了。对于那些居住在天津租界的外国小孩来说,这里是他们童年的湿地天堂,记载着他们天津童年最美好的时光。出生在天津的美国著名作家约翰·赫西多年以后提起俄国花园,依然十分动情地说:

"我必须渡河去俄罗斯,而且常常这么做,因为那里的公园树木繁茂,而且里面还有一个湖。直到今天,我的鼻孔还充满了从俄罗斯水域捉到并被我带回英国的蝌蚪的古怪气味。"

俄国花园内树木极多,有些是当年河东冯家祖辈种下的老树,有些是俄国人在这里种下的白桦树。俄国花园的白桦林一直到上世纪50年代还保留一些,而这片白桦林(有些人误以为是白杨树)成了那个年代年轻人心目中的俄国意象。据1921年出生的作家周骥良回忆:"在河的东岸有一片白杨树林,在树丛中立着一座俄国东正教堂,我常随表姐坐摆渡过海河,到那里玩。所有的白杨树都有十米高,树干都比海碗还粗还壮,树叶不论有风无风都在哗哗作响,我在树林里穿来穿去,喊来喊去,整个身心都融入大自然之中,真是美极了。"

除了白桦林,圣母帡幪堂是俄国花园最著名的俄国风物。当时,河边有一条专门通往教堂的小路。据布莱恩·鲍尔在《租界生活:一个英国人在天津的童年》中回忆:"隔河相望,能看到俄国花园里的树木,还有树木旁边的俄国东正教堂那洋葱形状的圆顶,去这个小教堂的有各种各样的俄国人。沿河岸直通往教堂的是罗曼诺夫路,这条街上住的是早期的定居者和他们的后裔。"

1924年,俄国租界正式归还中国,俄国花园更名为"海河公园"。那个时候,住在河对岸租界里的青年男女喜欢骑着自行车过了河,到这里游玩。1925年9月5日,焦菊隐在《现代评论》上发表了一篇短篇小说,标题是《租界里》,提到了几个天津年轻人到俄国花园游玩的场景。

那时候,喜欢到俄国花园游赏的不只是不同国籍的年轻人。晚清遗老郑孝胥追随溥仪移居天津后,住在山西路耀华里。这位小朝廷的内务府大臣除了四处搜集古董,平日最喜欢的就是逛公园。1926年4月14日,他与朋友到此游览,见花园"有树数百株,新绿参半,中惟一亭及水一湾而已,在亭中坐语,斜阳穿林,市尘不染,在津沽为最胜矣"。对这座传说昔日乾隆爷的柳墅行宫故迹,郑孝胥情有独钟,前前后后来了不下20余次。

铁路与河边的烟囱

> 父亲每天要到那个有许多高高大大的圆形油罐的洋行里去工作……从这里隔了草地、小树林,有时可以望见在河上缓缓航行的轮船的半截烟囱,像在空中漂浮而去,还不时传来它汽笛闷声的鸣叫。那笛声深厚稳重,很有韵味,似乎是凝成一团,柔柔地响,一点也不像纱厂、洋行上下班时候的笛声那么狂躁刺耳,让人悸动不安。
>
> ——周绍昌《茉莒集》

俄租界拥有狭长的海河沿岸,加之毗邻铁路线,海河沿岸便成为大型外商企业、洋行的麇集地和商业贸易区,沿河码头几乎皆为这些企业、洋行所占有。俄租界对岸的英、法租界虽然码头林立、洋行密布,但缺少储存货物的空间。英租界工部局曾规定,凡储存在码头的货物存储时间不得超过一周(最初为十天),超出者按日支付罚金。据英国驻津领事馆报告,不仅小公司难以为继,太古、怡和这样的大洋行也苦不堪言。虽然太古和怡和有自己的码头,但仓库不足限制了货物的周转。

随着太古洋行跨河经营,各大洋行纷纷在河东的俄租界设立货栈和仓库,海河东岸自万国桥以下的码头有:英商卜内门、开滦、太古储运公司、颐和烟草公司、东太古、铁路南站、源记、木行、谦记、和记蛋厂、德士古、裕丰纱厂、海河工程局、盐坨地等码头。如说各国洋行贸易界多在英法租界，河东的仓库和加工厂及行栈则成了俄租界发达的重要标志，俄租界成为近代天津乃至中国华北地区棉、粮、木材、煤、皮张等出口货物集散地。从东北各地运来的粮食、木材、皮张，从冀中运来的棉花、土产，自唐山运来的灰砂、片石等建材，以及开滦、井陉两矿的煤炭，大多在此集散，由此形成了俄租界脚行多、大车多、货栈多的"三多"特点。不过，也有一个令客商颇为苦恼的问题。那时已经大量使用马车运输了，但本地的脚行"把头"认为牲畜费力太大，不如人力便宜，直至上世纪50年代初期大部分码头货场仍然使用人力拖拉的"地车"。有些客商自购卡车运输，却经常遭遇脚行的阻拦，以至数百辆汽车被迫停运，还要付给脚行"过街费""搭肩钱"才让装卸。

从20世纪20年代以来，天津城市一直呈沿河、沿铁路发展的趋势。最初，英、法、日租界均在自己的西区靠近墙子河一带划出了小范围的工业区，但是由于这里远离河道和铁路，于发展大型企业终究不利。地域宽阔的河东俄租界（包括后来的特三区）、比租界一带遂成为外商大型企业投资的最佳场所。

时人感叹："唯大直沽，其地在今海河东岸，旧俄租界……去旧城东南十里，近年已逐渐辟为工厂地带矣。"天津卷烟厂的前身为1921年建成的北方最大的卷烟厂——英美烟草公司（1934年更名为颐中烟草公司），生产的"大前门""老刀""大婴孩"一直到后来的"恒大"名扬国内；天津第一热电厂的前身为1936年在俄国花园南部建立的中日合资天津电力公司。此外，还有英商卜内门洋碱公司、英商开滦煤矿北方售品处、德商井陉煤矿售品处、英商天津栈储公司等。大王庄现六纬路到九纬路之间，当时聚集了一批外商肠衣厂，专做猪羊肠子出口。因在英、德租界不准开业，都集中到俄租界内。1920年，裕大、宝成两大纱厂（后改为棉纺三厂）即在郑庄子建立。日本时期，因旧俄租界和比租界一带已没有多少剩余土地，继续沿俄租界、比租界往南临海河一带发展，在郑庄子一带又建立了中山钢业所（后来改为天津钢厂）、兴源化学公司（后来改为合成化学厂）、双喜纱厂（后来改为棉纺五厂）。上世纪50年代，仅棉三、棉五、天津钢厂、合成化学厂4家工厂即有产业工人4万多人。

一直到上个世纪90年代初期，从刘庄浮桥到四新桥沿海河两岸，均为自天浓烟滚滚、机器声昼夜轰鸣的各式工厂。毗邻海河和铁路的河东地区一直是天津市区最大的产业区和仓储区，堪称天津的铁西。1949年以后这些工厂虽然改了字号，但大多数依然延续生产，直到上世纪八九十年代拆迁改造前许多工厂依然用着建厂时的一些大型设备。这些工厂的周边，又陆续建立了许多其他小工厂和工人宿舍。不同时期的厂区叠加在一起，塑造了河东区产业分布的居住格局：大王庄一带，居住大批烟草公司、胶鞋厂、开滦矿务局的工人以及大量的装卸工；大直沽一带多为大型纺织厂、食品厂、酿酒厂的工人，稍后兴起的郑庄子工业区则形成以钢厂、纺织厂为中心的居住区。这样近似欧洲工业革命初期的产业、生活形态，对河东地区的城市景观、社会习俗都产生了深刻的影响。

你知道比利时租界吗

> （比租界）地点坐落在大直沽附近，与市内繁盛区域距离得很远，而且地方也小得很。平常人的足迹，多有不去的。一条百多丈长的大马路，几条小胡同，多芦草房子，内容也就简陋得很。比领事盖一所领事署在里面，附设一个巡捕房，雇了有十来个巡捕，便公然也是一所租界，什么捐也得抽。
>
> ——幸福斋主《津沽杂记》

如果不是刻意提及，大概很少有人能够想到，天津九国租界中，竟然还曾有过一个比利时租界。其实，不止今天的读者"忽略"了比租界的存在，即使在1927年收回比租界之时，若不是国内的各大报刊纷纷报道收回比租界的重大新闻，"国人始恍然知天津于英法日等国租界外，尚有一比租界"[1]。

比利时租界位于河东区大直沽、田庄、小孙庄附近，人们熟悉的生产飞鸽的天津自行车厂即在此地。虽然由比利时人经营的电车曾深刻地影响了这座城市，但由于比利时国力一般，又处于海河左岸的偏僻地区，比租界成为天津各国租界中开发程度最差、最不知名的外国租界地。历史上的比租界，西濒海河，北接十五经路（俄租界），东至大直沽（大直沽中街附近），南靠小孙庄

1　1927年3月19日，《北洋画报》，《比租界访问记》。

（天津自行车厂附近），面积为七百四十亩半。比租界几乎由农田、坑洼地构成，商贸萧条，只有若干杂货铺、货栈和酿酒烧锅。居民不过百户，土地多为农田，寥寥无几的货栈、酒坊散落其间，"人迹所罕至，众口所不谈"，除了一条沿河道路外，一直保持原有的乡村景观。

天津比租界以很低的价格（每亩地一千文）获得土地后，将土地划分三个等级，一等地每亩地价为3000元，二等地每亩地价为2000元，三等地每亩地价为1500元。因人少地多，比租界当局将租界土地转售给该国一部分商人集股组织的比国银公司经营，由居留侨民成立董事会管理租界行政事务，相当于"官办民营"性质的开发商，因此比国租界又被称为"股票租界"。

比租界毗邻铁路干线，又有大片沿河地带，成为开办工厂和商业货栈最佳的地点。在其他海河沿岸土地占用的情况下，比租界成为一块闲置的"价值洼地"。英国著名的"威斯蒂帝国"旗下的和记洋行是最先在比租界建厂的企业。1922年7月，英国垄断资本联合国际有限公司先后两次通过比利时工部局华籍文案（翻译）靳云波购买比利时地产公司地块两处，总计180亩，兴建了天津英商和记洋行（即后来的食品一厂），从事冷藏和蛋禽加工产业，仅此项交易比租界当局便获利54万元。和记洋行是当时华北最大的蛋品加工厂，仅在华北设立的收购站（支庄）就有130多个，几乎垄断华北蛋品市场。

早在1919年，美商德士古火油公司即在天津设立了分公司。1929年，德士古看中了和记洋行对面的沿河地段，通过靳云波向比利时地产公司购买空地100多亩，成立德士古油栈，准备建立油罐区，在这片洼地上垫了两万方土。

德士古油栈位于大直沽河沿，东接中纺一厂（即后来的棉纺一厂），西临和记洋行，北连大直沽村，南靠海河。因为油罐距离大直沽太近，加之1926年位于河东旧俄租界内的美孚石油罐区曾发生过火灾事故，大直沽村民曾群起抗议。初始，天津市政府以"危险建筑必须远离市十里以外，才准予建立"为由，拒绝了美国人的计划。在政府碰壁后，美方又想以重金（3万元支票，折换黄金千两）贿赂的办法，分化和收买大直沽当地的头面人物，亦未得逞；接着，美国人又允诺"给大直沽先修三条大马路，然后安装电灯，建游园，开图书馆，设官医院，开办贫民学校，所有各项经费都由德士古负担。将来石油库的职员、工人都任用大直沽人"来诱惑，也没有效果；最后，美国人还是通过南京国民政府的关系，获得了建立油库的执照。前后延误了两年多时间，最终在军警的护卫下，德士古油罐区在1932年春建成了。

历史上，河东曾有上河东、下河东之分。上河东是指唐家口、风林村、复兴庄、李公楼、沈庄子、王庄子、郭庄子以及王串场、小树林等地，下河东则指大直沽、田庄、小孙庄、郑庄子以及贾沽道、东局子、张贵庄一带。后来，上河东基本为俄租界，下河东基本为比租界。我出生在东局子，自小在下河东长大，但经常去上河东的旧俄租界的解放桥电影院看电影。

下河东一带，最著名的是充满刚烈气息的烧酒、足球和工厂。历史上，大直沽曾是元代海运盛行时海津镇所在。天津开埠以后，这里出产的高粱酒、五加皮、玫瑰露、状元红以及产自御河的天津冬菜，至今享誉海外。一般人都以为河东足球是六七十年代兴起来的。其实，早在上世纪20年代，那些原来玩拳儿玩跤、舞刀弄棒的河东青年子弟就喜欢踢球了，最多时有30多支足球队。

上世纪80年代，大直沽还没有拆迁，街区依然保持旧时的格局，由前、中、后三台组成，纵横交错着22条街道、101条里巷，大多为青砖瓦房。这里的街巷特别狭窄，曲里拐弯不说，还时常有坡度的变化。这在天津城区这样的低洼平原城市，可不多见。大直沽最热闹的时候，要数一进腊月后的年货市场，推着自行车在市场里转悠，没一个来小时，别想出去。

大直沽的对岸为河西小刘庄。在一河两岸之间，这里有老天津尽人皆知的刘庄浮桥。在浮桥没有兴建以前，这里有连接大直沽和小刘庄之间的小刘庄渡口。虽然前些年刘庄浮桥改成了斜拉桥，名字也改为刘庄桥，但老天津还是习惯将这座桥称为刘庄浮桥。这也是天津人的老习惯，就像至今很多老天津习惯将金汤桥称为"东浮桥"、解放桥称为"法国桥"一样。

每当盛夏时节，刘庄桥上常有市民在这里网鱼。在河边看网鱼、看海河边"谈恋爱的"，一直是天津特有的河边保留节目之一。近些年来，刘庄浮桥附近河岸边，举着照相机拍红嘴鸥的取代了以往的浮桥风景。

TIANJIN
THE BIOGRAPHY

天津 传

那个摩登、时尚的都市

第十七章

赵一荻（右一）、陆静嫣（右二）、吴靖（右四）等天津中西女中闺蜜合影

我曾经设想，在20世纪30年代的某个夜晚，穿行在充满拉丁情调的天津旧法租界街道里，城市的奢华与浮光掠影在眼前像拉洋片一样依次展现。时间如河流，有时候像说书人的"扣子"一样，惊涛骇浪，跌宕起伏，有时又像那些街区里的老路灯一样沉默窒息，平庸得令人生厌。

而今，在旧梨栈一带迷宫般的街区里漫游，像是穿越在旧时代奢华的布景里，偶尔一声叹息，都怕勾起路边那些白发老者的陈年往事，转过身去，又怕听到那些街边喧嚣的声音。

过去那个近代的、摩登的、时尚的、国际的天津，不仅仅是一个单纯的过去年代，它对今日的天津人也应该具有传续的意义。往对面惠中饭店正门一侧的楼窗望去，彼时还没有今日的高楼大厦，甚至可以看到法国花园里跑步的童年张爱玲的身影。走进惠中饭店的时候，仿佛像一个窥视者走进了一个天津戏剧的魔幻场景。虽然这里早已成为当代都市人感觉陌生的地方，但在这个城市里，还有许多这样的老楼，不知道隐藏着多少我们不知道的日常往事与惊心动魄的秘密。

在惠中饭店一间宽敞的客房里，墙壁上是一片长方形的圆窗，窗外紧紧压贴着一所所高大的楼房。虽然是白天，也显得屋里有些阴暗。除了有日出的清晨，太阳照进来，整天是不会有一线自然光亮的。对20世纪30年代曾住在惠中饭店的陈白露而言，这家饭店只是她滚滚红尘中的一个短暂驿站，这些往事成为了那个年代缓缓逝去的历史背景。今天，当我们在曾经的惠中饭店门口经过的时候，当我们重新走进这座老楼、摩挲着那些铸铁的栏杆的时候，仿佛能够找到她、他、他们为我们留下的那个时代的一些最重要的线索。

在中国现代文学史上,张爱玲是一个迷人的名字。然而很少有人知道,这位被誉为"民国世界的临水照花人"的一代才女,童年生活是在距离这里不远的地方度过的。这里是二三十年代天津摩登的中心,这里是过去一百年来这座商埠城市的时代封面,这里每天上演着近代天津的《日出》《雷雨》和《喜福会》。

1904 年,"来了一位梳头的爷们儿"

> 我的家庭太和睦了。我对这种和睦总觉得有所不满足,甚至有厌倦的情绪。……我要做出男人也做不到的事情。
>
> ——(日)服部繁子《回忆秋瑾女士》

1904 年,天津,严氏女塾。

那一年,韩咏华 10 岁,喜欢穿素净的长棉袍和厚厚的毛坎肩,把一头长发盘进帽子里,打扮成男孩子的模样,到严氏女塾来上学。两年之前,严修在位于西北角文昌宫西的严家老宅开设女塾。这所女塾,被《大公报》称为"女学振兴之起点"。女塾设在严家的偏院酒坊院中,念书的都是严家的女子,也有亲友家的孩子。女塾和男塾各居院子的一侧,中间的操场轮流使用。

让韩咏华印象深刻的是,"女生上体育课时,要把通向男生院的门关上,因我年级最小,每次都被派去关门。另外,从女生这边隔着窗子也可以看到男生的活动"。在那个年代,严氏家塾虽开了女性教育的先河,但在这儿念书的少女,却仍是羞涩而腼腆。虽然忍不住会对旁边院子里热闹的场景向往一番,但还是小心翼翼地谨守着几千年来的古训。

1904 年,是英敛之创办《大公报》的第三年。这一年,英敛之在天津日常娱乐活动颇为丰富,观剧看戏达 28 次,参观博物馆 6 次,看影戏(电影)1

次，看马戏3次，游览自然风光3次。这时候，英敛之看的还是早期的电影，"九点后开演，其中斐立滨战图、火车站图、半夜遇鬼等等，皆精妙入神，其运转活动情形，与真人无异"[1]。三年以后的1907年，看电影在天津已很流行了，这一年英敛之与亲友们看电影多达27次之多。

1904年6月10日，初夏，微风，一个平平常常的日子。按当时的历法，这一天为清光绪三十年四月廿六日。同日，在大运河的南端，林徽因降生在杭州陆官巷一座青砖大宅中。这一天，借住在英敛之家中的吕碧城正在读书，门房高举着写有"秋闺瑾"的名片禀报说："来了一位梳头的爷们儿。"吕碧城见来人身着男装，梳着发髻，风度翩翩，原来是来自京城的秋闺瑾。此时的秋瑾尚没有把名字中的"闺"字去掉。据此时与秋瑾往来较多的服部繁子回忆，秋瑾曾对她吐露心迹："我要做出男人也做不到的事情。"来天津前后，秋瑾常以"男装丽人"打扮"招摇过市"。当时，寻常女子出行，大多坐在轿子中，把轿帘子放下来，免得路人看见。而一身男装的秋瑾却跨坐在丈夫为她雇的有玻璃罩的新式马车上，冬季时则披着丈夫买的玄狐披风，手里拿着一本书，十足的名士派头。

1904年，秋瑾男装像。

1904年11月4日，北洋大臣袁世凯委派日本技师吉田正秀负责督建的由北京至天津总车站（今北站）与城区电话衔接，这是中国自建的第一条长途电话线。3天后的下午，北洋女子公学在河北二马路正式开学，由20岁的总教习吕碧城女师率同学30人，行谒孔子礼。这时候，袁世凯以每月100大洋聘

---

[1] 方豪编录：《英敛之先生日记遗稿》，台北文海出版社，1974，第671—672页。

严修等天津名士教授袁家子弟，约吕碧城等人在家中女馆教书。

1903年至1905年，天津巡警进行了天津历史上第一次最精确的人口普查，租界外国人（除驻屯军外）3725人，天津城郊人口384263人。20世纪初天津城乡总人口达836813人，到宣统二年（1910），天津市内及四乡共有172611户、1104402人，天津首次成为人口超过百万的大城市。

电话开通之后，英敛之和朋友们经常在一起电话预约吃饭或娱乐。1927年《新天津指南》刊出的私宅电话中，"严范孙宅西头"刊登了两个电话号码，分别为〇〇三四和一六八〇。那时天津的电话号码为四位数，全市用户已有一万多。

1918年，"首先我是一个人，跟你一样的人"

> 这里是天津最气派、最整洁、最美丽的街区……来往行人大多是穿着讲究的西洋人，偶尔还会有涂成黑色的箱式马车路过。……在河对岸，印有西方公司名称的石油罐比河面上停满的汽船船帆还要高，像山丘一样高耸入云。
>
> ——（日）谷崎润一郎《一个漂泊者的身影》

1918年秋天，谷崎润一郎离开奉天后，乘坐京奉线的火车先到了山海关，于10月23日到达天津，入住法租界的裕中饭店。谷崎润一郎这次来天津，想深入地体验中国文化，他买了一份小报，在报纸的第一版刊登的是广和楼、天乐园、中华舞台、三庆园等上演剧目的广告。

对中国戏剧的向往，是许多日本具有"中国情趣"的作家共同的感受。谷崎在《观中国剧记》中写道："我常常想象，要是能够身临其境的话，一定能够耳闻目睹自己长久以来所憧憬的那种梦一般美丽奇异的异国情调交织在一起的景象。"但是在天津看戏的感受却让谷崎润一郎感到失望。

大正年代的日本作家，掀起了一场中国趣味旅行热。像那个年代来到天津的许多外国人一样，谷崎润一郎发现存在两个天津，一个是繁杂的中国城区，一个是整洁的租界城区。从来没有去过欧洲的谷崎对拥有九国租界的天津毫不掩饰自己的喜欢之情,在后来以天津法租界为背景的《一个漂泊者的身影》中,称这里是在天津城里"最气派、最整洁、最美丽的街区,令人仿佛来到了欧洲的都会";而1921年7月到访天津的芥川龙之介一直向往的是古典的中国,讥讽天津的租界和上海一样同为"蛮市之地"。

有些细微的生活场景,是匆匆来访的谷崎润一郎和芥川龙之介看不见的:在谷崎润一郎看戏附近的天后宫附近,也许会巧遇一辆那个年代还不多见的汽车,车头上贴着一张写着"出行大吉"的红纸;那些住在老城里的大户人家,夫人们的梳妆台上既有中国的雪花膏和胭脂,也摆上了法国的檀木香皂和旁氏洗面奶;东马路上的牙科诊所已经有了为富贵人家的女性镶嵌金牙及安装玻璃眼球的整形业务……

谷崎润一郎并不是第一个在天津戏园进行考察的作家。1912年6月10日至12日,鲁迅受教育部委派专程来津考察新剧情况。到达天津的第一天鲁迅去南市地区的广和楼看戏,可惜当天广和楼没有新剧上演,就转到丹桂园看了一出旧剧。第二天上午,鲁迅到日租界的加藤洋行买了一个领结和一双皮鞋,下午在天乐园看了一出旧剧,晚上在广和楼看了一出反映水灾题材的新剧。

1918年,在直隶女师就读的许广平读到《狂人日记》,回想自己险些成为封建婚姻的牺牲品的遭遇,引起强烈共鸣。一年前的1917年,天津发生了一场大水灾,市中心水深多达1米以上。同年秋天,许广平正式到直隶女师上学,比邓颖超晚1年入学。许广平在直隶女师读书时,女校的风气依然守旧,男女关防甚是严密。学生向男老师问功课,每次限时10分钟。学校专门有问书的房间,屋子里设一大穿衣镜,后面即是教导主任室,教导主任可以隔着穿衣镜听见女学生与男老师在说什么话。

女学生平时不许外出,如需外出购买日用必需品,除在门房登记外,还得放下马车的车帘,不得东张西望。当时,后来成为陈寅恪夫人的唐筼在该校任体育老师。学校体育课要搞"改革",要求学生上体育课时改穿短裤,不穿裙子,结果与许广平同班的一个天津女孩竟以退学相要挟。校门外开了一个卖冷食、秫米粥等吃食的夫妻店。女孩子手里有点零钱就跑到小铺子买点吃食,结果遭到了教导主任的训斥:"你们到小铺里去,女掌柜的给男掌柜的介绍女朋友！"结果引发了女学生的大哗，纷纷质问："学校把我们也看得太不值钱了，我们十几岁的小孩子，那么没见过人吗？那个掌柜的是个老头子，都能当我们爷爷了！"

1918年，易卜生的《玩偶之家》白话全译本刊登在《新青年》杂志，引发了一股"娜拉热"。正在直隶女师读书的许广平们热衷于娜拉向她的丈夫宣布她要离开他和孩子时的那句经典台词："我相信，首先我是一个人，跟你一样的一个人——至少我要学做一个人。"

与许广平同年考入直隶第一女子师范的，还有一个刚从日本回国的小姑娘——凌叔华。入学那一天，凌叔华穿着淡蓝上衣，黑色短裙，辫子盘在两个耳朵边，得意地向母亲宣布："妈，我终于长大了。"母亲听了，却在旁边叹了口气："等你真的长大了，就不会这么想了。"

1923年,"我也要玩,我也要玩"

> 四妹从小就逗人怜爱。她性情文静,待人真诚,从来不会耍小心眼。记得她在六、七岁时,静媢常去找她的二姐、三姐玩耍,大家嫌她年纪小,不让她一块儿玩,就拿来一些图画书叫她去旁边看。可她很想参加姐姐们的游戏,一边很委屈地嘟噜着说,"我也要玩,我也要玩",一边还是乖乖地呆在旁边看图书,怪可怜见的。
>
> ——陆静媢、李兰云、吴靖《怀念在台湾的四妹赵一荻》

1923年天津的一处戏园子里,3岁的张爱玲惊圆了眼睛,看戏台上各路角色唱念做打。她的父亲张志沂是一个表面上洋化西派、实际上陈旧老派的标准遗少,饱读诗书,也通洋文,但是心无所用,始终一事无成,"一辈子绕室吟哦,背诵如流,滔滔不绝一气到底,末了拖长腔一唱三叹地作结"。张爱玲的父亲在津浦铁路局任英文翻译,拿着一份不低的薪酬,加上家族的遗产,过着还算体面的日子。一般遗少逛窑子、捧戏子、赌钱、吸大烟等新旧陋习,这位靠着遗产过日子的三少爷一应俱全。定居天津两年后,张爱玲的母亲因不堪忍受丈夫的行为,以陪同小姑子留学读书为名,出洋去了。

1923年春天,来自天津各女子小学的数十个女孩子联名给校长张伯苓写了一封信,要求南开学校增设一所女子中学。秋天,南开女子中学正式成立,共招生 78 名女生。1929 年，南开女子中学第一届学生毕业，张伯苓校长在毕业讲话中说："你们将来结婚，相夫教子，要襄助丈夫为公为国，不要要求丈夫升官发财。男人升官发财以后，第一个看不顺眼的就是你这个原配。"

1923 年，五四运动时被骂成"卖国贼"的陆宗舆一家人还住在天津日租界。两年前，陆宗舆在宫岛街（今鞍山道）斥巨资修建了一座 3000 多平米的西方混合型庭院式住宅，取名"乾园"。这一年，陆宗舆的女儿陆静嫣正在天津中西女中读书，与赵一荻（又名赵绮霞，即赵四小姐）、吴靖（天津汇丰银行的首席买办吴调卿的孙女）、朱洛筠（内务部总长朱启钤家的六小姐）、李兰云（财政总长李思浩家的二小姐）等人同学。18 岁的陆静嫣像赵四一样楚楚动人，自然引人关注。据后来成为赵四嫂子的吴靖回忆，开学第一天，学校举行开学仪式。"香香你看，那是陆姑娘！"赵一荻顺着吴靖指的方向望去，发现有一位长得很文雅的女孩。其实，此前陆静嫣与赵四已经相识，小时候陆家与赵家之间就经常走动。那个时候，她们称赵一荻为香香、小妹。

那个时候，一个住在天津租界里的女孩会为后人留下这样一组年代照片：从二三岁留着像男娃娃一样的短发开始，四五岁时也许会被外婆牵着小手与穿着宽袖缎袍的母女合影，还有梳着齐眉穗露着可爱的小牙搂着小狗在阳台上照的。那时，住在租界里的人们时兴到照相馆去，有一家人的合影，有家里孩子们按照个头大小排成队的合影，身后是照相馆搭的各种时髦的布景。等到上了女校，好看的照片就更多了，有穿着时髦呢外套倚墙而立的，有穿着白衬衣长裤学舞蹈时摆拍的，有站在家门口或学校门口与闺蜜们一起的。最好看的，还是女校毕业时拍的毕业照，有的女学生还会穿着自己设计的淡绿色的长款旗袍，裸露着细长白皙的胳膊，双手捧着系着红缎带子的毕业照。镂花的别针，浅浅的微笑，如同那个年代的电影明星，有的还真的就登上了《北洋画报》的封面。

1927年，天津蔡公馆的爱情故事

> 天津的成长之梦，是喜悦与悲伤，是男朋友与女朋友，是维多利亚公园里鲜红的合欢树，是黄包车蔚蓝色的棚子，是北戴河沙滩那细细的柔软的黄沙，是连接法租界与意租界的那闪着银光的桥梁，是暗绿色的海河水，是写有"华人与狗不得入内"的白色的牌子，还有把我们抛入黑暗之中的战争。
>
> ——（美）伊莎贝尔·齐默尔曼·梅纳德《一个犹太女孩在天津的成长》

1927年春天，张爱玲一家离开天津，搬回上海。这时，北方的局势已经悄悄发生变化，距离北洋时代的谢幕，不远了。离开天津之前，年幼的张爱玲蹲在床前吃"十一爷"家送来的石榴，这是她第一次吃石榴，"里面一颗颗红水晶骰子，吃完了用核做兵摆阵。水果篮子盖下扣着的一张桃红招牌纸，她放在床下，是红泥混沌的秦淮河，要打过河去。"这是天津留给张爱玲的最后的美好记忆。而后，就像《小团圆》里说的："到上海去喽！到上海去喽！"

1927年春天一个迷人的夜晚，一个传说了半个多世纪的爱情故事在天津蔡公馆拉开了序幕。

蔡公馆经常举办盛大的舞会。参加舞会的皆是当地的军阀政客、达官显宦、优伶名媛。蔡公馆的主人叫蔡绍基，曾担任过北洋大学总办、天津海关道台，家资富有，又属洋派，常常在家中举办舞会，放映电影，使这里成为当时天津颇有名气的上流社会交际场所。

对于这样一处社交场所，喜爱跳舞的赵四小姐神往已久。但对于只有16岁的赵一荻来说，还未到正式进入社交圈的年龄。在香港度过童年生活后，随在津浦铁路局工作的父亲赵庆华来到天津，就读于天津浙江小学和中西女子中学，取英文名字Edith，一荻是译音。赵四小姐天生丽质，且又聪明灵慧，十四五岁就已成为《北洋画报》的封面女郎。

《北洋画报》上的赵四小姐

还是回到1927年的那个夜晚。舞会进行当中，时有"民国四公子"之称的张学良注意到了角落里独处的赵四姑娘，主动邀请赵四小姐共舞。一曲未终，张学良因公务匆匆离去。临别时，他与赵四两人紧握双手，都有依依不舍的感觉。这是张学良与赵四小姐的初次相识。

"九一八"事变前，张学良常在天津。当时，张学良与曹汝霖的儿子曹璞、黑龙江省督军吴俊升的儿子吴泰勋、张海鹏的儿子张军和大富豪何东的儿子何世礼以及朱启钤的儿子朱海北关系莫逆。这几个人都挂着"副官"的称号，也是少帅的随侍。为防意外，这些近卫侍官往往穿着和张学良一样的服装，出行时分乘两部轿车。由于朱海北的身材与张学良十分相似，张学良每次订制服装都由朱海北代替他去量裁，每次都是一式两套。

张学良在天津的玩伴，还有朱海北家的几位小姐以及赵四家的二、三、四小姐。这些人，不少与张家是"父一辈、子一辈"的世交。其中，朱启钤家的几位小姐也多与张门结亲：四小姐朱津筠嫁了张学良的副官飞行员吴敬安，五小姐朱湄筠嫁给了张学良的秘书朱光沐，六小姐朱洛筠嫁给了张学良的弟弟张学铭，九小姐则嫁给了张学良的把兄弟吴泰勋。

310

1928年，天津已和世界最先进的都市同步

> 我每逢外出，穿着最讲究的英国料子西服，领带上插着钻石别针，袖上是钻石袖扣，手上是钻石戒指，手提文明棍，戴着德国蔡司厂出品的眼镜，浑身发着密丝佛陀、古龙香水和樟脑精的混合气味，身边还跟着两条或三条德国猎犬和奇装异服的一妻一妾……
>
> ——溥仪《我的前半生》

1928年1月1日，筹办多年的中原公司终于在日租界旭街正式开业。为避免发生意外，不得不采取购票入场的方法，票价1角，并作为购物代用券，当日销货即高达1.5万元，一时轰动。

以1928年1月1日位于日租界旭街的中原公司和1928年12月12日位于梨栈大十字路口的劝业场开业为标志，天津商业开启了一个摩登的黄金时代。6月25日，南京国民政府正式宣布直隶省改为河北省，天津则被确定为特别市，这是天津设市之始。转年7月，溥仪从日租界宫岛街（今鞍山道）的张园搬到原来陆宗舆的"乾园"，改名为"静园"。溥仪所说的"静园"的含义，并非"安静度日"，而是要"静观变化，静待时机"。

来到天津的溥仪经常穿着西服、打着领带，出门前总往头上打进口发蜡，将头发粘得整齐光亮，戴上那副著名的近视墨镜，跟婉容一起出去吃西餐、冷

站在劝业场楼顶拍摄惠中饭店方向的景物

食或逛商场、游乐场等商业场所。从溥仪所在的张园、静园乃至日租界的任何一个地方，都能够看到中原公司的塔楼。大多数人只能在这样的明信片上才能看到当年旭街的繁华景象。那时，有轨电车已经有了，私人汽车也不再是稀罕物，改良过的旗袍也已经在各大城市盛行，中原公司、劝业场等商场里时常出入各种时髦的年轻人。逛商场、看电影、喝咖啡是那个年代最新的消费时尚。

虽然溥仪先生喜欢逛商场，但却怕猫。开始到商场买东西时，溥仪还放不下架子，买东西不直接和售货员说话，让底下人问价，然后由他决定购买与否。有一次因为到刚开业的中原公司理发，竟然引发了一些忠臣的苦谏。

谷崎润一郎当年描写的主要是紫竹林一带的西洋景。整整十年之后，这一时期，天津的百货商场有十几家，分别是坐落于英租界的惠罗公司（以英国货为主，天津第一家欧式百货公司），位于日租界的中原公司和加藤百货店（只售日本货），位于法租界的天祥市场、泰康商场、劝业场，位于小白楼的小营市场，以及位于老城附近的国货售品所、河北省第一国货商场、北海楼商场、北洋第一商场、东安市场等。这些百货商场，不仅是当时的达官贵人、市

312

井细民购物的天堂，更是传播近代生活方式的重要载体。

  20世纪20年代末的天津，今天的和平路和滨江道已逐渐取代传统的北大关一带，发展成为近代天津的中心商业区。梨栈一带，两街相交的十字路口，四周高楼耸立，有多层的百货大楼，各类商店、旅店、饭庄、银行高密度聚集，还设有各种娱乐场所、舞厅、影剧院等。乘坐方便的有轨电车，可由旧城北门外，途经新旧商业中心区直达这里。入夜，这里五光十色，尽显天津近代都市的繁华。这个时候的天津，已和世界最先进的都市同步了。

1931年，天津街的摩登男女

> 不管什么时候都总有许多穿洋装或中式服装的中国人，有许多留着时髦的波浪发式、戴着长耳环的摩登中国女孩，有年轻发福的、穿着中国长袍的中国绅士，还有年轻、穿着洋装的现代中国青年男子。但我从来没有见过有穿洋装的中国女孩。有不少是穿着和服和木屐的日本人。法国人、俄国人和英国人的数目相仿，有一些意大利人，没有多少美国人。英国人差不多总是穿着晚礼服。
>
> ——格蕾丝致母亲，1934年10月5日

南开女中校庆日，南开新剧团正在演出易卜生的剧作《娜拉》，由万家宝（曹禺）主演，这是姚念媛有生以来第一次接触外国戏剧。姚念媛后来改名叫郑念，因为用英文写作了一部《上海生死劫》而为许多中国人所熟知。这个名字中带有"媛"字的女性，被誉为真正的上海名媛，而她的青少年时代像林徽因、张爱玲、胡蝶、凌叔华等人一样，都是在天津度过的。1931年，南开女中的姚念媛四次登上《北洋画报》的封面，成了著名的"南开校花"。

20世纪30年代，如果你在天津租界电影院看一场美国电影，而那些初来天津的美国人更感兴趣的未必是电影里的美国故事场景，却是在电影院里遇到的那些各种肤色、各种穿着的观众。那个时候，每场电影的间隙会有10分钟

左右的休息时间，初到天津的美国人格蕾丝注意到，"不管什么时候总有许多穿洋装或中式服装的中国人"[1]。

就在张学良与赵四小姐相识的这一年，一家由广东商人在法租界27号创设的福禄林舞场开业了。"九一八事变"后，华北局势顿趋紧张。在天津各界的一片禁舞声中，中原公司的屋顶舞场"巴黎舞场"依然高调开业。巴黎舞场的舞女既有来自上海、北平、天津的舞女，也有异国风情的俄罗斯美女。门票只要五角，舞票一元三跳也很便宜，而酒水价格却很惊人，但这家舞场依然生意火爆，由舞技娴熟、如花似玉的京沪舞女伴舞，配以婉转悠扬、怡情适性的美妙音乐助兴，经常通宵达旦。这家当时天津最奢华舞场的幕后老板，据说是少帅张学良。

舞场盛行的时候，各种选美比赛、各种时装表演也竞相争秀。在天津的公共泳池、北戴河的海滨沙滩上，都曾出现过一些身着泳装的摩登女郎。1930年，内务总长朱启钤的女儿朱洪筠穿着西式泳装在北戴河游泳，一时舆论哗然。虽然说朱家大小姐穿的泳装是连体衣，肩背部裸露的面积也不是很大，可是在封建卫道士的眼中，已等同于赤裸。

20世纪30年代无疑是近代天津的一个性感年代。从天津街头那些时髦男女身上，你几乎已经看不到一点"旧中国"的影子。那个时候，天津法租界劝业场一带被誉为"天津小巴黎"。繁华的电车道上簇拥着熙来攘往的都市人群，鳞次栉比的商店里既有衣履华丽的中国阔太太、娇小姐，也有来自法兰西、美利坚的洋先生、洋女士。

---

1 麦丽诺·麦考利·库珀 刘维汉：《格蕾丝：一个美国女人在中国》，三联书店，2006，第48页。

1936年，徜徉于黄昏与子夜的陈白露

> "绿牌"电车道的尽头是法国教堂，那个地方早就对他产生过一种神秘的吸引力。在万公馆的小平台上，就可以听到从那里传来悠长而沉实的钟声。每次从远处看到那异样的黄色的教堂，三个圆形的塔顶耸入云际，不知其中藏着什么秘密。
>
> ——田本相《在南开大学时期的曹禺》

天津舞潮的盛行，在当时曾引起不小的轰动和争议。王占元、华世奎、赵元礼等社会名流联名致信福禄林的大股东李赞侯，抨击舞场"于大庭广众之下，男女偎抱，旋转钝踢，两体只隔一丝，而汗液浸淫，热度之射激，其视野合之翻云覆雨，相去几何"[1]。后来，又找到国民饭店的大股东李准，表示要"坚持到底，无论何时，战志不渝"[2]，并扬言要在阎王老子面前当面对簿。虽然一直遭到本地名流的反对，但无论是公馆饭店里的社交舞场，还是商业舞场，这一时期却呈现越禁越火之势。

1929年1月，利顺德饭店举行了一次规模盛大、轰动一时的各国大型舞会，"中外古今，杂陈一室，五光十色，应接不暇"。1936年，因北京禁舞来

---

[1] 《大公报》，1927年5月21日。
[2] 《大公报》，1927年6月2日。

津发展的舞女王宝莲当选天津第一个舞后。1936年,圣安娜、永安、丽都、仙乐、小总会等舞场相继建立,将天津舞场业推上鼎盛。正是在这个时期,我们熟悉的一个舞女登场了。

陈白露到底是一个职业舞女,还是一个兼职的"交际花",已经不重要了。或许,作为近代都市的"心灵漂泊者",她也是现代文学史中最让当代读者感到困惑的一个女性角色:这个聪明、美丽的年轻女子,虽不乏美好的梦想,却又拥有强烈的物质欲;她厌倦生活,甚至对这厌倦本身也厌倦;她既追求爱情,又嘲讽爱情的虚无;她既享受着物欲的奢华生活,又被这物欲的生活所压迫;她失去了自由,但更多不是由于外界的压迫,而是因为不能、也不想摆脱已经习惯的奢华生活;她追求新鲜、刺激的都市生活,最终还是掉进了日常的平庸和倦怠。她是"习惯于金丝笼的鸟",她的嘴边总是挂着"嘲讽的笑"。这个聪慧的女子似乎在喃喃道,生活里最可怕的是"平淡、无聊、厌烦"。

《日出》写于1936年,大约是惠中饭店建成9年前后。年轻的曹禺此时正在天津,有时和剧团的朋友们到惠中饭店相聚,偶尔也住在这里,看到陈白露一样的女子和她周围形形色色的人物。当然,陈白露的原型不止是舞女,而是来自于他身边一系列漂亮的女子。这里既有阮玲玉、唐若青的影子,又有曹禺有一次在海河坐船遇到的一位漂亮少妇的影子,更有被曹禺称为"她长得漂亮,甚至是迷人"的王右佳的影子,当然也有出没于惠中饭店的那些舞女和交际花的影子。

2003年,上海。在音乐剧《日出》的开头,陈白露在浓浓的爵士味舞曲中出现,只是场景不再是上个世纪30年代的天津,改成了人们熟悉的老上海。即将落幕的时候,陈白露悲情地唱出那一句"明天太阳依旧升起,可太阳不是我们的,我们要睡了"的经典台词,引起了上海观众们的无限唏嘘。从这个意义上说,陈白露也无所谓上海天津吧?她,就是一个近代中国女性命运的时代标本。

夜幕里,她从惠中饭店走来。

日出前,她在惠中饭店离开。

惠中饭店，坐落在昔日天津绿牌电车道和黄牌电车道交叉的十字路口上，斜对着的便是著名的劝业场。90多年前，从河对岸的曹禺所住的意租界万公馆走到这里也不过20多分钟的步行时间。在《日出》的天津场景里，一个叫陈白露的都市女子就住在这豪华的饭店里。她的风花雪月，她的爱恨情愁，她的一声叹息，也停留在那个城市，那个地点、那个时刻、那个瞬间。

夏日黄昏，暮色四合，和平路滨江道上依然是都市年轻人的光彩世界，而那些或结伴或独行的美女，肯定比陈白露时代的美女要多多了。这样的时候，一定还有许多人在赶赴约会的路上。路过这座大楼，听着旁边劝业场大楼那个与建筑不协调的大屏幕里传来的音乐声，大概很多人不知道陈白露就在这里吧。这样的时候，即使陈白露从已经改成酒店的老楼里缓缓走下来，也没有多少人知道她是谁，又是为何来到了这里吧。在没有舞会的日子里，那个叫陈白露的美丽女子的游魂，此时会不会也会感到一丝落寞，或者一切都只是我们今天的意淫和对并不存在过的天津故事的一种胡乱猜想。

多少年来，任天津街上的行人来来去去，位于滨江道上的惠中饭店虽日显颓败，仍默默地守候在这里，如一座中古的天津古堡，与这个时代联系到了一起，也被这个时代遗忘。这里安眠着一个叫陈白露的都市女子，等着一位远道而来的男人的深情一吻。

TIANJIN
THE BIOGRAPHY

天津 传

天津老味岁时风物

第十八章

天津"风筝魏"创始人魏元泰

比起一些众所周知的美食之城，九河下梢的天津人嘴其实并不"馋"，但"口却很叼"。有人说，天津人"活得就是一个讲究"。何谓讲究？讲究，不仅是天津人对于应时当令的食材以及家熬红烧等做法的讲究，更是对这种五方杂处之地不知如何约定俗成的做法、吃法、说法、活法的天津式生活准则。

天津人对吃的讲究，讲究"应时到节"，从前破冰网银鱼，正月吃晃虾，吃的就是一个"鲜儿"。从春天开始，各种时鲜陆续上市，春天刚露出头的小菠菜、香椿芽、水萝卜等春菜最受欢迎，吃的就是这种"应时到节"的鲜灵。"能吃鲜桃一口，不吃烂桃一筐"，"吃上一顿鲜，死了也不怨"，是天津人的食物美学和生活哲学，是本地的、市井的、日常的小日子。

除了应时到节的讲究，现在天津人日常饮食生活，最推崇的就是这种天津老味儿：到早点铺，老豆腐就窝头，嘎巴菜就烧饼，浆子就大饼馃子，这是老味儿；在包子铺，要一份三鲜馅儿的包子，来一盘素什锦，一盘拆骨肉，一碗小米粥，这是老味儿；在小面馆，来盘炸河虾，河虾的须子非得斜刺里张扬着，金黄酥脆，下酒、剥蒜、上面，这是老味儿；吃煎饼馃子，别管是王姐李姐杨姐还是老姑老婶家的，都不如自己家楼下的煎饼摊儿，现摊现裹，软嫩、清香，讲究的更是这个，老味儿。

天津人十分推崇"地道"。哪怕卖菜的操着河南、东北等等口音，天津的菜市场里最喜欢在各种蔬菜瓜果食材加上"本地"两个大字，火柿子要本地的，黄瓜豆角茄子圆白菜要本地的，哪怕是渤海湾的带鱼，也要打上"本地的"这个标签，才显得入乡随俗，正宗，地道。

"有一种春日迟迟的空气,像我们在天津的家"

> 第一个家在天津。我是生在上海的,两岁的时候搬到北方去。北京也去过,只记得被佣人抱来抱去。……我向来觉得在书上郑重地留下姓氏,注明年月,地址,是近于啰唆无聊,但是新近发现这本书上的几行字,却很喜欢,因为有一种春日迟迟的空气,像我们在天津的家。
>
> ——张爱玲《私语》

从 1914 年的春天开始,法国博物学家桑志华来到天津,在中国北方进行了长达 25 年的科学考察,创建了上世纪二三十年代蜚声国际的北疆博物院,也为这个万国之城留下了最早的翔实物候记录。按照北疆博物院的记录,天津春天的物候大概是这样的:

3 月初的天津,风向不定,北风狂作,西风轻柔,东风猛烈,有时会刮起猛烈的沙尘暴,阳光明媚但还是很冷,河面冰层解冻,池塘已经开化,金鱼浮出水面,苍蝇蜜蜂以及蜘蛛都跑出来了,北疆博物院花园地面上爬满了多足纲动物,大雁北飞,差不多有 20 头野鹅从芦苇荡飞起,院子里经过几只尾部红色的鸣禽目科鸟,喜鹊开始叽叽喳喳地做巢,蒿、苜蓿、委陵菜、蜀葵都长出了嫩芽,无花果树、桔树、棕榈树和小核桃树开始抽芽;3 月中旬,寒冷,有些日子会下雪,雪会推迟植物和昆虫的生长,小麦变绿,柳树发芽了,秋水仙钻出土面，丁香花开始长出绿芽，李子树上开花，杨树的开花期已经结束，池塘里还没有藻类，蜀葵长出5厘米的绿芽，黑杨树出了花序，紫苜蓿渐渐生长，葡萄树可以翻土了，小灌木长出了花骨朵，菊苣已经长出来了，接骨木的花蕾已经开放并且长出了绿叶，小榆树也长出了花骨朵，有大雁和野鸭向东北方向飞过，晚上看见有蝙蝠在飞；3月下旬，天气逐渐晴好，杨树显耀着新长的叶子，含苞待放的丁香呈现一片绿色，榆树的花芽变成粉红色，茉莉开花了，偶尔会发现一两只蝴蝶，实验室的南墙上面开满了连翘属植物的花，地上有鞘翅目动物在爬，河边的泥滩仍冰冻着，癞蛤蟆出了洞，画眉回来了。[1]

4月上旬，西南风中午时转南风黄昏时又转东南风，所有的树干和树枝都很潮湿，植物开始发芽，花蕾开始开放，田野上雪迹斑斑，河边的柳树开始发青，堇菜科和败酱科植物都开了紫色的小花，李树花开，十字花也绽开紫花，樱桃树开花了，成群的蚊虫在飞，粉蝶翩翩起舞，开始见到燕子了，乌鸦在窝里努力劳作，一对斑鸠在花园里戏耍，花园里有生灵的气息；4月中旬，时有沙尘暴天气，中午气温15度左右，丁香花开了第一批花，晚上有青蛙在叫；4月下旬，夜里依旧很凉，天气时常阴沉，陆续下些小雨，桃花开花了，柳树吐绿，坡地上也绿了，陆续多了许多蚊子，从花园里的垃圾中爬出来大量的蜗牛。

5月上旬，有风，天气有时很闷热，桃花谢了，蓝鸢尾绽开它最初的小花，紫藤花全开了；5月中旬，通常天气晴好，枣树绽开花苞，洋槐和接骨木开花；5月下旬，夜里也没那么凉爽了，时有闪电、冰雹、阵雨。5月下旬，农民开始在水田里插秧。

早年间京津一带流传着几句顺口溜："气象预报，纯粹扯臊。晴有大雨，阴天日照。说是无风，电线呼哨。捕风捉影，不如不报。"虽然那时候的气象预报不准，但小孩子玩的玩意儿，都有严格的季节性，各有各的谱儿：夏景天到小树林粘知了、逮老鹳，秋景天去城根儿下捉蛐蛐，冬景天怀里揣着蝈蝈葫芦。放风筝，一般要等到开春以后，河也开化了，天儿也暖和了，屋子里的炉火也撤了，经过三四个月漫长的冬天，终于到了春光明媚春风和煦的时令，就

---

[1] 本章所涉天津四季物候记载，根据天津北疆博物院1915年至1933年物候记录整理。

可以糊一个风筝，撒丫子疯跑了。

　　春天最时鲜的，当然是吃鱼吃虾、天津为家了。过了谷雨后，鱼市的晨风就带着大木盆鱼虾的香气，虽然外来人觉得有些腥气，本地人一闻这气味别提心里多欢快了。先是四五月上市的黄花鱼，红烧、清蒸皆宜，松嫩的豆瓣肉入口即化。过去还有肉紧、刺多的鳜鱼，现在因为臭鳜鱼出了名，好多人以为鳜鱼是南方的水产。

　　海鲜为时令之物，每年春暖花开时节，天津人对海蟹、对虾、黄花鱼，乃至那肉很少的琵琶虾，无不趋之若鹜，先尝为快。鲜为人知的是，历史上天津河豚的美名不亚于扬中。清人张焘在《津门杂记》一书中曾写道："津沽出产，海物俱全，味美而价廉。春月最著者，有蚬蛏、河豚、海蟹等类。而青鲫白虾，四季不绝，鲜腴无比……"明清以来，每到春天老天津卫人都要吃几次河豚，甚至连南方人都羡慕地说："二月河豚十月蟹，两般也合住津门。"

　　当春暖花开的日子，天津刮风的日子也随之增加。天津的赏春胜地，昔日桃花口、今日西沽桃花堤，皆在北运河畔。到了暖洋洋的暮春时节，那嫣红的樱桃、那姹紫的桑葚一起上市了。

　　旧历五月，葵榴斗艳，栀艾争香，仲夏和风，正是万物生长的时令。当北方已经刮过一阵温煦的杨柳风，落过几回贵如油的春雨，暖和的太阳照进住家的四合院，各家的老小都换上轻便的衣装，胡同里就能听见挑担子叫卖："江米小枣儿粽子！"咿，吃粽子的五月节就要到了。

　　农历五月初五，端午节，天津人俗称"五月节"。过去天津"五月节"的家宴与其他节日一样，中午要吃捞面，晚上吃焖米饭、鱼肉菜。此时，讲究吃鳎目鱼，喝雄黄酒、艾叶酒等露酒。

"姑奶奶来了院中坐，买桶冰搅凌当请客……"

> 今年春天的天气特别寒冷，而且很不舒服，风很大，尘土很多。好在夏天终于来了。上个星期天气一直热得要命……所幸的是这里属于干燥气候，不然，这么热的天气可真让人受不了。
>
> ——格蕾丝致玛丽·希尔斯，1936年6月。

1900年，一个在天津的俄国记者发现，即使在战乱前后的天津，住在租界里的外侨依然尽量保持优雅的生活，"夏天，热带的软木遮阳帽一定要和薄薄的热带衣服和轻巧的鞋子同一色彩，同一风格"。在天津的租界社交圈子里，经常有各式各样的聚会，如果一个人领带的色调和式样同皮带、袜子不协调，往往被认为是一种有失身份和风度的行为。

按照北疆博物院桑志华的记录，天津夏天的物候大概是这样的情形：6月初天气晴和的日子，阳光炽热而明亮，早晨阳光明媚，万物都湿漉漉的，夜里沼泽地里的青蛙在叫；时有雷雨天气，有时还夹杂着冰雹；6月中旬，树上的杏子熟了，两只知了在花园里第一次鸣叫；6月下旬，天气热了起来，晨雾马上消失，早上阳光充足，天空布满卷毛云，首批无花果熟了；进入7月，气温越来越高，昼夜炎热，有时傍晚会下起雷阵雨；进入8月，气温依然很高，有时一连下上三天雷阵雨。

谷雨前后，天津人就开始为夏天做准备了，首先从布置庭院的花木开始。人们要把石榴树、夹竹桃等过冬的花木由室内移到院中，在院子里的路两侧种上草茉莉、鸡冠花、凤仙花、薄荷、牵牛花等各种草花，还要把入冬后挪到院子角落的荷花缸等重新移到院子当中。

如果是住在一般的平房，夏景天大概是这样的生活时序：雨水、春分之际，家里一般就不再用炕灶烧水做饭了，而改用炉火或者轻便的行灶在屋内门口做饭、烧水，炉灶随需要搬来搬去；立夏之后，大多数人家都把炉灶移到院中；小满前后，北方一些大户人家开始在院子里搭设天棚。早年间，天津老城里大户人家的庭院必用方砖墁地，不留黄土地，不能种大树（多进住宅的过厅夹道院除外），以便暑天搭天棚。

上世纪二三十年代，京津一带的大户人家，消夏避暑讲究"上山下海"。上山是北京的香山，下海则是去北戴河的别墅。某年夏天，天津西头严家的孙辈都去香山避暑游玩，家中只剩严范孙老先生一人。这位南开系列学校的创始人，还专门给在香山的孙辈们写了一首好玩的打油诗寄去，写的是："东院一个大天棚，仅仅住着一个刘升（男仆）；西院天棚格外大，仅仅住着仨老妈……姑奶奶来了院中坐，买桶冰搅凌当请客……"

民国时期，天津人有一种北京很少见的消夏方式，就是逛各处的夜间游艺场。上世纪一二十年代，天津的大罗天、张园和陶园等几处夏季露天游艺场，营业相当火爆。到上世纪二三十年代，各大剧院、饭店、百货公司、咖啡厅的楼顶上演了一场"空中消夏"大战。如天津的惠中饭店露天影院、露天球场，大华饭店楼上设有冬日花园，纯大理石铺成，冬暖夏凉，异常适意。房顶则设屋顶花园，夏日可以纳凉跳舞。尤其是所聘请的外国乐队和舞女，吸引了生活在租界里的外国人。吴秋尘在《大华一日记》中曾说："横一根电线，竖一根电线，成双成对，不知拴了多少电灯泡子。想来夜里的灯光，也许会比白天的太阳还更亮些……园中的藤椅，都山积在跳舞台上。方方的跳舞台是水门汀砌成，不知是不是也可以当溜冰场用。"

为了消暑，老天津夏天常喝的饮料包括凉白开水、凉绿豆汤、冰镇酸梅汤、冰镇红果酪以及冰镇西瓜等，一律以"凉的""冰的"为胜，大多自己家里做。尤其是冰镇西瓜和冰镇酸梅汤，堪称解暑上品。

夏天卖小金鱼的大多用怯口吆喝："卖大小金鱼来哟。"其实卖的都是小金鱼，几时也没见过卖大金鱼的。鲜菱角、鲜藕约在立秋后上市，堪称夏令时鲜。鲜莲子上市后一般论把出售，一把八只或十只扎好，大约二三十个铜板，便宜的只要十几个铜板，等于三四分钱买上一把，很多人买来后剥食，清香去火，美味无比。那个年代，卖肉的、卖水果的商贩习惯用荷叶当包装托儿用，自有一番卫里的清雅。

上世纪20年代，张爱玲的童年在天津法租界的一处洋房里度过。张家的院子不大，没有草坪。院子里有个秋千架，张爱玲经常和一个被唤作"疤丫丫"的丫鬟荡秋千。最让张爱玲喜欢的是，夏日的正午，穿着白底小红桃子的纱短衫、红裤子，坐在小板凳上，"喝完满满一碗淡绿色、涩而微甜的六一散，看一本谜语书，唱出来，'小小狗，走一步，咬一口'。谜底是剪刀"。偶尔，张爱玲喜欢"端张朱红牛皮小三脚凳"，坐在阴凉的地方，看着佣人们忙忙碌碌。

入夏，天津人讲究吃伏鳎目，绕口令说"打南边来个喇嘛，手里提着五斤鳎目"，说的就是这种鳎目鱼，最适合红烧。夏季上市的还有梭鱼，肉厚而肥，都是天津人爱吃的下饭菜。

夏天的午后，人人都在歇晌，空气里弥漫着晚香玉、茉莉花的花香。到了下午，家里的佣人会把早上洗衣裳的剩水冲洗院子，小孩子则在刚冲洗过的青石板上玩过家家，说故事，做游戏。晚饭时分，葡萄架下摆上一个矮脚的八仙桌，一家人围桌而坐，简单地吃些炸酱面、烫面蒸饺，或者炒几个肉丝菜，再来一碗碧绿清香的荷叶粥，也算夏日难得的悠闲惬意。偶尔，胡同里还会传出卖花人悠长的吆喝声："卖芭儿兰花哟……"

"刚过了中秋,鼻子里似乎有时忽然会飘来糖炒栗子的香味"

刚过了中秋,鼻子里似乎有时忽然会飘来糖炒栗子的香味,同时也记起了天津梨栈附近摆满了苹果、鸭梨的店里支着的大铁锅,一个壮汉赤了膊用铁铲翻动卷在黑色的糖砂中的栗子,身上流着汗。这情景,这香气,都是只有天津才有的。

——黄裳《天津在回忆里》

七月里的日子,您还在院子当中躺椅上乘着凉呢,喝上一碗香片,吃上一角西瓜,用手中的大蒲扇一边随手扇着,一边撵着蚊子,兴许就是这么有意无意地望星空这么抬头一望,这时候可巧听见旁边的王大妈念叨上一句"天河掉角,棉裤棉袄"什么的,您就知道,这酷暑难耐的夏景天,就快过去了。

按照北疆博物院的记录,天津秋天的物候情形大致是这样的:

9月夜间最低气温十八九度,最高温度二十四五度,早起阳光明媚,风和日丽,轻微的南风;9月底露水充沛,白天雾蒙蒙;10月初,夜里微雨,蝉仍鸣叫,偶尔在草丛里看见刺猬跑过;10月中旬开始有轻微的西北风,天气温和,天津的树木还都是翠绿的,有时下午刮起一阵狂风,到了晚上天空都是灰蒙蒙的;10月20日左右,空中挂着几片如丝如缕的云朵,燕子聚在了一起,刮北风但是不是很冷，荆树、美国木豆树、卫矛属的树、合欢属的树、枣树的树叶落了，刺槐和臭椿的树叶开始变黄；10月20日左右，刺槐和臭椿叶子变黄，枣树、合欢树、荆树等开始落叶了，白天风越刮越大；10月底，早晨西南风，晚上转西北风，缸里的水结上了薄薄的一层冰。

11月5日，最高气温不超过10度，葡萄和忍冬的叶子几乎都掉光了，黑杨树叶仍都在枝头，其他树几乎已被剥光枝叶；11月10日前后，第一次霜冻，垅上结了很厚的冰，石榴树的叶子陆续掉光了，但柳树、洋槐依然枝叶繁茂，蜘蛛仍在花园里爬来爬去；11月中旬，下了白霜，地上的烂泥表面都冻硬了，连续霜冻几天后，柳树和槐树的叶子未落，第一次出现结冰现象，白天很快就解冻了；时有雨夹雪的天气，从午夜开始下雨，到晚上七点半开始大团大团的雪花夹着雨水降落，雪下了整整一夜；11月20日前后，霜冻，有时最低气温零下9度，日出时西南风，北部形成旋风，深水塘除了边缘都已结冰；早晨浓雾笼罩，中午阳光高照；11月底连续刮了多天的北风后，树叶才全部掉光。11月，地里的仓鼠还有很多，在芦苇田或四季豆田地内到处乱窜，脸颊都吃得鼓起来了。鸭子见得很少，野兔子却很多。

在北方，秋风一起，气候风物是一年的最佳时刻，就是市面上应季的秋令瓜果、市场上的零食小吃，也是丰富多彩。而从立秋开始，经七月十五中元节、八月十五中秋节、九月九重阳节，一路下来，不仅节日密集，就是各种好吃的、好喝的也是应接不暇，美不胜收。

天津上世纪50年代以前秋日节俗，大致如下："立秋"，过去的习俗是要吃香瓜，俗称"咬秋"，后来各种瓜皆可；七月初七，过去也讲究供瓜果，并以绣花针浮水面上，以观女红之巧，至20世纪40年代渐少行之；中元节，俗称"鬼节"，放河灯、祭祖先，也有午饭后去坟地里烧纸者，名"下洼烧纸"，津地还有"七月十五定旱涝，八月十五定收成"的俗谚，立秋日下雨为秋涝之兆，无雨为秋晴之兆；天津以九月十七为财神生日，早年间有"九月十七小除夕"一说。

八月十五为"八月节"，亲友间互相馈赠月饼，家里自己烙的月饼，俗称"家常月饼"，这一天，天津人中午吃炒菜、卤面，晚饭为米饭及四扒菜，下酒菜当然是最应景的大螃蟹了。中秋所喝之酒也有讲究，男人喝直沽高粱，女人喝玫瑰露，老人喝五加皮。

天津市内无山可登，除了老城内的鼓楼、海河边的玉皇阁等传统登高之地，上世纪30年代，很多年轻妇女往往借登高为名，到位于日、法租界的劝业场、中原公司、天祥商场的屋顶花园登高游逛，顺便买些趁心的时髦物品。

天津卫"五方杂处、俗尚奢华"，素有"抢鲜"的食风。清代天津即有"凡海咸河淡，应时而登者，素封家必争购先尝，不惜赀费，相率成风"的记载。老天津卫视螃蟹为上品美食。以吃蟹而言，则有春吃海蟹、秋吃河蟹、冬吃紫蟹的口福。天津人食蟹，讲究"七尖八团"，意思即七月尖脐者（雄）丰，八月团脐者（雌）肥。及至秋高气爽时节，总要大吃特吃几顿才叫过瘾。天津河蟹的个头不如太湖蟹个大，而肉肥黄多味美毫不逊色。天津一带所产河蟹，腿细壳薄，其壳油黑发亮（俗称"油壳"），肉多而肥，大的可达200—300克。雄者体大黄少，以七月所产最肥；雌者体小而黄多，以八月最肥。一过此季，蟹已产卵，便体瘦多腥、食之无味了。

入秋时令的天津，即使在租界里的街道上也会遇到用竹扁担挑着两个柳条筐走街串巷的小贩。筐里装着削好的胡萝卜、白萝卜、水萝卜和雪里蕻，还有一些外国人喜欢生吃的中国青菜。最受欢迎的，还是这个时令烤好的热栗子。

如果在黄昏时候，漫步在往日称为梨栈的劝业场一带老街，你就会有一种时空错乱的感觉，手中的香烟像是一个怀旧分子捏着的一根导火索，在窸窸窣窣间，时光宝盒在一瞬间忽然打开：空气中依然弥漫着黄裳在《天津在回忆里》说的那种糖炒栗子的陈年香味，似乎陈白露小姐在劝业场对面的惠中饭店里翩翩然的香鬓衣影依然触手可及。

"冬天一早起来，太阳照的眼睛发蓝"

  我生在天津，八九岁时，冬天一早起来，太阳照的眼睛发蓝，我迎着日光，心里总觉得十分愉快，溜出大门。我来到意租界三马路的一个菜市场，东张张西望望，看着一些买菜的粗粗打扮的妇女跟菜贩子讨价还价。她们身后领着四五岁的小孩，手里拿着馒头边吃边望，还和不相识的女孩子鼓眼睛撅嘴。我大了，不屑多看他们，只一心找我爱吃的东西。

——曹禺《煎饼馃子》

  天津潮湿多雨的夏季后，是短暂的秋天和漫长阴冷的冬天。河流从11月底结冰直到2月。"腊七腊八，冻死俩仨"，那时候天津的冬天比现在要冷，最冷的三九天里，海河的冰会冻得爆裂，时而发出像大锤砸下去的嘎巴嘎巴的声音，偶尔还夹杂着冰裂延伸开的锐叫声。在我小时候的冬天，三九天的时候在户外走时间长了感觉耳朵都要冻掉了，在冬天的早晨出去转上一圈，眼睫毛往往结上薄薄的冰霜，院子里的冻土上如果有一块砖头或者树枝在一场雪后没有及时清理，直到转年开春才能自动化开。

  按照北疆博物院的记录，天津冬天的物候情形大致是这样的：

  12月，刮风下雪的日子，河边已经出现了浮冰。12月初，上午轻微东北风，下午西风转风力较大的西北风，避风雪未化；12月中旬，冻雨伴有冰霾:一切都白了,池塘结冰了,阳光是蓝色的;12月下旬,经常下起连绵不断的雪花,风力不大,天气寒冷。在有太阳的时候,天气都挺温暖的,只需呆在避风的地方就行了。

1月,太阳升起时就阳光灿烂,雾、霜、雪天气较多,经常下起鹅毛大雪,屋檐下结了冰锥,在风中轻微摇摆,小雪花瓣被风吹开,形成外表很牢固的小沙丘,风打着旋儿,挂起地上的尘土;1月15日前后,河水陆续解冻,1月20日前后小路上偶尔遇到蜈蚣;1月底晴好的日子,水池边缘的冰开始融化,树上的树叶开始滴水,花园里有一只斑鸠飞过,偶尔也会看见一只蜘蛛。

2月,刮风、下雪和阴沉的日子,几天前被破冰船清除冰封的河又结冻了;经常刮北风,空气很干燥,有时还会刮起强劲的沙尘暴;2月中旬的日子,下了一场雪后,很快就融化了,晚上未结冰;2月中旬气温9度的日子里,阴处有已葱绿色的蜀葵;2月20日前后,时有南风,家里有蜘蛛在爬,榆树上长满了花蕾,柳树也发芽了;2月底,寒风,但是河流已经开化,云雀成群结队在飞,丁香花苞已经出现了绿点,榆树花苞的直径也有三四毫米了。阳光温暖的日子里,时常遇见苗条娇小的女子在花园跑步。

开埠后的天津港有3个月的封冻期,以12月份最后一条船开出港口为信号,到翌年2月底或3月初第一艘船到达以前,这3个月是租界侨民社会活动最集中的时期,而且大都集中在英租界进行。

秋分以后,正值蚂蚱"打蔫"、草谷收场、初冬时节、唇干舌燥之时,天津卫的大青萝卜便"隆重"上市了。这时候,菜农已经把萝卜在地窖里入土贮藏了一段时间,青萝卜已经失去了"青性子"味,而趋于糖化了,吃起来格外嘎嘣脆。卫青萝卜与天津大白菜、天津黄韭、宝坻大蒜并列为天津四大名菜。卫青萝卜皮青肉绿、肉细有纹、脆嫩多汁、落地即碎,食之甘辣可口,香脆味厚。用天津人的话说,那叫:"不艮不辣,吃到嘴里——嘎嘣脆。"因其售价较鸭梨、苹果要便宜得多,因此在旧时比一般水果还要受欢迎,民间乃有"赛鸭梨"之称。

现在的天津人恐怕想不到,大白菜曾经是蜚声海外的天津特产。天津大白菜以多种植在御河(南运河)边的小核桃纹质量最好,被誉为"御河菜",

属于早熟种,但产量偏低。昔日,天津近郊多为晚熟种的大核桃纹和中核桃纹,大核桃纹以邓善沽、中核桃纹以杨柳青的品种为佳。11月中旬,人们开始收大白菜。把大白菜青贮进建成的并又在外面覆盖泥土的地窖。昔日天津卖御河白菜的,吆喝的是:"买呀,开锅烂嗒,御河水儿的大白菜咧咧,咧咧……"

除了青萝卜、大白菜这两样天津传统风物,冻柿子、烤山芋也是当年极受欢迎的冬令食品。三九天里,虽然外面北风呼啸,天寒地冻,卫里人却最爱这凉丝丝、甜滋滋的冻柿子。到了掌灯时分,大人将放在外边冻成"冰坨儿"的糖疙瘩拿进屋,在冷水里"拔拔",待化软后,那甜汁与冰碴交融在一处,用嘴一吸,甘凉爽口,咦,甭提多爽啦!

1935年,天津已有15家冰窖,老城里有条胡同就叫冰窖胡同。天津冰窖,早在清朝乾隆年间即已存在。天津人管取冰及将冰块储存在冰窖称为"窖冰"。数九寒冬时节,正是"窖冰"的好时节。天津河流洼淀多,城外的宁家房子、小王庄、东大洼等均为冰的水源和储存地。取冰时,几个人全用牛皮绑脚,在河面破冰,用冰镩子裁成一块一块的,用钩子将冰块钩住,拉到河岸上,再运到冰窖,盖上稻草,逐层码放。冰窖窖口用砖土封严,到夏季打开出售。

旧时天津三合院的火炕和锅灶多为里外间联通样式。锅台在外间屋,与里屋的火炕通过烟道相连,火炕上冬季铺着棉褥,下边垫着"蒲帘子",一般老人或孩子睡靠近灶台的炕头位置。白天,被褥叠好后,一般放在火炕左上角靠里位置。单间式炕头处有一凹窑放锅做饭,平时用箱式木盖盖住,上面睡人,俗称"锅台箱子"。以前多用柴灶做饭,因天津周边苇塘较多,炕灶多以芦苇杂草和秫秸作为燃料。

昔日,一进腊月门,晚饭之后,天津的孩子们就提着鱼灯笼,在胡同里穿来穿去,用天津话唱着在津里传唱数百年的儿歌:"打灯嘞,烤手嘞,你不出来我走嘞。"腊八,过去天津有"换饭"一说,早则腊八,晚则腊月二十三,各家顿顿改吃"好吃的"了。腊八粥和腊八饭是进入腊月的第一道年食。现在腊八粥还吃,做腊八饭的人家则少了。这一天,还有一项重要的"非遗"节目是泡腊八醋，经过20多天的浸泡，到初一吃饺子时正好食用。

过了腊八这一天，年货该上市了，各家开始忙年了，旧年风味也在天津街头展开了。昔日天津过年吃喝日程如下：

小年，腊月二十三。天黑以后，放过了小年夜的鞭炮，以糖瓜祭灶，祭灶时要叮嘱灶王爷："好话多说，不好话少说。"小孩们吃过了甜蜜的糖瓜，家大人正式宣布"换饭"，预备过年了。

从小年到除夕，多年来天津人无论穷的富的，总要遵循天津卫"妈妈大全"传下来的吃喝日程，过上一个热热闹闹、喜气洋洋的旧历年：二十六炖大肉，二十七宰公鸡，二十八白面发，二十九贴倒酉。

初一的饺子初二的面，初三的盒子往家转。

新正初一，俗称大年初一。这一天最重要的吃食当然是打头儿的"初一饺子"。老天津吃的多为素馅饺子，取一年素素静静之意。"一到新年，小孩拜年，爬下磕头，站起要钱。"老年间，这一天妇女不出门拜年，会登城内的鼓楼烧香，也有的穿红袄红裤前往天后宫烧香。

饺子和捞面是天津人年节喜庆的标配，初一饺子初二面，催生饺子生日面，长接短送的送行饺子接风面（一说过去是接风饺子送行面）。面者，取其连绵不断、福寿绵长之意。出嫁的闺女在娘家吃的最后一顿饭为面条，就连关公诞辰、马神诞辰这些日子，天津人也是——捞面。至于天津独步天下的捞面席，四碟八码，名堂更多。是日，添柴（与"财"谐音）进水，接财神。初二姑奶奶（已嫁之女，天津人称姑奶奶）回娘家，是上世纪50年代双职工家庭出现以后的新年俗。早年间，要过了破五之后（一般是初六），姑奶奶才回娘家呢。

正月初五，天津人称此日为"破五"，意为初一至初四期间的各种禁忌都可以"破"了。这一天，迎五路财神，不拜年，"剁小人"，包饺子，"捏小人嘴"（意即将说坏话的小人的嘴捏严实了，让其不再说破话），放鞭炮，也可以称为天津的"打倒小人节"。

初五是过年的一个段落。以前天津人说过年，指初一到初五这几天。"过了破五再说吧"是过去津里的一句口头语，过了初五，接姑奶奶，商店开张，诸般事宜才恢复到年三十以前的常态。再拜年，就说拜晚年了。

元宵节，俗称灯节。这天按天津的习俗，煮元宵，炸元宵，包素馅饺子。马三立相声说的"江米元宵、桂花果馅"的元宵，过去是"摇"出来的，现在多为机制。正月十六，俗名"走百病"的日子。过去妇女大门不出，二门不迈，规规矩矩地藏在家里。到了这一天，妇女串串门子，闲坐闲坐，又称"遛百病儿"。

正月二十五，天津俗谚："填仓填仓，干饭鱼汤。"干饭者，米饭也。填仓之后，往往以佛前蜜供相赠，谓"送贡尖"。据说这一天是老鼠娶亲的日子，吃干饭鱼汤是为了犒劳家里的"喵星人"。

二月初二，时当惊蛰，昔日津人以鞋击打炕沿，口念："二月二龙抬头，蝎子蜈蚣不露头。"应节的饭食是煎焖子（意为煎、焖死一切害虫）、炒豆菜（意为万物发芽）及烙饼炒鸡蛋。这天剃头理发，以应龙抬头之祥兆。

天津人把旧历元旦到元宵节这段日子称为"正月节"。初一前，以腊八始，历经小年、除夕两个高潮，过大年集中于初一至初五这几天，元宵后渐趋平淡，到二月二龙抬头，吃过了焖子，这年，才算过完了。

TIANJIN
THE BIOGRAPHY

天津 传

天津城市精神肖像

第十九章

南运河沿岸树木秋意正浓

武有霍元甲，文有李叔同。

昔有马三立，今有郭德纲。

欢迎来到天津，Tientsin，天津卫。

这里有李叔同心心念念的天津猫部，这里有张爱玲儿时嬉戏的法国花园，这里有一代文豪梁启超的饮冰室，这里诞生过名扬天下的《大公报》，这里有闻名遐迩的南开学校和北洋大学（今天津大学），这里有一代女侠吕碧城、施剑翘的天津传奇，这里有徜徉于近代的黄昏与子夜里的陈白露……漫步在充满西洋风情的天津街上，你会禁不住联想：这里就像一锅尚未煲好的不南不北不中不西的十样锦高汤，还没来得及开席，就赶上了一拨又一拨翻天覆地的历史巨变。

美国著名城市史学者刘易斯·芒福德曾称："城市是一个社会行为的剧场。"在这样的城市剧场里，天津具有明显的多重城格，乡土与城市、平民与贵族、东方与西方、北方与南方、租界与超级殖民地、精致与落魄。如同这座河海之城的上半城和下半城以及左岸和右岸一样，在喧嚣与宁静之间张扬着混合的特质，充满了传统、现代、本土以及历史的碎片。天津人的性格也像天津这座城市一样，难以一言以概之。九河下梢，五方杂处，河海交汇，南北交融，新旧交织，中西杂烩，华洋交融，是历史留给这座城市的基因与特质。

随处可见的小洋楼和老教堂以及承载其中的日常生活，是一代又一代天津人关于这座城市的浮华梦忆。满大街浓浓的天津话和随处可遇的包袱、段子，又让这个城市充满平民的风趣。历史一度使"天子脚下"的天津卫成为中国北方最西化的城市，海天富艳，风云际会。历史曾使天津沉寂，如今又鲜活生长。在这个混搭、复杂的大都会里，也许你只是匆匆过客，但并不妨碍你在那里沉溺、发呆、迷路或者梦一场。

"北京离这里还有多远,你又该怎样到达那里"

> 东环大海,西眺瀛沧。枕漳卫之长流,倚卢白之重阻。北瞻京邑,安然为其屏障;南俯登莱,恰似列筵排开。地当九河之要津,路通七省之舟车。
>
> ——《嘉庆重修一统志》卷二四

从城市发生学的角度审视,天津一如其名"天子之津",意味着北京的渡口、津梁、屏障、门户、通道。天津卫四座城门中,以北门为尊,北门上刻的即是"拱北"两个石雕大字;明代李东阳命名的"直沽八景"之首"拱北遥岑",第一句为"百尺高楼拱帝庭",说出了天津拱卫京师的首要之责。

英国作家福斯特的小说《印度之行》的英文名称为"A Passage to India"。早在19世纪中叶,英国人在游记中即鲜明地勾勒出天津的这个历史特质:"只要你安全到达天津,你就会立即问北京离这里还有多远,你又该怎样到达那里?"在西方殖民者的眼中,天津就是通往北京的"Passage"。在西方与东方之间,存在着一条"A Passage to Tientsin"(近代天津的英文名称不是现在的Tianjin,而是Tientsin),可以形象地比喻天津的战略方位。对于天津与北京的关系,许多人从国家地理的角度将天津称为北京的咽喉。曾先后6次来华调查的日本海军少尉曾根俊虎称天津为"帝京之咽喉",天津为清国的第一要地。

甲午之后，日本人更是将天津称之为"征服中国之咽喉"。

在历史上，这是两个具有微妙关系的双子城市。长期以来，天津作为首都的门户，它的命运与北京密不可分。近代以来的几乎每次战争，都是先打下天津而后再占领北京，天津是北京的海防前线和军事桥头堡。按照足球术语理解，天津卫就是给北京城把门的"门卫"，以致天津人经常自嘲天津卫盛产足球守门员与此有关。

这条河流叫海河，几百年来都是作为从南方到帝都运输漕粮海运船队的终点港，也是经由北运河到北京的转驳地。很多人可能会惊讶，这条狭窄的河流怎么会成为漫长海运的终点。从金代的直沽寨、元代的海津镇、明代的天津卫到清代的天津府，传统时期的天津，是通往河海漕运终点北京的转运枢纽。明清时期，天津不仅是历代皇帝出京南巡的第一站，也是历朝官宦士人出入京师的必经之地。无论是乾隆时代的行宫，还是溥仪时代的行在，无论是资助皇家事务的长芦盐商，还是近代寓居天津的衮衮诸公，这种"春风望幸"的畿辅心态对天津的影响从来不曾消失。对于身居天津或途经天津即将赴任的地方官员来说，"天津桥北望京楼"这一特殊方位，意味着他们距离政治中心只有地理上的一步之遥。

到了近代，天津与北京的关系又多了新的属性，由传统的从属关系多了互补的身份。晚清时期天津成了对外交涉的中心，成为中国北方办理洋务、推行新政的开放前沿，天津一跃由北京的"小伙计"成了北京的"合伙人"，分流了首都的部分功能，一时形成了北京主内、天津主外的正副双城格局，也由此奠定了北京为政治中心和文化中心、天津为内外贸易中心和经济中心的双城格局。在双城模式中，北京作为中西方政治角力的主要场所，甚至是国内各种势力角力的大舞台，一直占据着主角或者说首要的位置。而天津则因租界的设立，成了转身和进退的"后台"城市。在你方唱罢我登场的北洋时代，天津成了清代遗老和北洋大佬进退北京的政治避难所，也造就了天津一时的繁荣。但随着北洋时代的落幕和各国租界的陆续收回，以寓公为代表的阶层及活动随之消失。

比起北京和华北大多数的地方，天津人是有骄傲的资本的。在半个多世纪以前，那时的天津人打的电话就是爱立信的，坐的电梯就是 OTIS 的，用的香皂就是联合利华的，吃的西餐就是起士林的，坐的叮当作响的电车就是奔驰的。据北洋时期国务总理颜惠庆晚年回忆，当时津门名流们生活"十分有趣，迷人"。从紫禁城搬进了天津静园的溥仪不敢总带着妻妾出门，在天津这个花花世界里，她们比着买些北京没有的贵重东西，让溥仪先生肝疼得要命。

江湖称：天高皇帝远。天津不是，天津从来就是天子脚下。乾隆年间即有"说卫话，带京腔"的说法。1860 年由《北京条约》明确天津开埠，诞生在天津的中国第一台电视机命名为"北京牌"，这一切看似偶然，又有着历史的关联。虽然过去一些"洋气"的天津人瞧不起"土气"的北京人，但在骨子里又往往表现出"慕京"的倾向。一般天津人说话嗓门特大，天津人却又好面子，大有一种"牙掉了咽肚子里，胳膊折了存袖口里"的壮士心理，就是再困难也决不说出来，不事声张。

现在每天往返于京津之间的列车不知有多少趟，单程最快的只需 20 多分钟。但在 100 年前，往返京津的 200 多里路途，往往意味着命运的折转。从北京过来的过客经常会对天津人提出这样的问题：天津与北京相距不过 200 里之遥，为何从语言到街区到城市文化特质差别如此之大？是的，两地不仅方言差别极大，城市气质等诸多方面也往往泾渭分明，"京骂"不同于"津骂"，"京味儿"串不了"津味儿"。

同样是提笼架鸟，与北京人手臂前伸大摇大摆的姿势不同，天津玩鸟人的双臂是向后摆动的怡然自得。有意思的是，虽然北京人提笼架鸟早已驰名，但是多年来北京玩蛐蛐、玩蝈蝈、玩鸟笼的，只要一听对方是天津口音，大多信服。

"抬、卫、归、海"的历史周期

> 为什么1958年以后天津发展速度比全国慢？就是"一五"期间没有一个骨干项目。"三五"时期，建设大小三线，沿海项目不搞或迁走，如第一机床厂原想扩建，也被削减了，拖拉机厂2.3万台的规模分到了八个地方。
>
> ——聂璧初《认识天津 振兴天津》

在中国城市的进化版图中，无论用历史的还是未来的眼光来看，天津都不是一个可以忽视的普通城市。但是，如果你用打望北京、上海、广州、深圳的眼光来打望这座城市，天津恐怕又有些令人困惑。

如果说上海是打开中国的一把"钥匙"，天津则是通往北京的"咽喉"。从前的北京是"天子脚下"，封建、半封建气息厚重；从前的上海是"十里洋场"，殖民地、半殖民地味道浓郁；而历史上的天津则是"华洋杂处"，亦中亦西。

北京有"京派"，上海有"海派"，天津却是"杂八凑儿"。在这样一个多种历史力量推动、植入又演化的多中心混搭城市里，传统与现代，本土与外来，草根与贵族，煎饼馃子与罐焖牛肉，不同区域、阶层、文化之间的"交融"往往表现得特别复杂而自然。

同样位于河流汇合之处，同是移民之地和码头城市，同样有口岸租界，作为北京、上海以外的第三、第四直辖市，重庆人和天津人都有着浓浓的草根意识和平民气质。同样豪气干云，同样喜欢"斗嘴"。

在天津的小洋楼中，过去那些寓公过的是"亦中亦西，不中不西"的华洋生活。在西式的小洋楼里，客厅里摆放着威严的太师椅，吊着的则是华丽的西洋吊灯。有的书房完全是传统文人书房的陈设，而楼上的客厅却完全是西式的摆设，所有的家具都是欧洲货，柜子和桌子上摆放着天津最好的照相馆里拍摄的带框照片，客厅的一角摆着进口的钢琴和留声机，靠近壁炉一侧的大柜子里则摆着象牙竹雕瓷器等中国物件。但不管怎样，向海而生，是这座城市的历史注脚，这一点十分笃定。

据说600多年前天津设卫筑城时，有一个预言者令人费解地在四个城门上各安放了一个大字，即：抬、卫、归、海。1901年，天津成为中国历史上第一座被拆除城垣的城市，有的城砖运到了威海卫，有附会者说"抬、卫、归、海"应验于此。如果人们相信这个预言确实存在，也不该是把天津卫抬到了威海卫，而是指天津由天子脚下的"卫城"转为向海而生的历史归途。

曾在天津市委长期从事战略研究的吴敬华，在一篇报告中对天津城市的特殊性做出过如下概况："天津在中国是一个很特殊的地方：特殊的区位条件、特殊的历史发展，以及为国家作出了还应该进一步作出的特殊的贡献。"[1]天津作为城市的历史只有600多年，天津作为行政建制的历史不到300年，天津由中小城市发展成为超大城市的历史不过100多年。而每一次历史的重大转折，均与"抬卫归海"的历史周期有关，宛如历史上的海河潮汐，时起时落。

许多初来天津的外地人还以为天津是像青岛、大连一样的滨海城市，其实，即使沿着海河乘坐高铁、轻轨、汽车到了70公里外的滨海新区，还是"靠海不见海"。而天津历史的发展周期始终与海洋有关，面海则发展，禁海则收缩。天津历史的发展，让这个"千淀归墟，百川赴壑"的九河下梢之地，似乎应验了"抬卫归海"的历史周期规律，1000多年时间里，天津的海口和内

---

[1] 吴敬华：《天津崛起：关于天津发展战略的报告》，天津人民出版社，2009，第1页。

河港不断向今天的海岸线方向延伸。元代直沽兴于海运，由海运再经直沽转河运至元大都；明代初年，延续元代的海运路线，只是在朱棣定都北京之后将海运突然叫停；天津真正的发展高峰，是在清朝康熙年间开"海禁"后，这才有了雍正年间天津府、县之设。现在往往对明代卫城地位过于抬高，而忽略了清代开"海禁"、设府城的关键作用。1860年，天津在列强武力下被迫开埠。此后，天津的河口港逐渐由市区的河路码头向海港发展，天津逐渐实现了由卫城向港城的跨越，逐步融入到世界性的海洋贸易体系之中。

虽然在很长一段时间里天津保持了仅次于北京、上海的第三大城市地位，但1958年以后一段时间里，天津作为沿海中心城市的地位却被削弱了。1957年，作为全国第三大城市天津的工业总产值占全国比重为5.56%，上海为16.1%，北京为2.9%；到1961年，天津下降为4.8%，上海和北京分别上升为18.5%和5.3%。"一五"时期，156项骨干项目天津一个也没有。

1984年，经历8年震后低沉的天津，终于迎来了新的国家战略机遇：先是被纳入首批14个沿海开放城市之一，天津港的管理权由交通部下放到天津，同年年底天津经济技术开发区应运而生，天津的沿海优势得以再次得到确认。1985年，天津城市总体规划确定了天津市"一条扁担挑两头"的规划布局：整个城市以海河为轴线，工业发展重点东移，大力发展滨海地区，包括海河中下游地区，充分发挥港口的作用。这一总体规划布局调整，既传承了梁思成在1930年提出的天津应沿着海河向东发展的大天津规划思路，又打破了30年计划经济内向封闭的城市格局，并奠定了此后天津中心城区和滨海新区双城发展的城市格局。2005年，国家将天津滨海新区开发开放纳入国家发展战略布局，重新确定了天津作为环渤海中心及北方经济中心的历史定位。经过艰辛而漫长的探索，天津再次迎来了向海发展的历史机遇，也是延续了天津历史"抬、卫、归、海"的发展趋势。

向海，再向海

> 你们在港口和市区之间有这么多荒地，这是个很大的优势，我看你们潜力很大。可以胆子大点，发展快点。
>
> ——1986年8月21日邓小平视察天津时的谈话[1]

1927年5月4日，在一场美国第十五兵团的欢送仪式上，数百名美国官兵正在军官俱乐部举行一场狂欢，后来成为美国五星上将的马歇尔也被拽到狂欢的人群中高唱了一首《海河！滚动的河！》。不知道多少年后，马歇尔是否还会想起在天津担任参谋时唱过的这首海河之歌。

1945年9月30日下午4点，美国海军陆战队第一师经过5天的海上航行，从琉球群岛抵达天津大沽口。当时正赶上落潮，船只无法溯海河驶入市区，只能改派一部分美军士兵改乘火车，奔赴天津，迅速接管了塘沽新港、紫竹林和塘沽码头，并将几年前日本人建设的塘沽新港作为转运兵站。在美国随军记者拍摄的历史照片里，能够看到庞大的美国军舰与塘沽小渔船混杂在河面上的画面。

直到上世纪50年代初，海河上还有一些以船为家的船户。这些船户，有些是天津最早的船户后裔。义和团时期著名的红灯照首领林黑儿即是运河船户

---

[1] 《邓小平文选》第3卷，人民出版社，1993，第165页。

的女儿。在延续多年的天津风景里，总能见到海河河面上漕船、渔船与铁甲火轮并行的历史性景观。但从进入20世纪开始，兴盛了六七百年的河海漕运停止了。1901年，清廷下令停止漕运，接御河海漕船的直沽港从此失去了港口功能。1905年后，再无一艘官方漕船进入天津河口港区。

开埠前的天津因河而生、因漕而兴，始终延续沿河发展的空间布局，但终因地理条件所限，流经天津的内河水系不足以支撑天津突破传统区域性发展的模式，天津的城市中心始终没有突破卫城周边的空间格局。开埠以后的天津形成了河海联运的航运格局，通过外来商品的刺激产生了发展大型贸易城市的动力，并见证了天津由内河时代到海洋时代的历史转型。

1860年开埠以后，天津一跃成为国际性港口城市和北方最著名的通商口岸。外国轮船直达市区，水陆交通空前发达，内外贸易联通四海。与之相对应的，"三道浮桥两道关"的传统浮桥景象逐渐被恢弘壮观的铁甲钢桥所取代：1887年，天津第一座钢桥——大红桥在位于子牙河、南北运河合流的地方建成，随后又兴建了金钟桥（1888年）和金华桥（1888年）。袁世凯督直时期，又兴建了金汤桥（1906年）、旧金钢桥（1903年）及老龙头铁桥（1902年）等。至"七七事变"前夕，新大红桥改造完成，天津市区内钢桥已有9座之多。因需满足大型轮船通航需求，这些桥梁大多具备开合功能，使天津成为中国近代开合桥梁最多的城市。著名桥梁专家茅以升曾说："几乎全国的开合桥都集中在天津。"这些钢桥大多兴建于清末，彼时天津的航运中心呈现出"上边"的三岔河口直沽港与"下边"的紫竹林港区"双港并立"的航运格局。

天津港口由三岔河口港到紫竹林港区的第一次变迁，奠定了天津中心城区延续至今的城市空间格局，而由紫竹林港区至塘沽港区的再次变迁，其功能由内河航运港转向以进出口贸易服务为主的海上航运港，让天津实现了由河港向海港的历史性转变，不仅带动了天津城市和腹地经济的发展，对于天津最终成为北方工业、贸易和经济中心城市也起到了至关重要的作用。

19世纪80年代后，因海河多次出现严重的淤塞，原有的紫竹林港口及海河市区段已不能满足大吨位商船的航运需求，促使中外航商相继在更靠近入海口的塘沽地区构筑码头，便于大型船舶在塘沽接卸，塘沽新港由此应运而生。

1939年，日本人为掠夺中国资源并支撑侵略战争，在海河入海口北岸修建外港，称为"新港"，以区别于紫竹林的"老港"。按照未曾实施的《大天津都市计划大纲图》，日本人计划将天津特别市、塘沽和海河沿岸地区进行整体规划，在天津与塘沽之间修建河道、铁路各4条及7条公路加强天津与新港之间的联系，并在沿海河及新开的运河之间布置带状的工业带。

塘沽新港开港是天津港由河港向海港转折的重要标志。1952年塘沽新港重新开港，历经多次建设，从1974年货物吞吐量首次突破1000万吨到2001年货物吞吐量突破亿吨，奠定了今日天津港国际枢纽港的重要地位。

天津新港的出现，使得天津城市区域空间结构的演变出现了沿海河下游海口方向蛙式跳跃发展的局面，中心城区与塘沽港之间形成了"一城一港"的分离式结构。新中国成立后，虽然陆续发展了军粮城、咸水沽等卫星城镇，但终究发展受限，区域空间发展的重心仍在中心城区，沿海河下游入海口发展的速度进展缓慢。改革开放后，随着天津港下放地方及天津经济技术开发区的兴建，天津城市区域空间发展出现了"一根扁担挑两头"的格局。20世纪90年代后，随着天津开发区、天津港保税区、海河下游工业区的发展，区域空间结构发展朝着以中心城区为主中心、滨海新区为副中心的"双核心"方向转变的趋势。进入21世纪，津滨走廊快速发展，两大中心之间出现了空港保税区、开发区西区、滨海高新区等重要产业城镇组团，继而又由"双港双城"规划调整为"津城"与"滨城"的"一市双城"格局。未来，依托向海的交通和港口优势，天津"双城记"依然会延续城市空间结构向海而生的空间格局，在新的京津冀协同化发展的框架下谋划更大的发展空间。

十多年前，我曾经两次乘坐直升飞机飞越海河入海口参加航拍。从海河以南临港附近的一处机场起飞，俯瞰渤海湾围海造陆及绵延不绝的泥滩景象，最为壮观的当然是位于海河口北岸恢弘壮观的天津港了。

从高空俯视天津港，在40多公里的海岸线上，173个泊位星罗棋布，船来货往间，彰显着这座世界级人工深水大港的巨大魅力。作为国家核心战略资源和全球资源配置的重要枢纽，天津港的地理位置十分优越，是环渤海与华北、西北等内陆地区距离最短的港口，是京津冀及"三北"地区的海上门户，也是亚欧大陆桥最短的东端起点,更是天津这座河海交汇的城市经历了一千多年河海变迁为中国历史联手奉献的海港大典。

从唐代三会海口、元代直沽口、明清时期的三岔河口到近代的紫竹林港,再到今天的天津港,天津城市发展始终随着河海交通枢纽——港口的变迁进行布局,天津城市的辖区范围也由此框定。早在1930年梁思成、张锐的《天津特别市物质建设方案》中即提出天津应向东发展,"应将大沽、北塘及海河以南、金钟以北各二十里的地区划入本特别市区域范围以内"的设想,并预言"市区域扩大实为时间问题"。现在称天津中心城区为"津城",滨海新区(包括塘沽、汉沽、大港、天津港、天津开发区、天津港保税区等街镇及功能区)被称为"滨城"。天津港所在的滨海新区与天津中心城区相距40多公里,没有像世界上其他同等距离的城市一样发展成为两座城市,如日本的东京与横滨、德国的科隆与波恩,而是发展成为一座城市,固然与海河干流从市中心到大沽口入海的河海一脉有关,更重要的则是天津历史延续至今向海发展的需求。而今,从市区到滨海之间需要近一个小时的车程,地铁9号线往返其间,未来海河干流全线通航、河海联运如何快捷打通,将需要进一步统筹谋划和持续投入。2023年"五一"期间,滨海新区推出了"向海乐活节",沉寂多年的北塘古镇推出了"大渔北塘"系列主题活动,北方国际航运中心、国际邮轮母港蓄势待发,向海、再向海的天津势必将发挥好"一带一路"海陆交汇点国际枢纽的更大价值作用。

天津的道路：横竖撇捺

> 流经天津的这条海河没正形，那河道总是七拐八弯的，好像在跟天津人起腻。你看，海河在东浮桥一带，两岸还被称作河南河北，一眨眼工夫流到大直沽，就变成了河东河西。天津这座城市枕河而建，那叫随弯儿就弯儿，因此是大路不分南北，小街不辨东西，全然没有方向而言，随意乱走。
>
> ——肖克凡《天津大码头》

1927年的暮春，一个星期六的下午，美国第十五兵团的新兵查尔斯·芬尼和马丁揣着美国兵营的红色通行证，胳膊下夹着短手杖，开始了在天津穿越半个城区的徒步漫游：

他们经过威尔逊路（今解放南路），路的两旁是宽宽的、绿树成荫的人行道，沿街的建筑都是高大宏伟的德式建筑；迎面遇到一队中国警察，警察的武装带上佩带着大号驳壳枪；接着又遇到一队来自法国兵营的安南士兵，他们头戴尖顶的漏斗型帽子，背着小型卡宾枪。当街上的路牌由威尔逊路变成了"维多利亚道"，芬尼知道他们已经进入英租界了，路过戈登堂和维多利亚花园时，看到一些花匠正在更换花坛里的花草。公园里一如既往地安静，人们不是在散步，就是坐在长椅上看着别人散步。

他们沿着维多利亚道继续往前走,在皇宫饭店附近遇到了一位漂亮的混血女孩,没走多远,维多利亚道的路牌就换成了大法国路(Rue de France,即今天的解放北路)。从维多利亚道到大法国路,沿街都是气派、高大的银行建筑,这里有汇丰、花旗、横滨正金、华俄道胜、东方汇理、华比等众多外国银行,还有中国本土的金城银行、盐业银行、中南银行和大陆银行。又走了一些地方,来到了法国公园。坐在右手高举宝剑的少女贞德的铜像下,发现旁边有一个日本人也正好在看着手中的地图。他们看了眼手中的天津地图,街道正好在此交叉,只要不走小路就不用担心迷路。看地图时,芬尼觉得有人在看着他们。抬头一看,有个年轻外国妇女牵着刚会走路的小女孩,正抬头看着铜像。

他们沿着海河往上游走,经过今天的北安桥,前往意大利租界,从桥上看到了一艘日本军舰停留在码头上,还有一艘挪威货船停靠在泊位上。这时候,马丁指给芬尼看,在拥挤的海河河面上,有一个悠闲地坐在单人划艇里的英国人也在看着周边喧嚣、忙碌的场景,似乎只有他们几个才是海河岸边那个时代的旁观者。

天津的马路不似北京的街道,横平竖直方位明显。在天津,转了几次弯后,一般人就找不着北了。即使今天游览天津时,人们也经常分不清东西南北。相似的街道,相似的外形,混杂着各个历史街区的风土、气味、地名和行色匆匆的路人,给人一种奇幻的超现实感。在天津生活了十几年的新天津人在开着导航穿越这座城市时,将会发现:自己的旅途就像是一连串不同年代散落的思绪,只是到了后来对照地图查看自己在天津的足迹时,才会意识到这些偶遇背后原来还有这么多的历史折叠。

在天津打听一个地方,天津人会告诉你在上边或下边,或者左边和右边。"上边"和"下边",这是老天津卫习惯的叫法。由于老城修建在前,租界开发在后,在地势上老城高而租界低,俗称老城为"上边",租界为"下边"。

"上边"和"下边"是两个截然不同的城市。"上边"多为规规矩矩的四合院、三合院,"下边"多为形态各异的小洋楼;"上边"流行青砖,"下边"流行清水红砖;"上边"有古文化街、鼓楼和摩天轮,下边有和平路、滨江道、起士林和"五大道"风情区。旧时,"上边"的人们多讲地道的天津话,人们习惯去的是老南市的茶馆、戏园子、小饭铺;"下边"有很多教会学校,那里的人们以说普通话为尚,人们习惯去的地方是俱乐部、咖啡馆、西餐厅、电影院。而那些住在小洋楼里的寓公则兼具两种风格,家里不仅有中餐室、棋牌室以及戏台,而且有西餐室乃至小舞厅。相当长一段时间里,华洋两界也是很少往来,形成了这个城市"上边"和"下边"分属的二元结构。

如果说北京的道路是横平竖直的话,天津的道路则是横竖撇捺。除了南开区的老城及河西区梅江一带为横竖路网结构,大多数城区均为撇捺结构。"上边"的格局横平竖直,而超过旧城面积 8 倍以上的"下边"却是迷宫一般的"撇捺"结构。在"下边",各国租界沿海河布局,随曲就弯,租界道路多为不规则的棋盘式及直角交叉式之混合,各自为政,互不衔接,铺陈出迷宫一般的街区格局。在旧租界区的单行路穿行时,天津出租大哥会告诉你一个简单的辨别方法:平行于海河的为路,垂直于海河的为道。

如今,天津中心城区的城市格局与近代相比,扩大了外围面积,中心城区的市内六区大致延续了这些历史空间的基础脉络。随着 2000 年前后天津市委、市政府迁移到河西区及文化中心落成,河西区汇聚了无数的目光;但是,和平区作为天津市商业最密集、教育资源最集中、名人故居及历史街区最丰富的中心城区的地位依然无法撼动。

"人们用一种齿音很重、味道特别的腔调说话"

  天津这个株守北方海口的旧城，历史并不久远，居民五方杂处，却有着迥异他乡的浓厚的风土人情。尽管南北过客来来往往，也无法冲淡或动摇它根深蒂固的地方风习。……百姓们都热情好客，好义勇为，容易冲动。他们的血液里，多多少少保留着燕赵时代的遗痕。在这方圆仅仅数十里的境域里，人们用一种齿音很重、味道特别的腔调说话。为什么一个有史以来就是人来人往的商埠，会形成自己独有的方言土语，这恐怕永远是个哑谜了。

——冯骥才《神灯前传》

  "当家的，是个能人儿，又会烧瓦，又会烧盆儿，又会说是又会笑，说说笑笑有个意思儿。"京戏《乌盆记》里赵大他媳妇儿如此评价自己的丈夫——我总觉得，这个"乌盆哥"就是高英培相声里的"二他爸"，就是马三立说的"逗你玩"，就是在夏天的马路边牌摊儿上吆五喝六的邻居家二伯，就是每逢遇到什么别的地方愁眉苦脸到了天津却变成了"哏都人民欢乐多"的基础市民。

  天津这方大码头，路不分南北，道不辨西东，地理位置河海交汇，人口来源五方杂处，历史特质古今交融。历史上的天津人，曾以勇武好斗、俗尚奢华著称。无论现在这座城市保存又复建了多少小洋楼，在很多人看来，天津仍然是一座最具平民气质的城市，天津人过的就是一种轰轰烈烈、乐乐呵呵的世俗生活。

在海运、河运盛行的时代，那些来自船上的水手以及奔波于河路码头的人们构成了这个城市最早的经济生活场景。至今，你还能从天津的早点铺中找到这种古老的河路基因，大饼卷馃子、老豆腐窝头、烧饼嘎巴菜，各种面加面的丰富早点系列，这些量大、味好、能"搪时候"的早点应该是河路码头的从业者最早的文化基因之一。天津地处九河下梢，码头遗风，"得一份差事有一碗饭，卖一天力气挣一天钱"。天津人嘴馋，爱吃。然而，天津人虽然爱吃，却又没有形成一种公认的菜系。天津真正在全国叫得响的东西，是煎饼馃子、炸糕、包子这类平民小吃，经济实惠，能搪时候，对天津人的胃口。数百年来世代相传，天津人磨合了一种码头人的吃法和码头人的活法：面对压力，苦中作乐，知足常乐。

天津从元代设海津镇开始，其人口构成就具有浓厚的南方血统。元代傅若金就发现杂居直沽口的居民"一半解吴歌"。明清时期天津，一直以南方的运河城市作为自己的榜样，先后有"赛淮安""小扬州"之称。尤其是在康雍乾这个天津大发展的时期，天津一直以扬州为自己的对标对象。

作为"河路码头买卖广"的河海漕运转输之地，天津的基础特质首先是商。按1846年天津人口普查的情况，天津人口的基础构成中盐商、铺户、负贩、船户等占总人口的40%。天津既非传统的农耕之地，建制时间近300年，本地人向来以商贾为上，天津志书上称本地"地多斥卤，不宜五谷，民喜为商贾"，"可耕之地固少，聚所之族实繁"，这正是天津基础特质的真实概括。

"五方之民所杂居"，基本可以概况天津的人口构成。1925年，天津城居人口首次突破百万，比1895年翻了一番。这其中主要为大量北方的廉价劳动力进入天津，也有因灾荒、战争逃难来的人群。

在距离溥仪的静园不远的街区，路边有不少售卖各种蔬菜、水果的摊贩，不时有蹬着自行车的路人停下来，下车挑选时鲜的蔬菜，更多的是操着一口天津话的本地人和一群外地口音的人在逗闷子。而在这些道路之间，往往有一条条狭长的里弄相连，引得你忍不住走进去。陈旧的巷子里，不仅有住了几辈子的天津土著，也有不少来津打工的外地人。这里的旧楼比起旧法租界、意租界、德租界乃至英租界的五大道地区自然逊色了很多，甚至显得破落不堪，至今也没有"立面整修"的迹象。在天津的老城厢、老南市先后改建成新式小区之后，原日租界地区俨然已成为最具天津市井气息的历史街区。

1860年开埠以来一个半多世纪的历史中，天津先后扮演了天子脚下的门户、洋务运动和北洋新政的试验区、九国租界的大商埠、北京政要的后花园、商人和冒险家聚集的港口、中国北方的经济强市等重要角色。

近代以来，无数名人在成名之前，在天津读书，在天津历练，成为天津城市浮华史上一个独特现象。

虽然一些人住在"西洋范儿"的小洋楼里，但大多数天津人却一直迷恋大城小民的哏都幸福生活：任凭风浪起、高楼立，海河边永远有些淡定从容的天津闲人搬个小马扎钓鱼，"五大道"睦南花园里每到夜晚唱京剧的、玩萨克斯的、唱西洋曲的总是彼此相安无事……从泥人张到杨柳青，从霍元甲到李叔同，从冯骥才的《怪世奇谈》到林希的《天津闲人》，从老天津到新天津，很多人说起天津，总是想起这个适合厮混的地方浓浓的人情味，想起天津人的乐观、幽默、实诚，喜欢自嘲，就爱玩笑，不跟你争。

"这情景,这香气,都是只有天津才有的"

> 1968年4月,我坐着人力车在金边溜达,联想到自己珍藏的一张父亲1931年在天津乘坐人力车的照片。他看上去很高兴,有些腼腆,一幅漫不经心的大小伙的模样。他正盯着相机。……不知怎么回事,父亲留在了天津。于是,我的生命是在中国孕育的就变得更要紧了。
>
> ——(美)苏珊·桑塔格《中国旅行计划》

"我要到中国去。母亲在那里怀上了我,父亲染上肺结核后再没能离开中国。""我不是要回到出生地,而是去那个孕育我的地方。"[1]苏珊·桑塔格和中国的情结由来已久,在这位当代欧美最著名知识分子的著作中,多次提到天津是孕育了她生命的地方。她的父亲曾在天津经营皮货生意,她的母亲也在婚后来到天津,并在这里孕育了桑塔格。桑塔格先后在1973年和1979年两次来到中国,却始终没有回到一直魂牵梦绕的天津。这一时期,她还写过一个剧本初稿,讲述一对富裕的美国夫妇在天津租界的自传体故事。可惜的是,这本讲述她父母经历的文本最终没有完稿。或许,在她不断的想象、凝视和书写中,她早已为自己造了这样一个天津的家。

1933年1月16日,苏珊·桑塔格生于美国,当时她的父亲正在天津经营

---

1 (美)苏珊·桑塔格:《中国旅行计划》,南海出版公司,2005,第11页。

皮货生意。五年之后，他的父亲因病在天津一家医院去世，年仅33岁。她对父亲的想象来自一个叫做天津的遥远地方，以及家里堆放的各种来自中国的物品。面对这些父亲从天津带回来的"殖民者的收藏物品"，桑塔格总是想起这些物件在那间自己未曾见过的天津房子里的陈设景象。

这是苏珊·桑塔格的"深入我们家族历史的旅行"：4岁时，父亲的中国合伙人曾教苏珊如何使用筷子；5岁时，她把那些无法寻找的白俄人想象成对着俄式茶壶打瞌睡的白化人；10岁那年，桑塔格在美国家里的后院挖了个地洞。"你想干什么？"女佣问，"挖通去中国的路吗？"此时，家中的中国物件已经所剩无几了。那个时候，沉迷于幻想世界的桑塔格总是想，有朝一日挖通了到中国的路，从地球的另一端钻出来，用头顶地撑起身体，或者用手倒立行走，这样就能够走到天津的大街上了。

第一次听说苏珊的天津故事，我便有一个想法，带着桑塔格对天津的奇幻想象，陪同她漫游于海河畔的这座城市。这些年来，我曾经领着中央电视台的剧组在天津寻访这座城市的历史印迹，也曾陪同来自大不列颠的麦克亲王从旧时的戈登堂开始一场寻津之旅。倘若，能够带着苏珊穿越在过去一百年间的天津迷宫里，进行一场Citywalk的微旅行，我想可以从这里开始：

如果是在20世纪30年代，在利顺德饭店门口，跟着桑塔格父亲的朋友们参加一场利顺德下午的聚会，兴许还会遇到像电影《布达佩斯大饭店》里那样的门童，用天津话大声地叫卖着："买报瞧，买报瞧，种棵葫芦长出个瓢，吃包子咬破了后脑勺，开洼地里的蛤蟆长了一身毛！"这些天津土话自是无法翻译，却有十足的天津内涵包袱。

在维多利亚道（今解放北路）天津印字馆门口买上几份中英文报纸，或许正好能看到维斯理堂演出莎士比亚话剧的消息，索性，叫上两辆"胶皮"（人力车）赶过去。绿牌电车道（今滨江道）上的维斯理堂正举行中西女中的毕业演出。每年的毕业季，汇文中学和中西女中的男女学生都会用英文演出莎士比亚的经典话剧。如果早上几年，在这里还会遇到后来成为戏剧大师的"北曹（曹禺）南黄（黄佐临）"，以及还在中西女中读书的赵四小姐。

如果是在21世纪20年代，可以选择下午或者黄昏的时候在天津街上游荡。市中心这些街巷，大多为旧租界留下来的道路，现在多改为单行。路的一侧或者两边，经常停满了车辆。在这样的旧街小巷，时而遇到搬着躺椅坐在门口休闲的老人，时而遇到在路灯底下用天津话大声玩儿闹的天津牌摊儿，还有快速穿行在巷道里的城市骑手。那些古旧的老房子随处可见，似乎走进去就能听到许多市井故事。有的胡同里没有一棵树，有的胡同被一棵大树笼罩着，似乎怕被别人打扰了这里的清静。时而，遇到热情的天津老人跟你指点着这里过往的故事，或者哪家老房子曾是谁谁谁的房子，他家当年如何如何阔气，后来又怎样怎样了。这样的老人与你在"五大道"用一嘴夹生的"津普"（天津普通话）蹬着三轮讲解名人轶事的天津大哥一样，充满着天津知情人热情洋溢的自豪感。

当然，你无法想象苏珊·桑塔格会用怎样的方式体验这样一座复杂又可爱的河海之城。如果非要选择 Citywalk 的天津场景，我想可以包括这样一些日常时刻：早晨六点前，站在昔日的三岔河口畔狮子林桥边，看着远处的摩天轮与今日三岔口的方向，两侧的河岸边那些垂钓者与河面、桥梁、道路、建筑构成了丰富的河岸景观，在靠近李叔同纪念馆方向，河边那些跳水和游泳的人时不时引来旁观者的叫好，此时你会欣喜地听到每天早晨 6 点准时从望海楼教堂传出的悠扬钟声；如果是周六，还可以跟着我——徐师傅一起去毗邻西北角的鼓楼西街旧书市淘书，顺便在附近的西北角体验地道的天津清真早点，兴许在那些堆满了天津旧书故纸的地摊前还能淘到桑塔格的父亲年代留下的洋行票证或者英文写作的笔记簿；或许，在逛过了河北的李叔同纪念馆、梁启超纪念馆、曹禺纪念馆后，在劝业场附近的街边找一家地道的平民包子铺，一边听天津大爷逗乐，一边看着窗外往来穿梭的都市人影，感受《日出》年代的市井场景。如果是在秋天，在梨栈大街十字路口转角天津书局的街边，闻着糖炒栗子的味道，你也会赞同曾经在南开中学读书的黄裳先生说的"这情景，这香气，都是只有天津才有的"的天津味道。下午，最适合来"五大道"悠闲地闲逛，漫步在近代天津"万国建筑博览会"的历史街区里，在这家小店喝杯咖啡，在那家小店寻些文创，看着穿着时尚的年轻姑娘拍照打卡，或者与一些从老洋房里走出来的老者擦肩而过。到了晚上，可以去园子里听听相声，或者站在津湾对面的天津站前河边,看着等待登船的游客以及河边散步闲逛的、打卡拍照的人群,遇到一个大爷举着相机冲着几个穿着花花绿绿衣服的老姐姐正喊着一声"茄子",旁边一个天津小伙子接下茬儿来上一句"本地的",引起周边一群天津人的哄笑。夜里,再回到利顺德的酒吧,听着那个上海歌手动情地唱着蓝调歌曲,邻座的中外酒客仿佛也像20世纪30年代的场景一样,聊着万国、城市、爱情、职业和天津夜里的历史思绪。

微醺的时候,也会像刚从地洞里钻出来的桑塔格一样浮想:一个看不清面目的小女孩挎着竹篮子当作盾牌,生生从河边一艘远洋轮船刚刚抵达紫竹林码头的盛大欢迎人群及各色闲杂人等中挤出一条路来,穿行而过,河边几个光着膀子的男人挑着扁担,走在伸向河里的踏板上,用挂在扁担两端的竹筐不断地碰撞着等在众多的中国帆船、卖菜的小船后的一艘外国轮船的船帮,冲着甲板上的人大声地喊着什么。

河岸上仿佛全息影像一般闪回着不同年代到达者的身影,河面上的桨声、教堂的钟声、轮船的马达声、工厂的鸣笛声以及河岸边的吆喝声,各种天津之声交织在一起。此时这样的时刻,难免令人有些恍惚。一百年前的这时候,可能面对桑塔格的人也会发出这样的感慨,"天津呀,再过一百年也变不了。"而今,你坐在这样看得见历史风景的河边,热情的天津朋友也会用夹带着英文的天津话对着远方的朋友大声说:"天津人,嘛没见过。"

对大多数天津人来说,虽然旧时的潮汐与激流已经成了回忆和消费的对象,虽然现时的天津有些发展的种子还未得到有效的激发,但无论是几代生活在这里的老天津,还是对这座城市的来路有些陌生的新天津人,总会自豪于这座城市的河流、港口、街道营造的浓郁历史气息,也总会爱上乐乐呵呵的烟火气、精气神以及浓浓的人情味构成的天津日常,自然也会渴望更多的变化、更好的生活、更让人提气的大天津。

后记

这显然是一个有些宏大的命题，一个人的肖像尚且难以清晰描摹，何况一座城市的复杂历史与内心戏剧。

2007年在重庆《城市地理》杂志工作时，曾给自己贴了一个"城市观察者"的标签。据我所知，这个名词差不多也是首先由我使用。这些年来虽然也有人称我为"城市作家"，我还是喜欢做一个更自在的城市观察者，一个从事故事写作与讲述、故事场景策展与创意的城市观察者。

这些年来，无论是为中央电视台的《江河万里行》《跟着书本去旅行》做行走嘉宾，还是在电台做专栏节目，或者在百部书房接待来自不同地方、不同领域的朋友，经常探讨：天津到底是一座什么样的城市，又是什么原因、经历了哪些剧变让天津成为了今日的天津。

作为城市观察者，可以从不同的角度去感知一座城市漫长而复杂的历史、混杂而暧昧的历史情绪以及那些看得见和看不见的城市表情，需要在迷乱的天际线和浮泛的日常生活表象中，寻访、观察、想象、体验、记录一座城市的前世今生与文化特质，尽其所能地调动个人的学术积累与日常经验，构建这样一个充满着历史感性的城市故事世界。或许与这样的观察习惯和近年来在各地从事文旅策展创作的故事场景实践有关，本书的写作试图用纸上纪录片的方式，融合一些非虚构的叙事方法，以个人的叙事视角展开叙述，借助丰富的历史文本进行故事铺陈和细节再现，尽力营造一种浓郁的历史气息和现场氛围，通过"以今入古"和"以小见大"的叙事方式，引领读者置身我们不能到达的天津现场。

我曾经设想，用电影脚本的方式记录天津河畔一年四时的浮光掠影，并通过不同年代人物的故事设定，用叙事拼图的方式尽可能地还原"我知道""我了解""我熟悉""我明白"的城市历史场景。多少有些底气的是，毕竟拥有40年从事历史研究、城市文化、媒体创意等领域工作的跨界经验，还有始于20多年前发表未发表的百万字故事文本基底。当然也有些担忧，如何能够在这样不长的篇幅里将1000多年的天津复杂历史细细铺陈，用不动声色的叙事节奏讲述清楚这座海河之畔的浮华之城"盐打哪儿咸、醋打哪儿酸"的复杂身世与演变过程，如何让年轻的读者通过这样的轻阅读找到阅读动情点。

《天津传》的写作，像是对天津生活过、行走过、观察过、钻研过的一处处地方、一段段历史、一个个人物的历史性回访。这些年来，走在天津的某些地方，脑海里时时浮现从历史照片、文本场景，以及经历和似曾经历过的一些日常生活场景的天津长镜头。对于那些不熟悉的地方、角落，也总是忍不住观察、打望、猜想，试图在个人已经建构起来的天津故事库里增添些鲜活的细节信息。

很小的时候，第一次走在劝业场宏大的屋顶之下，那里的一切景象与我童年生活的地方有着巨大的差异。那时我最熟悉的，是李鸿章创建的东局子和月牙河畔平坦的田野、水坑、鱼塘、稻田、菜园。当时的法国兵营还在，多少次我试图爬上法国兵营高大的屋顶而不得。而无论是去二姨家住的旧意租界，还是三姨家住的旧英租界，还是五姨家住的旧法租界，感觉每一处的街区都不尽相同。如同童年的约翰·赫西在天津生活时拐过每一个街区的转角，随时，就能进入了另一个"国度"的异托邦。写作这本书的过程，仿佛置身于这样的历史剧场里，也犹如河畔的漫游者随时会游离其外。如同这座城市给许多人熟悉的感受：越是远离，越是接近，越是置身其中，越是沉迷其间。这本书的写作，便始终存在着这样奇特的戏剧性与疏离感。因为，这里是天津，是一个人人以为很熟悉、人人又都很陌生的复杂七巧板。

或许是见惯了太多的风云变幻，甭管多大的事，天津人总能一笑了之，在这个城市生活的人总是充满着幽默和戏谑的本色。不论是哪个时代、哪个地方、哪类人群，也无论原来的地域风俗多么顽强，语言习惯多么不同，时间一长，都会染上浓浓的津味，也会喜欢上这个"三岔河口向东流"的地方。就连那一口语势直快、抑扬分明、节奏轻脆、幽默风趣的天津方言，要不了多久就成为这些南北东西移民都能认同的城市母语了。

土耳其诗人纳齐姆·希克梅特曾说："人的一生有两样东西不会忘记，那就是母亲的面孔和城市的面孔。"我曾经在北京、重庆许多地方短暂地居留，也曾经深入地了解过大理、南通、邢台许多地方的历史底子，但我好的坏的想象力、优的劣的根性却始终停留在天津这个地方。多少年前，李叔同可能会惦记他的天津猫部，张爱玲可能会怀念糖炒栗子与香肠卷的味道，苏珊·桑塔格可能会畅想从来不曾到过而一直向往的天津异故乡，那些无论在哪个年代来过天津的过客都曾在他们的笔下记录下这个地方的某些风物、某种人生、某些时刻。当然还有许多故事，湮没在茫茫人海之中。多少年后，我或许也会像帕慕克写作的《伊斯坦布尔》一样，对着自己说：天津的复杂就是我经历过的复杂，天津的命运是我经历过的命运，我依附于这座城市，只因她造就了今天的我。

感谢外文出版社编辑蔡莉莉女士的耐心、宽容与激励，感谢那些认识与不认识的推荐者，让我有机会圆了写作《天津传》的梦。感谢这座城市的复杂给予我的创作素材，感谢每一个耐心读到这里的读者，我相信：这本书里记录过的地方，漫步过的街道，描摹过的场景，诉说过的感叹，寄托过的期望，注定会让我们在这样的天津相遇、相知。

徐凤文
2023 年 6 月于天津

图书在版编目（CIP）数据

天津传：海晏河清看津门 / 徐凤文著． -- 北京：外文出版社，2023.9（2024.12 重印）
（丝路百城传）
ISBN 978-7-119-13314-0

Ⅰ．①天… Ⅱ．①徐… Ⅲ．①文化史－研究－天津 Ⅳ．① K292.1

中国版本图书馆 CIP 数据核字（2022）第 246805 号

出版指导：陆彩荣
出版统筹：胡开敏　文　芳
责任编辑：蔡莉莉
助理编辑：祝晓涵
图片提供：视觉中国　徐凤文等
装帧设计：冷暖儿　魏　丹
封面制作：北京夙焉设计图文工作室
印刷监制：章云天

天津传

海晏河清看津门

徐凤文　著

©2023　外文出版社有限责任公司
出 版 人：胡开敏
出版发行：外文出版社有限责任公司

地　　址：	北京市西城区百万庄大街 24 号	邮政编码：100037
网　　址：	http://www.flp.com.cn	电子邮箱：flp@cipg.org.cn
电　　话：	008610-68320579（总编室）	008610-68996167（编辑部）
	008610-68995852（发行部）	008610-68996185（投稿电话）
印　　刷：	北京盛通印刷股份有限公司	
经　　销：	新华书店 / 外文书店	
开　　本：	710mm×1000mm　1/16	
装　　别：	精装	
字　　数：	300 千	
印　　张：	23.5	
版　　次：	2023 年 9 月第 1 版　2024 年 12 月第 1 版第 3 次印刷	
书　　号：	ISBN 978-7-119-13314-0	
定　　价：	92.00 元	

版权所有　侵权必究　如有印装问题本社负责调换（电话：68996172）